Berlin und seine Brücken

Eckhard Thiemann • Dieter Desczyk
Horstpeter Metzing

Berlin und seine Brücken

Mit einem einleitenden Beitrag
von Prof. Laurenz Demps

Jaron Verlag

Abbildungen
Landesarchiv Berlin: S. 39 o. (Foto H. Rückwardt), 66 (Foto H. Rückwardt), 78 u., 83, 158 o., 178, 182 o. (Foto H. Rückwardt)
Günter Schneider, Berlin: S. 6/7, 37, 44, 50, 73 re., 77, 87, 100, 113, 114, 118 u., 132, 133 o., 146 u., 147
Stadtmuseum Berlin: S. 17 (Repro H.-J. Bartsch), 23 (Repro H.-J. Bartsch), 97 u. (Foto H. Rückwardt, Repro H.-J. Bartsch)
Die übrigen Fotos stammen aus den Archiven der Autoren und aus dem Archiv der Senatsverwaltung für Stadtentwicklung

Abbildung S. 6/7: Moltkebrücke im Jahre 2003
S. 33: Adler-Medaillon der Schlossbrücke
S. 99: Medaille zur Grundsteinlegung der Langen Brücke 1692
S. 183: Aus dem Medaillon im Geländer der Schleusenbrücke
S. 186: Schwedter Steg von 1999

Originalausgabe
1. Auflage 2003

Umschlaggestaltung: Atelier Kattner, Berlin, unter Verwendung zweier Fotos von Günter Schneider (vorn: Schlossbrücke, hinten: Detail der Schlossbrücke)
Satz und Layout: Prill Partners | producing, Berlin
Lithographie: LVD GmbH, Berlin
Druck und Bindung: Westermann Druck Zwickau
ISBN 3-89773-073-1

Inhalt

Vorwort

Berlin hat eine nahezu 800-jährige und überaus wechselvolle Geschichte, in der die Brücken von Beginn an eine wichtige Rolle spielten. Als notwendige Lebensadern der Stadt haben sie ganz wesentlich zur Urbanisierung Berlins beigetragen.

Die Berliner Brücken waren und sind vielgestaltig, jedoch entsprechend den geographischen Gegebenheiten überwiegend kleine bis mittelgroße Bauwerke. Zunächst galt es vor allem, die unterschiedlichen Gewässer zu überbrücken. Zumeist als Holzkonstruktionen führten die Brücken u. a. über die Spree, die Havel und die Panke, später über Kanäle und früher auch über Festungsgräben. Im 19. Jahrhundert erforderten industrieller Aufschwung und Eisenbahnbau in Verbindung mit der Großstadtentwicklung die Errichtung weiterer Brücken, die nun auch aus Mauerwerk und später dann als Stahl- und Betonkonstruktionen entstanden. Ausdruck der jüngeren Brückengeschichte ist eine Vielzahl sehr

Eine geschichtsträchtige Brücke: Die Rathaus-, damals Lange Brücke, aus Sicht des Mühlendamms, Gemälde von J. H. Hintze, 1832

Moderne Brückenarchitektur: Die Spandauer See-Brücke, erbaut 1995–97

unterschiedlicher und moderner Konstruktionen – z. B. im Zuge der und über die Stadtautobahn.

Die Geschichte der Brücken begann zeitgleich mit der Siedlungsgeschichte selbst. Die erste Überbrückung führte bereits Anfang des 13. Jahrhunderts am heutigen Mühlendamm über die Spree und verband die Siedlungen Cölln und Berlin. Ein weiteres charakteristisches Beispiel aus den Anfängen der Stadtgeschichte ist die ehemalige Lange und heutige Rathausbrücke mit dem gemeinsamen Rathaus der seit 1307 vereinten Gemeinden.

Einen zusammenhängenden Überblick über die stadthistorische Bedeutung der Berliner Brücken gibt die Einleitung. Als Zeugen ihrer Zeit und oft auch Zentren der Kommunikation verraten diese Bauwerke viel über die technischen, künstlerischen und gesellschaftlichen Entwicklungen. Die Vorstellung der Brücken selbst beginnt mit der Einzeldarstellung aller Brücken zwischen ehemaligem Ober- und Unterbaum, den einstigen Stadtgrenzen. Denn zeit- und lagebedingt repräsentieren die Straßenbrücken im Bereich der ehemaligen Kernstadt beispielhaft die Charakteristika städtischer Brücken und die Vielfalt der Stadtgeschichte. Eine große Auswahl der mehr als 1000 weiteren Berliner Brücken wird im Anschluss thematisch geordnet vorgestellt. Ausgesucht wurden die besonders typischen Beispiele u. a. für Bauwerke über die Ober- und Unterspree sowie die Havel, über Bahn- oder in Parkanlagen. Ein eigenes Kapitel ist den verschwundenen Brücken gewidmet, die heute im Stadtbild fehlen. Ein Register der Brückennamen am Ende des Buches erleichtert die Orientierung, und das Glossar macht die unvermeidbaren Fachbegriffe auch für Laien verständlich. Allein auf die Eisenbahnbrücken wurde verzichtet, da sie ein gesondertes, vor allem technisches Kapitel der Brückengeschichte darstellen.

Das Anliegen des Buches ist es, in Text und Bild die Brücken als Teil der Stadtgeschichte hervortreten zu lassen und die Aufmerksamkeit auf die gestalterische Vielfalt der Bauwerke zu lenken. Dabei wird ersichtlich, dass Brücken mehr sind als technische Bauwerke, die man »mit Füßen tritt«. Sie sind Lebensnerv der Stadt und Kulturgut zugleich – und zu allen Zeiten Ausdruck des sozialen und technischen Entwicklungsstandes und des städtischen Lebensgefühls.

Die Autoren bedanken sich bei allen, die die Herausgabe des Buches ermöglichten.

Brücken in der Berliner Stadtgeschichte

Eine Einführung von Prof. Laurenz Demps

Man kann es symbolisch nennen – Berlin verdankt seine Entstehung einer Brücke, wenn auch nur im weiteren Sinne. Als im Zuge der deutschen Ostexpansion und der territorialen Ausdehnung Polens beide Feudalstaaten im 12. Jahrhundert ihre Fühler auch in die spätere Mark Brandenburg ausstreckten, suchten Handelsleute aus dem Gebiet des Niederrheins zwischen den Burgen Köpenick und Spandau einen günstigen Übergang durch das sumpfige und seenreiche Berlin-Warschauer-Urstromtal.

Sie fanden die Stelle an einer Furt, welche die beste Gelegenheit zur Durchquerung der Spree bot. Das Gebiet zwischen Havel und Dahme bildet eine Niederung zwischen zwei Hochflächen – dem Barnim im Norden und dem Teltow im Süden –, die durchschnittlich 16 km breit ist. Innerhalb dieser Niederung waren zu jener Zeit im Überschwemmungsgebiet der Spree nur wenige Landstriche und Erhöhungen trocken; ihre Überquerung war kompliziert und gefahrvoll, da Sümpfe und Moore, wechselnd mit feinem Sand, das Tal durchdrangen. An der Stelle, an der sich die Kaufleute niederließen, verengte sich die Niederung auf 4 km.

Der gefundene Ort erwies sich als ideal. An der Furt am Hauptarm der Spree erhoben sich Talsandinseln, die Bauwerken Halt boten. Kleinere Arme umschlossen diesen günstigen Baugrund, sodass natürliche Gegebenheiten zugleich auch einen gewissen Schutz boten. Hinzu kam der Umstand, dass ein ausgetrocknetes Flussbett – entlang der heutigen Greifswalder Straße – das Hinauffahren auf die Hochfläche des Barnims erleichterte. Zwei Siedlungen entstanden: links der Spree Cölln und rechts Berlin.

Das während der Ostexpansion des 11. und 12. Jahrhunderts zerstörte bzw. weitgehend vernachlässigte Flusssystem gewann bald an Bedeutung, bot es doch einen Ansatzpunkt zur Verbesserung des Fernhandels: Größere Schiffe als bisher sollten die Spree passieren können. Auch hierfür fanden die Siedler genügend Voraussetzungen: Durch einen Damm entlang der Furt stauten sie die Spree, sodass der Oberlauf auch für größere Frachtschiffe befahrbar wurde. Das Gebiet vor dem Damm bildete ein Becken, das zugleich als Hafen genutzt werden konnte. Ein Spreearm führte um Berlin herum und ermöglichte einen durchgehenden Verkehr. Das Privileg des Stapelrechts, über das Berlin verfügte, zwang die Kaufleute aber, ihre Waren »niederzulegen«. Das bedeutete, dass Kaufmannswaren, deren Transport die Stadt oder ihren Umkreis berührte, zunächst angeboten oder in ihr umgeladen werden mussten. Dieses Niederlagerecht sicherte die Bedeutung des Handelszentrums und die Einnahmen der Stadt und war eine der wesentlichsten Ursachen für die Blüte der Kaufmannssiedlungen an der Spree. Die allgemeine Wirtschaftsentwicklung am Ende des 12. und zu Beginn des 13. Jahrhunderts förderte das Aufblühen der von Handel, Handwerk und Landwirtschaft geprägten Siedlung.

Wir sind über das Aussehen dieses Damms ebenso wenig unterrichtet wie über die Rechtsverhältnisse, die dort zunächst herrschten. Bekannt jedoch ist, dass über den Damm, am Ende des 13. Jahrhunderts mit Mühlen versehen, bald der Landesherr verfügte, der sich so den entscheidenden Einfluss und die Einnahmen sicherte.

Die Schwesterstädte konnten sich als lokales Zentrum rasch durchsetzen und andere Orte der Umgebung überflügeln. Auf Berliner Territorium entstand ein Verwaltungszentrum mit einem markgräflichen Sitz, der als »Aula Berlin« 1261 erstmals urkundlich genannt wird. 1280 fand der Märkische Landtag, eine Versammlung der Gewalten in der Mark Brandenburg, zu seiner ersten Sitzung in Berlin zusammen. Das bedeutete, dass die regionalen Machthaber in der Stadt Sitze haben mussten, um bei einer derartigen Zusammenkunft über ein Quartier verfügen zu können. Das wirkte sich auf den Handel aus, denn derartige Versammlungen waren zugleich Verkaufs- und Kaufgelegenheiten für den über Landbesitz verfügenden Adel sowie die Klöster; ein kräftiger Impuls für die Entwicklung des Zwischenhandels war die Folge.

Zunächst besaßen die beiden bescheidenen Siedlungen drei Brücken: als zentralen Übergang den Mühlendamm und die zwei weiteren am Ausfall der Hauptverbindungsadern Cöllns – eine Brücke am Spreearm in der Nähe des späteren Spittelmarkts und die andere südöstlich, als Anbindung zu Köpenick. Bezeichnenderweise führten die von Berlin wichtigen Verbindungen nach Spandau und Oderberg anfänglich nicht über Brücken, sondern hier wurde der Spreearm durch Fähren überwunden. Schließlich lief auf diesem Spreearm der Schiffsverkehr um die Stadt herum und Brückenbauten hätten den freien Durchgang behindert.

Ihre allmählich wachsende Bedeutung ermöglichte eine Ausdehnung der Siedlungen, neue Menschen kamen in die Stadt, die für die unterschiedlichsten Funktionen hergerichtet werden musste. Insbesondere schob sich Berlin nach Norden vor und füllte bald die gesamte im Osten von der Spree umflossene Fläche aus. Der neue Markt, so genannt im Gegensatz zum »olden Markt« – dem späteren Molkenmarkt –, wurde in Verbindung mit der Marienkirche angelegt; Mönche ließen sich in den Städten nieder, zwei Klöster entstanden.

Die Verlagerung des Berliner Zentrums vom Molkenmarkt und der Nikolaikirche nach Norden erhob die Oderberger Straße (heute Rathausstraße) zur inneren Verkehrsachse. Sie wurde zur verbindenden Magistrale, als sie um 1300 durch den Bau einer Brücke an ihrem westlichen Ende nach Cölln verlängert werden konnte. Dieses war die zweite Spreebrücke, eine nur der inneren Kommunikation dienende Anlage, die den Namen Lange Brücke, heute Rathausbrücke, erhielt. Ihre Länge ergab sich aus dem Umstand, dass sie nicht nur die Spree, sondern auch einen kleineren Arm im Verlauf der späteren Burgstraße und sumpfiges Gebiet zu überwinden hatte. Nach einer älteren Überlieferung wurde nach 1307 auf dieser Brücke ein Rathaus für die Verwaltung beider nun vereinigter Städte errichtet.

In den folgenden Jahrzehnten konnten die beiden Siedlungen Nutzen aus der allgemeinen wirtschaftlichen Lage ziehen. Berlin-Cölln wurde Mitglied der Binnenhanse und Haupt eines märkischen Städtebundes. Die Ratsherren setzten das Vermögen der Stadt dafür ein, bei Geldverlegenheiten des Landesherren Privilegien und Rechte zu kaufen, Landbesitz zu erwerben und sich kräftig gegen den märkischen Adel zu wehren. Die feudale Anarchie, die mit allgemeiner Unsicherheit, politischen Auseinandersetzungen um den Besitz der Mark sowie Lockerung der Abhängigkeitsverhältnisse einherging, ermöglichte eine kurze Blüte der Stadt, der es gelang, zur bedeutendsten Ansiedlung in der Mark zu werden. Höhepunkt dieser Entwicklung war der Erwerb der landesherrlichen Burg Köpenick.

Einen Streit zwischen den die Stadt regierenden Patriziern einerseits und den Handwerkern andererseits nutzte der Landesherr, als er um einen Schiedsspruch gebeten wurde. 600 bewaffnete Reiter besetzten 1441 die Doppelstadt. Der Rat musste die Stadtschlüssel, d. h. die Schlüssel für die Stadttore, Symbol der Unabhängigkeit, aushändigen. Friedrich II. löste die Union der beiden Städte auf und ernannte neue Räte. Berlin-Cölln durfte nicht mehr Mitglied eines Städtebunds sein, und der Landbesitz ging verloren – bis auf die Ackerhufen, die seit Anbeginn Eigentum der Stadt waren. Die Einwohner hatten zu geloben, »willige, untertänige und gehorsame Bürger und Untertanen zu sein und zu bleiben«.

Dieser Akt bildete den Hintergrund für den so genannten »Berliner Unwillen«. Die Berliner Bürger wehrten sich gegen die einschneidenden Maßnahmen und setzten im Jahre 1447 einen neuen gemeinsamen Rat ein. Man verjagte die landesherrlichen Beamten vom Mühlendamm. Der Kurfürst berief ein Gericht ein, das sich aus den Landständen, den Vertretern des Adels und der Geistlichkeit der Städte zusammensetzte. Der Spruch musste im Sinne des Landesherrn ausfallen und von Berlin und Cölln gezwungenermaßen anerkannt werden, da sich weder die Hanse noch die anderen märkischen Städte zu einer Unterstützung bereit fanden.

Berlin verlor alle städtischen Freiheiten. Der Landesherr unterwarf die Stadt und eignete sich u. a. die Straßen, Plätze und Brücken an. Für Berlin begann eine Periode der Stagnation, die eine Ausdehnung der Stadt für lange Zeit verhinderte. Zwar war der Sieg des Kurfürsten die Voraussetzung für die Zentralisierung des Landes, den Ausbau eines Territorialstaats, doch erst nach einer längeren Übergangszeit ergaben sich daraus neue Impulse. In diesen Vorgängen um die Mitte des 15. Jahrhunderts liegen die Wurzeln für alle weiteren komplizierten Entwicklungen der Stadt bis gegen Ende des 19. Jahrhunderts. Ganz konnte sich die Stadt bis 1918 nicht davon lösen. Es konnte keine Bestrebungen zum weiteren Ausbau der Stadt, zum wirtschaftlichen und politischen Fortschritt ohne den Landesherrn geben.

Die Bedeutung der Langen Brücke wuchs in repräsentativer Hinsicht, da sie die Verbindung Berlins zum ab 1442 errichteten Schloss darstellte. Aus dem Bedürfnis der Hofhaltung heraus entstand 1537 eine neue Brücke: Es wurde ein neuer Übergang im Westen des Schlosses geschaffen. Um 1550 kam es zum Bau einer Schleusenanlage im Cöllner Umlaufgraben.

Auf Höhe des Schlosses in Richtung Westen lag in einer Verbreiterung des Spreearmes eine kleine Inselgruppe. Ihre vormalige Existenz wird bis heute im Namen der Friedrichswerderschen Kirche bewahrt. Diese Inselgruppe band man durch primitive Brücken an die Stadt Cölln an. Das Stadtbuch von Cölln aus dem Jahre 1443 erwähnt an dieser Stelle eine Arche, ohne näher zu bezeichnen, ob es sich um eine Schleusen- oder eine Mühlenarche handelte. Ungeachtet dessen sind hier bereits im 15. Jahrhundert mehrere Brücken zu vermuten. Wesentlich aber wurde in diesem Bereich die neue Hundebrücke. Sie führte im Verlauf der heutigen Schlossbrücke unmittelbar nach Westen in das kurfürstliche

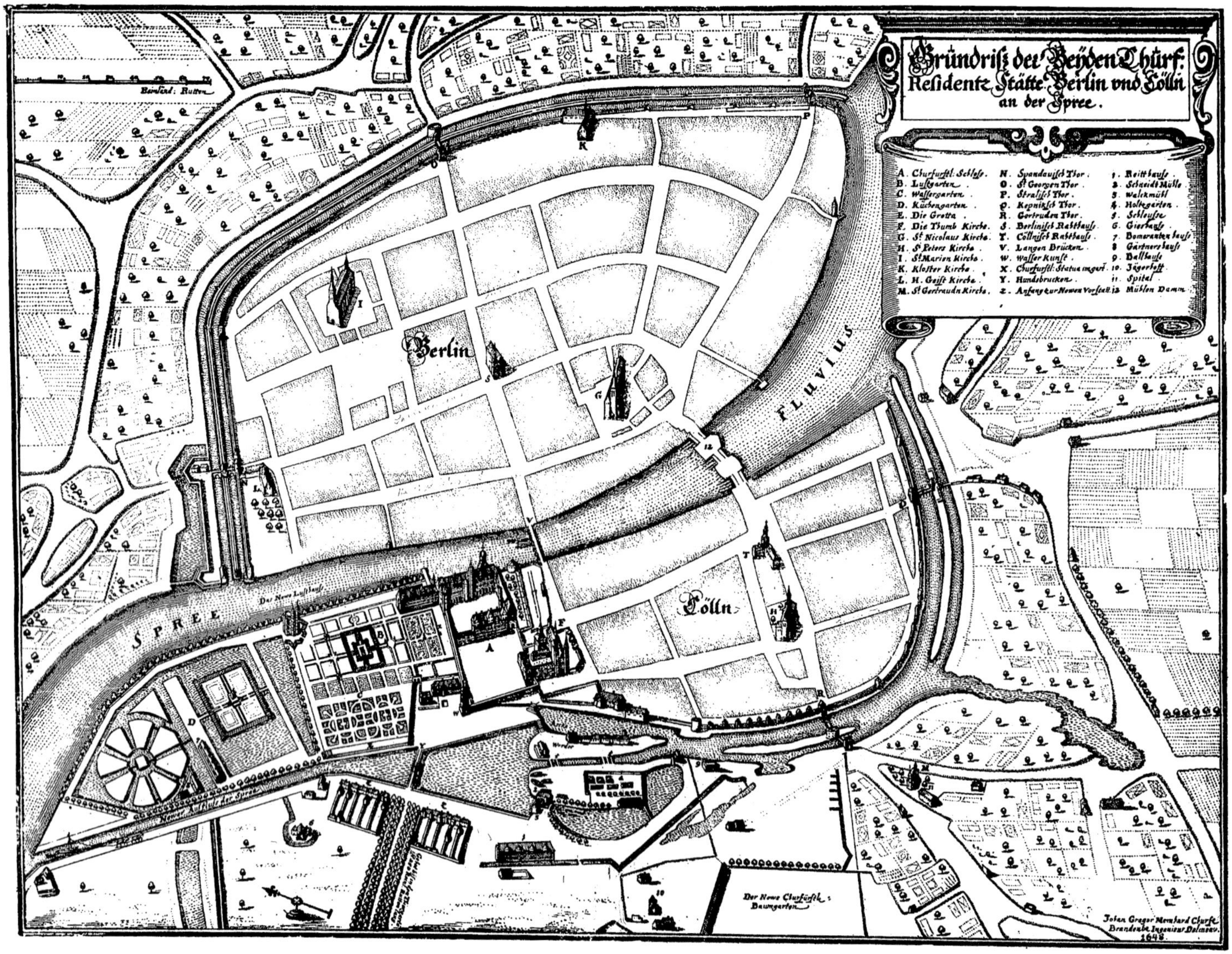

Gibt einen Eindruck vom mittelalterlichen Berlin und Cölln: Stadtplan von J. G. Memhardt, um 1650

Jagdgelände, das auf dem Territorium nördlich der Cöllnischen Ackerhufen, in der Gegend der Straße Unter den Linden, angelegt worden war. Damit zeichnete sich der Keim einer Westorientierung der Stadt ab.

Das war zunächst für fast zwei Jahrhunderte die einzige Erweiterung, wenn sich innerhalb der Stadt auch durchgreifende Veränderungen vollzogen. Da das Schloss in Cölln lag, entwickelte sich dieser Teil des alten Berlin zum bevorzugten Ansiedlungsort der kurfürstlichen Beamten und des Adels. Der Handel veränderte seine Struktur und richtete sich nach den Bedürfnissen des Hofes; die einstige Bedeutung des Platzes als Fernhandelspunkt ging zurück. Diese Funktion musste sich Berlin mit Konkurrenten – z. B. Frankfurt (Oder) – teilen. Gerade diese Stadt übernahm durch ihren günstigen Platz an einer Nord-Süd-Wasserstraße viel von dem Handel mit Roggen und Holz.

Die herausragende Entwicklung Berlins begann nach dem Dreißigjährigen Krieg, der in der Mark Brandenburg, dem Durchzugsland der Truppen, weniger durch den Krieg selbst als durch die Nachfolgen – wie Brandschatzung, Hunger, Seuchen und Flucht der Bevölkerung – gravierende Spuren hinterlassen hatte.

Wir besitzen in dem Plan des Festungsbauingenieurs Memhardt aus der Zeit um das Jahr 1650 einen guten Überblick über das mittelalterliche Berlin und Cölln. Deutlich sind die beiden innerstädtischen Brücken erkennbar, ebenso die über die Gräben führenden Brücken: drei für Berlin und vier für Cölln. Der Plan belegt den geschilderten Zustand, zeigt zu-

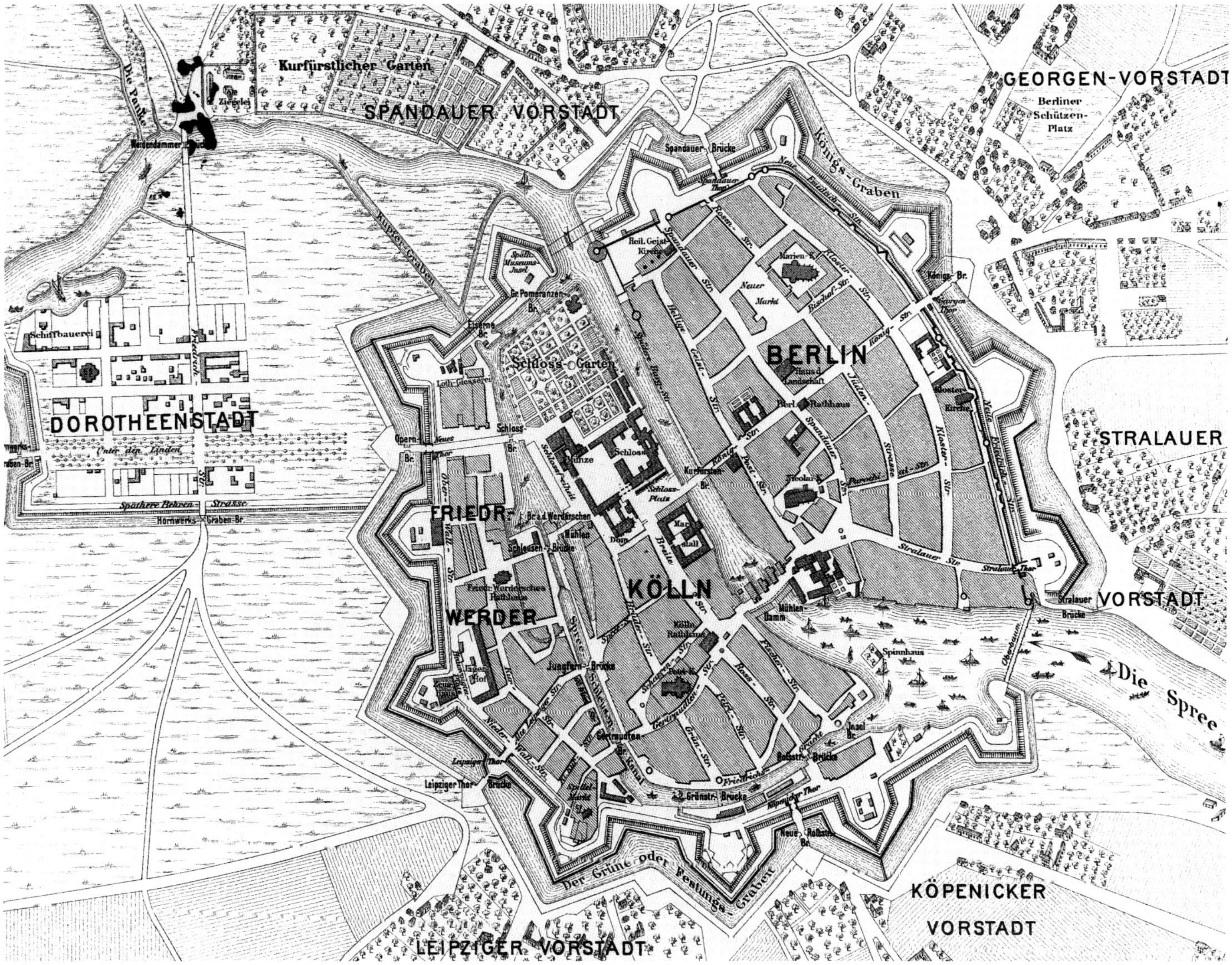

Berlin nach dem Bau von Festungsanlagen: Plan von La Vigne (1685, oben), Vogelschau von J. B. Schultz (1688, unten)

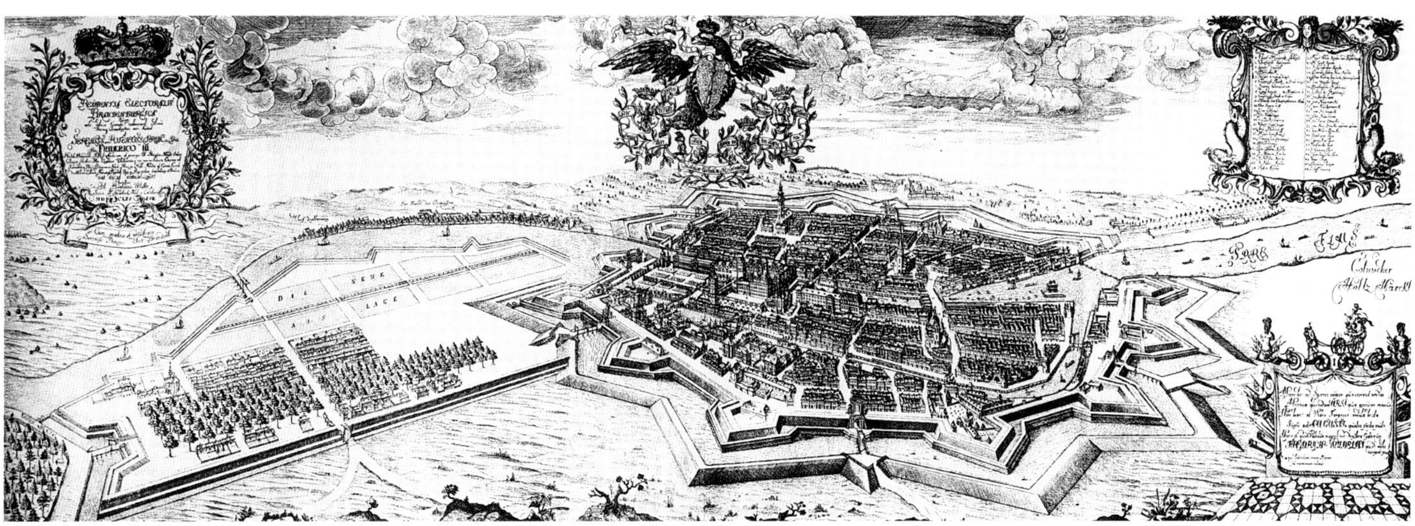

gleich aber auch, dass der Kurfürst Friedrich Wilhelm an Veränderungen dachte, denn dieser Grundriss entstand als Vorlage für den Bau von Festungswerken. Es vollzogen sich Veränderungen in und um Preußen. Der nordosteuropäische Raum erfuhr in den Jahren nach dem Dreißigjährigen Krieg eine politische Aufwertung durch den Kampf um das »Dominium maris Baltici«. Die Parteigänger der Habsburger und der Bourbonen führten diesen Kampf. Einer dieser Parteigänger war der Kurfürst Friedrich Wilhelm, der durch wechselnde Parteinahme Vorteile für die Entwicklung des brandenburgischen Territorialstaates suchte und zugleich den Aufbau einer moderneren absolutistischen Verwaltung vorantrieb.

Die militärischen Auseinandersetzungen nahmen zu, und die mittel- und nordosteuropäischen Staaten zeigten Expansionsbestrebungen. Für die Absicherung der eigenen Aktivitäten ebenso wie zum Schutz vor denen anderer entstanden zahlreiche Festungen nach niederländischem Vorbild neu, so auch in Berlin, das als Haupt- und Residenzstadt eines des an diesen Verwicklungen führend beteiligten Parteigängers militärisch besonders zu sichern war. In den Jahren von 1658 bis 1683 entstand um die mittelalterlichen Städte mit einer zunächst kleineren kurfürstlichen Stadterweiterung (Friedrichswerder) ein Gürtel von Bastionen und Ravelins, verbunden mit Wassergräben.

Das Hohenzollernschloss, nach 1442 am Rande der mittelalterlichen Kommunen entstanden, lag abseits. Diese Randlage galt nach allen sich herausbildenden absolutistischen Vorstellungen der Residenzgestaltung als unmöglich; das Schloss – Sitz des Landesherrn – musste am bevorzugten, zentralen Ort stehen. Die sich anbahnende Manufakturentwicklung, insbesondere durch die Einwanderung ausländischer Arbeitskräfte und einen bescheidenen »Technologietransfer« getragen, machte im Zusammenhang mit der Residenzentwicklung eine Stadterweiterung möglich und notwendig. Diese konnte die geforderte Veränderung der Lage des Schlosses bringen, stellte dabei jedoch zugleich wegen des Festungscharakters der Stadt neue Forderungen an den Brückenbau.

Der Wunsch, die vernachlässigten alten und die neu angelegten Stadtviertel in kürzester Zeit zu einer Einheit, zu einer Residenz zusammenzufügen, verlangte unabhängig von den finanziellen Möglichkeiten des preußischen Staates ein ganz neues planerisches Herangehen, zu dem man sich nicht entschließen konnte. Ansätze wurden fallen gelassen, Vorhandenes verbaut, und was übrig blieb, war nicht einmal ein Torso. Nichts wurde durchgreifend und endgültig gelöst. Die innerstädtischen Verkehrsprobleme angesichts der vielen Wasserläufe, Festungsbauten und Inseln hemmten die Entwicklung.

So wurde z. B. nach 1688 westlich der Festungsanlagen eine Stadt errichtet: die Friedrichstadt. Sie schmiegte sich eng an die vorhandenen Bastionen an, und es war vorgesehen, sie in einen Festungsneubau einzubeziehen. Trotz zweier großer Planungsvorstöße von 1708 und 1710 geschah nichts.

Die neu bzw. umzubauenden Brücken mussten militärischen Gesichtspunkten untergeordnet werden, sie waren so zu errichten, dass sie jederzeit ohne Schwierigkeiten abzubrechen waren. Weiterhin hielt man sie aus denselben Gründen sehr schmal und insgesamt schmucklos. Als Baumaterial für die Brücken wurde überwiegend Holz verwendet, und ihre Konstruktion erfolgte nach holländischem Vorbild als Klappbrücken.

Mit der Fortifikation waren enorme Baumaßnahmen verbunden. Auf der Berliner Seite wurden die Festungsbauten nicht in das Umland geschoben, sodass die hier bestehenden drei Brücken und Tore zwar verändert wurden, aber am historischen Standort blieben. Lediglich das Spandauer Tor versetzte man von der Spandauer Straße zur Rosenstraße und schob das Stralauer Tor etwas nach Süden. Auf der Cöllner Seite dagegen ergaben sich infolge der Einbeziehung der neuen Stadt Friedrichswerder und später der Dorotheenstadt zahlreiche neue Bauten – ebenso wie bei der Überbrückung der Spree zwischen Berlin und Cölln.

Für den Brückenbau sind im Zusammenhang mit der Fortifikation insbesondere folgende Maßnahmen zu nennen:

▷ Die alten Stadttore auf der Cöllner Seite fielen, die alten Brücken über den Spreearm blieben jedoch weiter bestehen. Da auf dieser Seite ein neuer Graben um die Festung auszuheben war, entstanden neue Brücken. An die Stelle des Gertraudentors trat das Leipziger Tor mit Brücke, 1683 vollendet. Ebenso verhielt es sich mit dem Köpenicker Tor und der Brücke. Die Hundebrücke blieb unverändert; neu hinzu trat auf Höhe der Neuen Wache die Neustädtische Torbrücke über den neuen Festungsgraben.

▷ Über dem Graben zwischen dem Lustgarten – mit einem Pomeranzenhaus, in dem ab 1672 des Winters exotische Bäume untergebracht wurden – und der Insel vor der Festung wurde um 1658 die Orangen- oder Kleine Pomeranzenbrücke angelegt. Später nutzte man das Gelände für den Aufbau der Berliner Museen, und in der Bezeichnung »Museumsinsel« hat sich bis heute die Erinnerung an diese einstige, mit dem Festungsbau entstandene und im Sumpf gelegene Insel er-

Eine typische Klappbrücke ihrer Zeit: Die Jungfernbrücke, Aquarell von Johann Stridbeck d. J., 1690

halten. Hinzu kam dann die Wallbrücke, die die Verbindung zwischen dem Friedrichswerder und dieser Insel über den Kupfergraben herstellte und heute als Eiserne Brücke, mehrfach umgebaut, weiter besteht. Die korrespondierende Verbindung, angelegt 1703, zwischen Berlin und der Insel war die Vorläuferin der heutigen Friedrichsbrücke.

▷ Ebenfalls in dieser Zeit entstand eine Verbindung zwischen dem Lustgarten und dem in der Burgstraße gelegenen Kavaliershaus, Kavalierbrücke genannt, nahe der heutigen Liebknechtbrücke.

▷ Im Verlauf der späteren Inselbrücke entstand 1693 ein Übergang über den Spreekanal, die Verbindung zum neuen Stadtteil »Neu-Cölln am Wasser«. Über den Spreekanal wurden weitere Brücken angelegt, so die Spreegassenbrücke – heute Jungfernbrücke – und die Grünstraßenbrücke.

▷ 1683 entstand die Fischerbrücke, die vom Mühlendamm aus als bebaute Straßenbrücke zum Speicher am südlichen Ende Cöllns führte.

▷ Der Stadterweiterung mit der ebenfalls landesherrlichen Dorotheenstadt, die durch ein Hornwerk in die Festung einbezogen worden war, folgte die Anlage weiterer Brücken. Nach Norden führte die Dorotheenstädtische oder Spandauische Brücke zwischen Weidendamm- und Friedrichstraße über die Spree (heute Weidendammer Brücke). Im Verlauf der Straße Unter den Linden lag westlich der heutigen Schadowstraße die so genannte Tiergartenbrücke, die nach Westen führte; und an der Kreuzung Friedrich-/Behrenstraße befand sich die Potsdamer Brücke, die hier über einen Graben, der entlang der Behrenstraße verlief, führte.

Insgesamt besaßen die ab 1709 zu einem einheitlichen Organismus vereinigten Städte Berlin, Cölln, Friedrichswerder, Dorotheenstadt und Friedrichstadt 21 Brücken.

Zwei Komponenten bestimmten die nun einsetzende Phase eines forcierten Brückenbaus immer stärker: höfische Repräsentation und die Entwicklung des Gewerbes. Die höfischen Repräsentationsbedürfnisse ließen zwei inmitten der Stadt liegende Brücken, die zugleich die ältesten waren, den Mühlendamm und die Lange Brücke, in neuer, stattlicher Gestalt entstehen. Gerade beim Mühlendamm wird dabei auch die Beziehung zur wirtschaftlichen Entwicklung deutlich. Die Erneuerung des Mühlendamms gab der Kurfürst Friedrich Wilhelm 1683 in Auftrag. Zunehmend setzten sich Gedanken des Merkantilismus durch, die darauf zielten, aus dem Verkauf inländischer Produkte bzw. weiter verarbeiteter einheimischer Rohstoffe im Ausland einen hohen Überschuss zu erzielen. Dazu war es zunächst notwendig, die geringe Zahl der im Lande vorhandenen Manufakturen so zu entwickeln, dass sie produktions- und konkurrenzfähig wurden. Dem Transport auf den Wasserwegen fiel zunehmende Bedeutung zu. Dem kurfürstlichen Befehl, Spree und Havel nach der jahrzehntelangen Vernachlässigung im Anschluss an den Dreißigjährigen Krieg wieder nutzbar zu machen, folgte die Weisung, den Mühlendamm herzurichten, und hier zuerst die Mühlen. Sie dienten nun nicht mehr allein dem Mahlen von Getreide, sondern die Wasserkraft wurde mannigfaltig – u. a. für das Lohmühlen, d. h. die Verarbeitung von Häuten und Fellen – genutzt. Die Besitzer der Buden bzw. Verkaufsstände erhielten kostenlos Material, um ihre Domizile aus Stein neu zu bauen. Um der ganzen Einrichtung ein ansehnliches Äußeres zu geben, errichtete der Architekt Arnold Nering vor den neu entstandenen Gebäuden nach 1687 steinerne Arkaden.

Charakteristisch war, dass neue Entwicklungen in der Stadt an diesem alten Handelsweg, der Keimzelle Berlins, begannen. An zentraler Stelle des Mühlendamms, an der Einmündung der Fischerbrücke, stand ein hohes Portal mit einem hinter ihm liegenden Saal im ersten Stock der Kolonnaden. An das Portal setzte Nering als künstlerischen Schmuck ein Brustbild des Kurfürsten. Der durch den Damm gebildete Hafen ließ an den Ufern viele kleine Manufakturen entstehen, wie z. B. die Zuckersiedereien der Familie Splittgerber, sodass um das Jahr 1700 ein Konzentrationspunkt des Gewerbes entstanden war.

Mit anderer Gewichtung ließ der Sohn dieses ehrgeizigen und hoch talentierten Kurfürsten Brücken umgestalten. Kurfürst Friedrich III., ab 1701 König Friedrich I., verschob die Schwerpunkte, ohne allerdings bewährte Momente der Wirtschaftspolitik seines Vaters zu vernachlässigen. Er legte größeren Wert auf barocke Repräsentation – auch hier kann der Mühlendamm als Beispiel dienen. Er ließ ihn als Säule der Wirtschaftsentwicklung ausbauen und befahl zugleich, die sechs Flussöffnungen, die das Wasser auf die Mühlen leiteten, in roten Sandstein zu fassen und zu überwölben, so geschehen zwischen 1706 und 1710.

Dem Wunsch nach prachtvoller Repräsentation konnte an einer anderen Brücke noch nachhaltiger entsprochen werden. Die Lange Brücke hatte infolge zunehmender Schäden in den Jahren von 1652 bis 1659 mehrfach ausgebessert werden müssen. Als die zentrale Zufahrt zum Schloss von Osten war sie dann vollständig neu, aber wiederum in Holz erbaut worden. Sie unterlag demzufolge hohem Verschleiß. Der Kurfürst ließ durch seine Stadtplaner Konzepte entwickeln, die das Schloss noch weiter in den Mittelpunkt der Stadt rücken sollten. Das Schloss wurde durch den Architekten Andreas Schlüter neu gefasst und erweitert und nach absolutistischen Prinzipien der Stadtgestaltung zu einem Mittelpunkt der Residenz gemacht. Der zentrale Punkt der Stadtgestaltung wurde auf der Langen Brücke gefunden.

Gebaut aber wurde die Brücke als Höhepunkt einer geplanten Achse und zur Zierde der Residenz. Die Lange Brücke entstand aus Werkstein nach einem Entwurf, der ebenfalls von Nering stammte. Sie erhielt reichen Schmuck, und in der Mitte verbreiterte Nering die Brücke flussaufwärts um 8,16 m, um an dieser Stelle das Reiterstandbild des Kurfürsten Friedrich Wilhelm von Andreas Schlüter aufstellen zu können. So bekam Berlin eine Mitte, die absolutistischem Gedankengut verpflichtet war. Schloss und Reiterstandbild, eingeweiht 1703, kennzeichneten den zentralen Punkt der Stadt auf einer Brücke. Der Symbolwert des Standorts war geglückt gewählt.

Weitere Gestaltungsabsichten wurden nicht umgesetzt. Das hatte seine Ursache weniger in einer unrealistischen Planung als in den Zuständen in Brandenburg/Preußen. Eine Günstlingswirtschaft verschwendete die Staatsfinanzen. Das »dreifache Weh«, Graf Kolbe von Wartenberg, Generalfeldmarschall Graf Wartensleben und Oberhofmarschall Graf Wittgenstein, sog das Land aus. Geld für groß angelegte, die Stadt durchgreifend verändernde Projekte blieb nicht übrig.

In der bereits von Kurfürst Friedrich Wilhelm betriebenen systematischen Politik der Wirtschaftsentwicklung, die darauf hinauslief, Manufakturen zu entwickeln, wurden zwei Richtungen eingeschlagen: zum einen die Herstellung von Luxusgütern für die Bedürfnisse des Adels und des Hofes, zum anderen der Aufbau einer Wollmanufaktur zur Versorgung der preußischen Armee mit Uniformen. Man förderte den Zuzug von Personen und Familien, die wegen ihrer religiösen Haltung in ihrer Heimat verfolgt wurden. So kamen u. a. jüdische Familien aus Wien, Hugenotten aus Frankreich, aber auch böhmische Weber nach Preußen und in großer Zahl nach Berlin.

Am Anfang waren die Manufakturen dezentralisiert, d. h., die Waren wurden in Heimarbeit produziert und dann z. B. an das Lagerhaus in der Klosterstraße geliefert, wo zugleich neue Rohstoffe ausgegeben wurden. Beschwerliche Wege waren zurückzulegen. Die innere Kommunikation erforderte dringend eine Verbesserung.

1735 begann die Entfestigung der Stadt. Sie geschah zu-

Seinerzeit eine der schönsten Brücken Europas: Die Lange Brücke, später Kurfürsten- und heute Rathausbrücke, Stahlstich von Finden, um 1700

Eine für ihre Zeit typische hölzerne Jochbrücke: Die Blocks-, spätere Waisenbrücke vor 1783, kolorierte Radierung von J. G. Rosenberg

nächst mehr oder weniger zufällig und nicht nach einem vorher festgelegten Plan, der die Chance eines einheitlichen Zusammenwachsens der Stadtteile gewährleistet hätte. So blieben die lästigen Festungsgräben – wegen der Entwässerung – vorerst bestehen und mussten, ganz abgesehen davon, dass sie wegen des langsamen Wasserabflusses stanken, immer wieder überwunden werden. Einige Gräben wurden jedoch auch schrittweise eingeebnet, wodurch manche Engpässe bei ehemaligen Brücken zum Vorteil der inneren Verkehrsbeziehungen verschwanden. So wurden der entlang der Behrenstraße führende Teil des Grünen Grabens und der breite Graben vor dem Tiergarten Tor zugeschüttet, und die Potsdamer Brücke und die Tiergartenbrücke entfielen. Erstere wurde 1735 abgebaut. Bis heute hat sich an dieser Straßenkreuzung in der Friedrichstraße durch die Gestaltung des Straßenverlaufs die Erinnerung an den ehemaligen Übergang erhalten. Von diesem Punkt ab nach Süden wird die Friedrichstraße schmaler.

Ein Stadtplan aus dem Jahre 1737 verzeichnet noch 26 Brücken. Als neue Brücken entstanden in dieser Zeit und den folgenden Jahren:

▷ Die Jägerbrücke (1736), die den Friedrichswerder mit der Friedrichstadt verband und die kürzeste Verbindung zwischen dem Zentrum und dieser Stadterweiterung darstellte.
▷ Die Jerusalemer oder Schinkenbrücke in Höhe des Hausvogteiplatzes (1739).
▷ Im Verlaufe der Mohrenstraße die Mohrenbrücke, die den Festungsgraben überwand (1739).
▷ Die Judenbrücke von der Dorotheenstraße zum Schiffbauerdamm, nahe der heutigen Marschallbrücke. Die erste auf private Kosten erbaute Brücke war vom Bankier Veitel Heinc Ephraim finanziert worden und erhielt deshalb diesen Namen.
▷ Die Neue Friedrichsbrücke (1749), aus der durch den Umbau 1787/88 die erste Herkulesbrücke hervorging; sie lag an der Mündung des rechten Spreearms in die Spree.

Ersetzt wurde u. a. die Leipziger Torbrücke nach Wegfall des Leipziger Tores. Hier entstand etwas südlich die Spital- oder Spittelbrücke.

Umgebaut wurden die Fischerbrücke, die Hundebrücke, die Große Pomeranzenbrücke und die Gertraudenbrücke.

1759 verheerte ein Brand den Mühlendamm. Alle auf der Mühlenseite gelegenen Bauten fielen ihm zum Opfer. Das war der Beginn der Verlagerung einiger Mühleneinrichtungen auf den Windmühlenberg (Prenzlauer Berg) und in die Lohmühlenstraße (Treptow). Mit dem Wiederaufbau des Mühlendamms rückte auch der gestaltete Ersatzbau alter Holzbrücken in den Vordergrund. Zunächst waren es fünf Brücken bzw. Brückenkolonnaden, die zwischen 1774 und 1785 als so genannte Schmuckbrücken entstanden. Es waren die Opernbrücke an der alten Wache als Nachfolgerin der Brücke am Neuen Tor, die Königsbrückenkolonnaden, die Jägerbrückenkolonnaden, die Spandauer Brücke und die Neue Friedrichs-, später Herkulesbrücke. Sie waren Teil einer 1770 begonnenen systematischen Stadtplanung zwischen der heutigen Dorotheenstraße und dem Spittelmarkt.

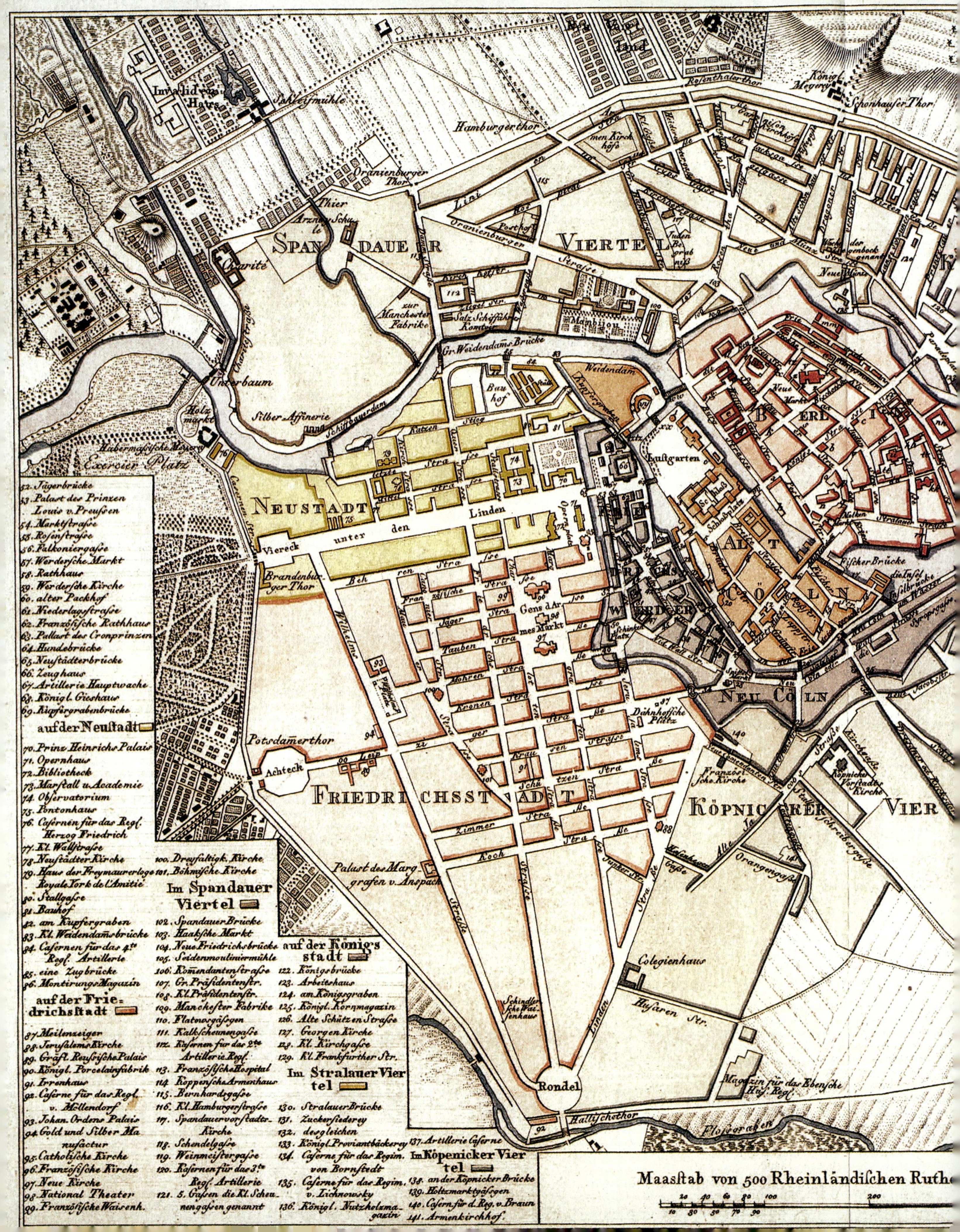

SPANDAUER VIERTEL
NEUSTADT
FRIEDRICHSSTADT
KÖPNICKER VIER
BERLIN
ALT CÖLN
NEU CÖLN
FRIEDRICHS WERDER
Linden
unter den Linden
Viereck
Brandenburger Thor
Potsdamerthor
Achteck
Rondel
Hallischethor
Oranienburger Thor
Hamburger thor
Rosenthalerthor
Schönhauser Thor
Königl. Meyerey
Invalid enhaus
Charité
Thier Arzney Schule
Unterbaum
Holzmarkt
Habermaßische Meyerey
Exercier Platz
Silber Affinerie
Schiffbauerdam
Gr. Weidendams Brücke
Weidendam
Bauhof
Lustgarten
Schloßplatz
Schloß
Neue Markt
Fischer Brücke
Gens d'Armes Markt
Dönhofsche Platz
Französische Kirche
Köpnicksche Vorstadts Kirche
Orangengasse
Alte Jacobstr.
Schreibergasse
Palast des Marggrafen v. Anspach
Colegienhaus
Husaren Str.
Schindlersche Waisenhaus
Magazin für das Ebensche Hus. Regt.
Floßgraben
zur Manchester Fabrike
Salz Schifahrer Kontoir
Maasstab von 500 Rheinländischen Ruthe
52. Jägerbrücke
53. Palast des Prinzen Louis v. Preussen
54. Marktstrasse
55. Rosenstrasse
56. Falkoniergasse
57. Werdersche Markt
58. Rathhaus
59. Werdersche Kirche
60. alter Packhof
61. Niederlagsstrasse
62. Französische Rathhaus
63. Pallast des Cronprinzen
64. Hundebrücke
65. Neustädterbrücke
66. Zeughaus
67. Artillerie Hauptwache
68. Königl. Gieshaus
69. Kupfergrabenbrücke
auf der Neustadt
70. Prinz Heinrichs Palais
71. Opernhaus
72. Bibliotheck
73. Marstall u. Academie
74. Observatorium
75. Pontonhaus
76. Casernen für das Regt. Herzog Friedrich
77. Kl. Wallstrasse
78. Neustädter Kirche
79. Haus der Freymaurerloge Royale York de l'Amitié
80. Stallgasse
81. Bauhof
82. am Kupfergraben
83. Kl. Weidendamsbrücke
84. Casernen für das 4.te Regt. Artillerie
85. eine Zugbrücke
86. Montirungs Magazin
auf der Friedrichsstadt
87. Meilenzeiger
88. Jerusalems Kirche
89. Gräfl. Reussische Palais
90. Königl. Porcelainfabrik
91. Irrenhaus
92. Caserne für das Regt. v. Mollendorf
93. Johan. Ordens Palais
94. Gold und Silber Manufactur
95. Catholische Kirche
96. Französische Kirche
97. Neue Kirche
98. National Theater
99. Französische Waisenh.
100. Dreyfaltigk. Kirche
101. Böhmische Kirche
Im Spandauer Viertel
102. Spandauer Brücke
103. Haaksche Markt
104. Neue Friedrichsbrücke
105. Seidenmoulinier mühle
106. Komendantenstrasse
107. Gr. Präsidentenstr.
108. Kl. Präsidentenstr.
109. Manchester Fabrike
110. Flatowgäßgen
111. Kalkscheunengasse
112. Kasernen für das 2.te Artillerie Regt.
113. Französische Hospital
114. Koppensche Armenhaus
115. Bernhardsgasse
116. Kl. Hamburgerstrasse
117. Spandauervorstadts-Kirche
118. Schendelgasse
119. Weinmeistergasse
120. Kasernen für das 3.te Regt. Artillerie
121. 5. Gassen die Kl. Scheunengassen genannt
auf der Königsstadt
122. Königsbrücke
123. Arbeitshaus
124. am Königsgraben
125. Königl. Kornmagazin
126. Alte Schützen Strasse
127. Georgen Kirche
128. Kl. Kirchgasse
129. Kl. Frankfurther Str.
Im Stralauer Viertel
130. Stralauer Brücke
131. Zuckersiederey
132. desgleichen
133. Königl. Proviantbäckerey
134. Caserne für das Regim. von Bornstedt
135. Caserne für das Regim. v. Lichnowsky
136. Königl. Nutzholzmagazin
137. Artillerie Caserne
Im Köpenicker Viertel
138. an der Köpnicker Brücke
139. Holtzmarktgäßgen
140. Casern für d. Reg. v. Braun
141. Armenkirchhof.

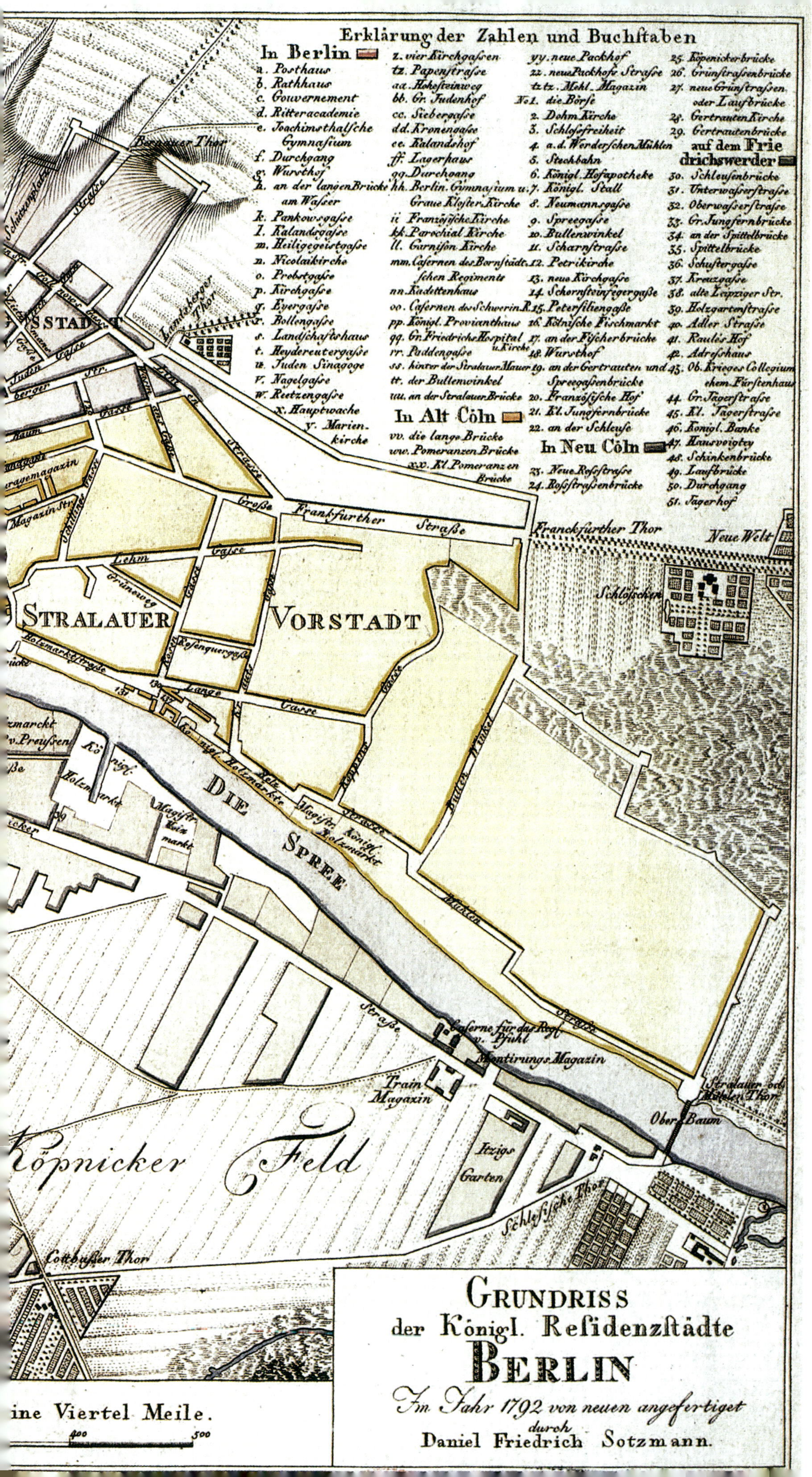

Der »Grundriss der Königlichen Residenzstädte Berlin« zeigt die Situation von 1792, nach der Entfestigung der Stadt, kolorierter Stich von D. F. Sotzmann

Die Opernbrücke wurde anstelle der alten Neustädtischen Torbrücke durch Boumann d. Ä. erbaut. Als Baumaterial verwandte er roten Sandstein. Ihren Schmuck erhielt sie durch acht Figuren, die als Laternenträger dienten. Zusammen mit dem dahinter liegenden Opernhaus entstand ein reizvolles Bild, das wohl mit Absicht ein wenig an oberitalienische Städte erinnerte. Nach 1816 verengte man den Graben. Die Figuren kamen auf den Leipziger Platz und standen dort bis zu ihrer Demolierung im Zweiten Weltkrieg.

Hervorzuheben ist die besonders prunkvolle Königsbrücke mit ihren viertelkreisförmig ausgebauten Kolonnaden, deren Bild viele Künstler inspirierte. Ihre Anlage am Ausgang der Königsstraße, heute Rathausstraße, am Übergang zum Alexanderplatz, als Pendant zur Kurfürstenbrücke stellte eine imposante stadtgestalterische Leistung des 18. Jahrhunderts dar. Das Besondere ihrer Architektur lag darin begründet, dass sich der Architekt Gontard von den von Friedrich II. bevorzugten Allüren des Rokoko zu lösen begann und sich der strengen Auffassung der Antike zuwandte. So entstand ein Übergangsstil, der die Formen des Klassizismus erstrebte, ohne sich bereits völlig vom Rokoko lösen zu können. Die Kolonnaden wurden nach dem Zuschütten des Königsgrabens und dem Bau der Stadtbahn als funktionslos empfunden. Sie störten in der von Warenhäusern verbauten Straße. Im Jahre 1910 wurden sie entfernt und in den ehemaligen Botanischen Garten, den heutigen Kleistpark, versetzt, wo sie bis in die Gegenwart etwas beziehungslos den Eingang bilden.

1782 folgte der Umbau der Jägerbrücke, die ebenfalls Kolonnaden aus Sandstein erhielt. Von allen Berliner Kolonnaden stehen lediglich die Mohrenkolonnaden in der Mohrenstraße noch an ihrem historischen Standort.

Auch die Judenbrücke wurde neu errichtet, jedoch nicht als Schmuckbrücke. Die Holzkonstruktion war nur für den Fußgängerverkehr zugelassen. Ebenfalls neu entstand 1793 die Große Jungfernbrücke, die sich als einzige Brücke im holländischen Stil bis heute erhalten hat. Besonders erwähnt werden muss die Eiserne Brücke, die 1797 in Gusseisen zur Ausführung kam. Sie entstand aus dem Versuch, neue Materialien für den Hochbau im Allgemeinen und den Brückenbau im Besonderen einzusetzen; der Gedanke entsprang weniger einer Notwendigkeit als vielmehr dem allgemeinen Fortschritt, in dem auch die Leistungsfähigkeit der preußischen Eisengießereien ihren Ausdruck finden sollte.

Das 1794 nach langen Mühen durchgesetzte »Allgemeine Preußische Landrecht« zog ein Fazit aus den umfangreichen Bemühungen des Staates, ein geordnetes Verkehrssystem auf dem Wasser aufzubauen. Es erklärte alle schiffbaren Gewässer zu öffentlichem Staatseigentum und verpflichtete die staatlichen Behörden, die Schifffahrt sicherzustellen.

Nach der Städtereform des Freiherrn vom und zum Stein von 1808 waren auch in Berlin kommunale Selbstvertretungsorgane entstanden. Zur Wahl berechtigt waren nur die im Besitz des Bürgerbriefs befindlichen Einwohner, eine Minderheit von Berliner Haus- und Grundbesitzern, die die Einsetzung neuer kommunaler Einrichtungen jedoch nur

Ein eindrucksvolles Beispiel für repräsentative Brückengestaltung: Die Königsbrücke mit ihren prunkvollen Kolonnaden, Ölgemälde von E. Gaertner, 1835

langsam und widerstrebend vollzog. Als Aufsichtsbehörde erhielt Berlin zunächst eine Regierung, die die Geschäfte des Magistrats und der Stadtverordnetenversammlung zu kontrollieren hatte. An die Stelle der Regierung trat bald der Polizeipräsident, der von dem Recht der Aufsicht und der Kontrolle sehr rasch zur Bevormundung überging, die in einer Verdrängung von Magistrat und Stadtverordnetenversammlung aus den wichtigen kommunalen Entscheidungen endete. Die negativen Folgen der Niederlage des Berliner Unwillens von 1447/48 traten nach 1815 in mehrfacher Hinsicht nachteilig zu Tage.

Mit den veränderten Bedingungen nach der Niederlage Napoleons und der Gründung des Deutschen Bundes wandelte sich auch Berlin. Zwar blieb im zentralen Bereich der Residenzcharakter zunächst noch vorherrschend, prägte sich im äußeren Erscheinungsbild sogar verstärkt aus, doch die nach 1830 voll einsetzende industrielle Revolution begann ihren Siegeszug. Egells, Borsig, Wöhlert, Schwartzkopff, Hoppe usw. hießen die neuen Könige. Und als 1838 die Berlin-Potsdamer Eisenbahn eröffnet wurde, zeigte das neue, industrielle Zeitalter auch in Berlin sein Gesicht. Berlin konnte an diesem wirtschaftlichen Aufschwung als Industriestandort fernab von Rohstoffvorkommen vor allem deshalb teilnehmen, da die Stadt in ein brandenburgisches Wasserstraßennetz eingebunden war, auf dem die benötigten Halbfabrikate und die fertigen Produkte rationell ausgetauscht werden konnten. Mit dem Eisenbahnbau verstärkte sich die Einbeziehung der Stadt in ein deutsches und sehr schnell auch in ein europäisches Verkehrsnetz.

Die Eisen verarbeitende Industrie, insbesondere der Lokomotivbau, ließ die Residenz in kürzester Zeit zu einem Schwerpunkt industrieller Entwicklung werden. Eruptiv stülpte die Industrie die Stadt um, veränderte sie insbesondere nach 1871, als Berlin Hauptstadt des Reiches wurde.

Die ersten neu angelegten Bahnhöfe und auch die neuen Häfen schoben sich bis an die damals bebaute Stadtfläche heran. Keine Eisenbahn aber durchzog die Stadt. Die Eisenbahnen standen vorerst untereinander kaum in Verbindung, lagen auf dem normalen Straßenniveau und behinderten dadurch den Straßenverkehr. Es ergaben sich zahlreiche Hindernisse für die Kommunikation einer sich sprunghaft entwickelnden Industriestadt. Einer politischen Reaktionsperiode, gepaart mit einer liberalen Wirtschaftspolitik, nach 1815 folgte in den 40er Jahren eine Zuspitzung der sozialen Zustände, die sich in der Revolution von 1848 entlud. Die politischen Verhältnisse in Preußen, die auch nach der Revolution von 1848 keine grundlegende Veränderung erfuhren,

Der Blick von der Burgstraße über die Große Pomeranzen-, spätere Friedrichsbrücke zeigt das Bauwerk noch vor dem späteren Neubau aus Gusseisen, kolorierte Radierung von F. A. Kalau, um 1820

stellten sich als hinderlich für die Entwicklung eines modernen Großstadtgebildes heraus.

Nach 1815 strömten immer mehr Menschen nach Berlin. Die Zahl der Einwohner wuchs von 250 000 im Jahre 1815 auf 800 000 im Jahre 1871. Eine Planung zur Stadterweiterung war dringend geboten. Aber sie wurde nicht von der Kommune getragen, sondern von den Staatsbehörden. Und die beeilten sich nicht, da das mit Kosten verbunden war, die der Staat nicht tragen wollte. Die Umwandlung des ehemals feudalen in bürgerliches Eigentum an Grund und Boden durch die Flurbereinigung zog sich auf den Berlin umgebenden Flachen bis 1847 hin, sodass zunächst auch kaum Bauland zur Verfügung stand. Selbst in der Luisenstadt, dem ehemaligen Köpenicker Feld, das seit dem Beginn des 18. Jahrhunderts zur Stadt gehörte, vollzog sich die Ablösung der feudalen Lasten nur langsam.

Eng damit verbunden, ja darin eingebettet waren die Verhältnisse beim Bau notwendiger neuer Brücken. Auch sie waren ab 1448 Eigentum des Landesherrn. Hatte dieser Umstand bisher nur geringe Bedeutung besessen, zeigten sich nun deutlich seine negativen Seiten. Die industrielle Entwicklung der Stadt forderte zunehmend neue Brücken für den massenhaften und rationellen Transport von Gütern und Personen. Die schnellere Wegeverkürzung für die Masse der Berliner Bevölkerung bei einem nicht bestehenden öffentlichen Nahverkehr wurde ein öffentliches Anliegen. Die sich langsam durchsetzenden Stadterweiterungen, Bau und Regulierung von Kanälen und insbesondere der Eisenbahnbau forderten Konsequenzen im Brückenbau. Und nichts geschah, es gab keine kommunalen Mittel. Um das Anachro-

Eines der bedeutendsten Bauwerke des großen Berliner Baumeisters K.F. Schinkel, die Schlossbrücke, hier noch mit Klappen für den Schiffsdurchlass, im Hintergrund die Eiserne Brücke, Lithographie von Xaver Sandmann, um 1860

nistische der Situation zu verdeutlichen: Über den Brückenbau in Berlin mussten die obersten preußischen Behörden, d. h. der Finanzminister und nach 1849 das preußische Abgeordnetenhaus, entscheiden. Den chronischen Geldmangel konnten die preußischen Behörden politisch nicht überwinden; das sich entwickelnde liberale Bürgertum wollte und konnte es auch aus politischen Gründen nicht.

Diese verworrene Situation, die auf den Alltag der Berliner durchschlug, war Ausdruck des zentralisierten Wesens des preußischen Staates. So blieb u. a. auch der Brückenbau in Berlin nach 1815 eingeschränkt. Bis 1845 wurden auf Kosten des Staates lediglich folgende Arbeiten vorgenommen:

▷ Verlegung des Unterbaums und der dazugehörigen Brücke flussabwärts.
▷ Errichtung zweier hölzerner Laufstege über das Mühlengerinne am Mühlendamm, um die Poststraße und die Breite Straße zu verbinden, 1847 als Eiserne Brücke neu gebaut und für den Fahrzeugverkehr zugelassen.
▷ Ersatzbau der Hundebrücke, der späteren Schlossbrücke, durch Karl Friedrich Schinkel in den Jahren 1822/23.
▷ Ersatzbau der Friedrichsbrückengewölbe durch moderne gusseiserne Bögen.
▷ Neubau der Marschallbrücke von Schinkel 1821, geplant als Verlängerung der neu angelegten Neuen Wilhelmstraße.
▷ Ersetzung der alten hölzernen Brücke am Weidendamm durch eine neue aus Eisen in den Jahren 1824 bis 1826.
▷ 1825 Abtragen der Eisernen Brücke und Ersatz durch einen Neubau aus Stein.
▷ Renovierung der Königsbrücke im Jahre 1831.
▷ Überwölbung und Pflasterung der Neuen Grünstraßenbrücke im selben Jahr.
▷ Neuaufbau der fast völlig verfallenen Herkulesbrücke.

Überblickt man die Aufstellung, so muss festgestellt werden, dass in diesen 30 Jahren, in denen die industrielle Revolution Berlin zu verändern begann und in denen sich die Einwohnerzahl der Stadt verdoppelte, kaum neue Brücken durch den Staat errichtet wurden.

Als Ausweg bot der Staat geschäftstüchtigen Unternehmern den Bau von Privatbrücken an, d. h., kapitalkräftige Berliner ließen auf Kosten einer von ihnen gebildeten Aktiengesellschaft eine Brücke errichten. Ihre Benutzung konnte nur durch Hinterlegung eines Brückenzolls erfolgen. Nach einigen Jahrzehnten ging das Privileg ein, und der Staat übernahm das Bauwerk. Bis 1845 entstanden auf diese Art folgende Brücken:

▷ 1820 wurde im Zuge der Artilleriestraße die Ebertsbrücke fertig gestellt; sie wurde auf Veranlassung des Seehandlungs-Rendanten und Rechnungsrats Ebert errichtet und war bis 1825 nur gegen einen Brückenzoll benutzbar; 1825 wurde sie vom Staat übernommen.
▷ 1822 ließ der Kaufmann Jannowitz eine hölzerne Jochbrücke als neue Verbindung zwischen der Luisenstadt und

der Stralauer Vorstadt errichten. 1831 hatten die Aktionäre ihren Gewinn gemacht, der Staat übernahm die Brücke und gab sie 1840 – nachdem er sich auch noch seinen Anteil am Gewinn gesichert hatte – zur freien Nutzung.

▷ 1824 ließ der Justizrat Kunowski im Zuge der neu durchbrochenen Rochstraße am Alexanderplatz eine Brücke, die Kunowski- oder Rochstraßenbrücke, erbauen. Auch auf sie, im Mai 1825 eröffnet, trifft die Bezeichnung »Sechserbrücke« zu, denn ihr Brückenzoll betrug einen Sechser. Kunowski hatte die Konzession für 80 Jahre. 1879 wurde die Brücke beim Bau der Stadtbahn abgetragen.

▷ 1832 entstand die 1771 beseitigte Kavalierbrücke auf Kosten einer Aktiengesellschaft neu.

▷ 1840 wurde die Schillingbrücke gebaut, so genannt nach dem Maurermeister Schilling, der der entsprechenden Aktiengesellschaft vorstand.

▷ Ebenfalls 1840 entstand die Moabiter Brücke zur schnelleren Verbindung zwischen Tiergarten und Moabit als Ersatz für die ebenfalls auf Aktien gebaute Ballif-Brücke von 1825.

Weitere, kleinere Stege wären noch aufzuzählen. Das Gesamtbild verändern sie jedoch nicht. Drei bescheidenen Neubauten, sechs teilweise sehr aufwändigen und repräsentativen Ersatzbauten und einer größeren Brückenreparatur vonseiten des Staates standen sechs dringend benötigte Neubauten aus privater Hand gegenüber. Das »Neueste Conversations-Handbuch für Berlin und Potsdam« von Zedlitz aus dem Jahre 1834 zählte in Berlin »einige vierzig Brücken«. 14 von ihnen waren massiv mit steinernen Bögen errichtet, vier hatten Steinpfeiler mit Holzbelag, 17 waren aus Holz. In der Stadt führten elf Brücken über die Spree, neun über Friedrichs-, Schleusen- und Kupfergraben, 17 über die Kanäle der Spree und eine über den Mühlengraben, einen Parallelgraben zum Schleusengraben.

Ab den 30er Jahren des 19. Jahrhunderts erhielt der Brückenbau neue Ansatzpunkte durch den beginnenden Bau von zahlreichen Eisenbahnlinien mit Ausgangspunkt in Berlin. Allerdings erforderten die in der ersten Phase des Eisenbahnbaus stets auf Straßenniveau angelegten Strecken nur bahneigene Brücken zur Überwindung von Flüssen und Kanälen, die von vornherein aus beweglichen Eisenkonstruktionen bestanden. Dort, wo die Strecken Straßen kreuzten, mussten beschrankte Bahnübergänge eingerichtet werden. Der Eisenbahnbau wurde zunächst von privaten Gesellschaften vorangetrieben, welche die Anlagen mit möglichst geringen Kosten errichteten.

Noch ein weiteres Moment wirtschaftlicher Entwicklung erforderte neue Maßnahmen zum Bau von Brücken. Berlin lag ab dem 18. Jahrhundert in einem Netz von Wasserstraßen, das immer weiter ausgebaut und im 19. Jahrhundert zeitgleich mit dem Bau der privaten Eisenbahnen weiter vervollkommnet wurde. Neue Kanäle wurden angelegt, die im Gegensatz zur Eisenbahn soweit wie möglich in das Zentrum Berlins – teilweise bis an die Spree – hineinführten.

Die Jannowitzbrücke entstand 1881 bis 1883 als schmiedeeiserne Fachwerkbogenbrücke mit drei Feldern, J. Jacob und W. Herwarth, 1891

So entstand zwischen 1845 und 1850 der Luisenstädtische Kanal, und es erfolgte der Ausbau des Landwehrkanals. Die Überbrückungen innerhalb der Stadt erforderten insgesamt 18 neue Brücken, die aber aus Kostengründen möglichst einfach und mit dem geringsten Aufwand errichtet wurden. 1859 wurde der Spandauer Schifffahrtskanal eröffnet.

Langfristig wirkten sich die neuen Produktionsbedingungen auch auf die den Berliner Straßen und Brücken zugrunde liegenden Eigentumsverhältnisse aus. Beide waren noch immer Eigentum des Landesherrn und wurden vom preußischen Fiskus verwaltet. Diese Einschränkung kommunaler Verfügung und Selbstständigkeit der größten Stadt Preußens, die zugleich die Hauptstadt des Landes war, beleuchtet schlaglichtartig das damalige Verhältnis des preußischen Staates zu dem wirtschaftlich immer stärker werdenden liberalen Bürgertum mit den immer noch feudal geprägten Regierungsformen. Die Stadt Berlin musste sich in langwierigen und zähen Kämpfen jene Rechte erobern, die die Städteordnung von 1808 jeder Stadt in Preußen zusprach.

Ab 1820 beteiligte sich die Stadt Berlin von sich aus am Straßen- und Brückenbau. Aber da gab es tief greifende Meinungsverschiedenheiten. Eine königliche Kabinettsorder aus dem Jahre 1838 bestimmte dann, dass die vor dem 1. Januar 1837 innerhalb der Stadtmauer errichteten Straßen und Brücken dem Fiskus gehörten und von ihm zu unterhalten waren. Alle nach diesem Zeitpunkt neu angelegten Straßen sollten von der Stadt unterhalten werden. Der Fiskus sicherte sich jedoch die Eigentumsrechte, d. h., die Stadt trug die Kosten und die Verantwortung, das Verfügungsrecht blieb ihr versagt. Auf den ersten Blick mag diese Frage theoretischen Charakter haben und hatte sie für lange Zeit wohl auch. Doch ab Mitte des 19. Jahrhunderts stellte die Industrie weiter reichende Forderungen. Dabei ging es sowohl um die Nutzung des Verkehrsnetzes als auch um die Forderung nach der Vermarktung des Straßenlandes. Im Einzelnen mussten folgende Probleme gelöst werden:

Wie waren die Straßen und Brücken angelegt, wie gepflastert? Wie bedingte ihre Richtungsführung sich gegenseitig? Mit welchen Lasten konnten sie genutzt werden? Wie nutzte man die Straßen innerhalb einer sich ausprägenden Großstadtgemeinde aus? Welche Verfügung konnte der Magistrat bei der Errichtung von Bedürfnisanstalten, Trinkhallen, Kiosken einerseits und der Verlegung von Wasser-, Gas- und Abwasserrohren andererseits treffen? Das führte zu Zuständigkeitsstreitereien. Noch komplizierter wurde die Situation durch die Eingemeindung der Vorstädte im Jahre 1861, die die Fläche der Stadt von 35 auf 59 km^2 vergrößerte.

Der Sieg über Frankreich im Jahre 1871, der aus der preußischen Hauptstadt bzw. der Hauptstadt des Norddeutschen Bundes mit einem Schlag die Hauptstadt eines neu entstandenen Deutschen Reiches werden ließ, reihte die Stadt fast über Nacht in die großen europäischen Städte wie Paris, London und St. Petersburg ein. Der neue internationale Status der Hauptstadt eines sich zur Großmacht entwickelnden Deutschen Reiches erforderte großzügigere Lösungen.

Schließlich trat der Fiskus in einem Vertrag vom Dezember 1875 das Eigentum an den Straßen und Brücken Berlins mit einer von ihm zu zahlenden jährlichen Rente von 556 431,22 RM an die Stadt Berlin ab, die sich ihrerseits zu Unterhaltung und Neubau verpflichtete. Der Staat behielt sich das Recht vor, die Rente jederzeit gegen Zahlung des 20-fachen Betrags abzulösen. Das machte er dann im Jahre 1882 und zahlte der Stadt 11 128 624 RM. Jeder der Beteiligten war sich bewusst, dass die Rente bzw. der dann zur Auszahlung kommende Betrag niemals ausreichen würde, um Straßen und Brücken dem wachsenden Verkehrsbedarf anzupassen, sie zu unterhalten und neue zu errichten. Doch die reich gewordene Gemeinde Berlin wollte nicht auf das ihr zustehende Recht verzichten, zumal vom preußischen Staat eine Veränderung der unhaltbaren Zustände nicht zu erwarten war. Die Stadt Berlin übernahm 77 Brücken vom Staat, 21 Brücken hatte sie nach der Kabinettsorder von 1838 bereits vorher zu unterhalten, sodass der Stadt 98 Brückenbauwerke zur Verfügung standen. Davon führten 17 Brücken über die Spree – 16 wurden bis 1900 abgebrochen und ersetzt –, elf über den Spreearm – zwei wurden bis 1900 abgebrochen und ersetzt –, und 16 Bauwerke überbrückten den Landwehrkanal. Von ihnen wurden bis 1900 zehn abgebrochen und teilweise ersetzt.

55 Brücken waren besonders wichtig für Berlin. Von diesen waren neun gewölbt, z. B. der Mühlendamm und die Königsbrücke. Steinerne Pfeiler und einen festen Überbau hatten sechs Brücken, einen hölzernen weitere sechs. Die übrigen 34 Brücken besaßen Mittelöffnungen mit hölzernen Klappen zum Durchlassen der Schiffe. Also entsprachen nur 15 Brücken durch ihre dauerhaftere Konstruktion in etwa den Anforderungen der Zeit. Eine wichtige Entscheidung war die Konzentration des Brückenbaus beim Magistrat, wodurch der mit den zuvor auf verschiedene Stellen verteilten Zuständigkeiten verbundene Reibungsverlust beseitigt wurde.

Nach einer gewissen Zeit der Neuordnung und Überlegung stellten sich drei Aufgaben für den weiteren Brückenbau:

1. Klappenloser dauerhafter Ersatzbau für die baufälligen Brücken.

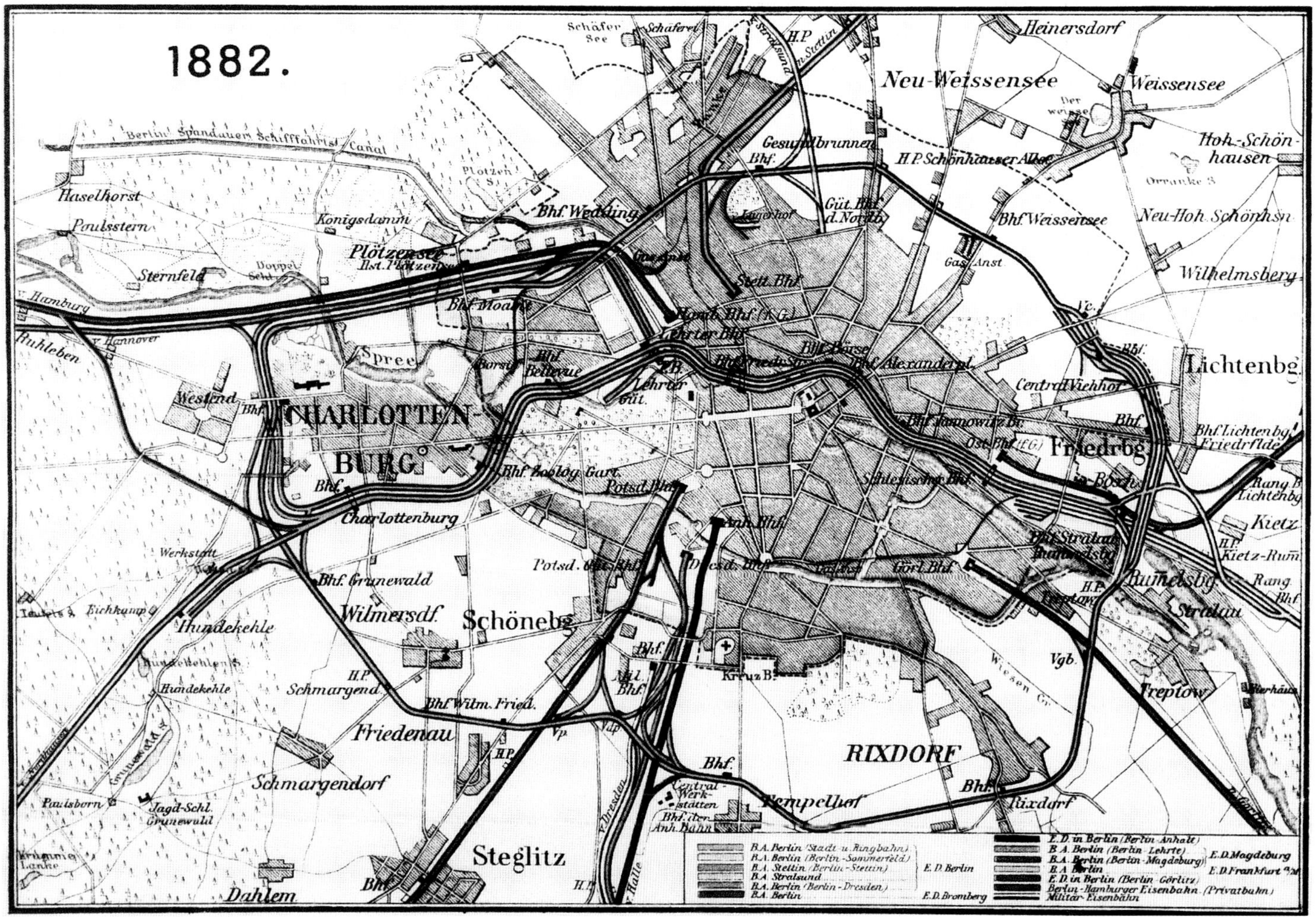

Das Eisenbahnnetz im Jahre 1882

2. Verbreiterung und Verbesserung der Brücken entsprechend den Verkehrsbedürfnissen.

3. Bau neuer Brücken unter Berücksichtigung des wachsenden Verkehrsaufkommens.

Die neuen Dimensionen sind u. a. durch folgenden Vergleich ersichtlich: Bis 1876 waren im Haushaltsplan der Stadt Berlin für den Unterhalt der vorhandenen Brücken jährlich etwa 3000 RM vorgesehen. Diese Summe stieg auf ein jährliches Mittel von 73 860 RM, und die Stadt Berlin gab von 1876 bis 1898 nur für den Unterhalt der vorhandenen Brücken insgesamt mehr als 1,5 Millionen Mark aus. Die Mittel für den notwendigen Neubau von Brücken konnten zunächst nicht aus dem Haushalt entnommen werden, die Stadt musste Anleihen aufnehmen.

Hinter der ersten Phase des angestrengten Brückenneubaus stand eine neue Entwicklungsphase Berlins: Die Stadt wurde in einem relativ kurzen historischen Prozess zu *der* deutschen Industrie- und Handelsstadt, die als Ergebnis der Urbanisierung in kurzer Zeit die meisten Einwohner aller deutschen Städte zählte. Die eigenständige städtische Straßen- und Brückenpolitik war eine der Voraussetzungen dafür.

Berlin war Reichshauptstadt geworden. Jahrzehntelange Vernachlässigung und Unansehnlichkeit sollten in kürzester Frist überwunden werden. Das liberale Berliner Bürgertum besaß bald die Mittel, die Mehrzahl der Anlagen für die innere Kommunikation der Stadt mit einem Anspruch zu errichten, der Berlin schon bald an die Spitze der europäischen Großstadtentwicklung stellen sollte. Man hatte nun, im Gegensatz zu vielen anderen Städten, nur wenige fiskalische Hindernisse zu überwinden und setzte die Spitzhacke als Instrument der Stadtplanung bewusst ein. Bis 1900 wurden allein an Spree und Landwehrkanal 28 Brücken durch Neubauten ersetzt.

Obwohl das Kaiserreich der Stadt zum Teil unerträgliche politische Fesseln auferlegte und der Polizeipräsident von Berlin die überragende Figur der Kommunalpolitik blieb, wurde Berlin eine bürgerliche Kommune, die auf den Gebieten, die ihr zugestanden waren – und dazu gehörten die Brücken – Erstaunliches leistete. Technisch waren die neuen Brücken ausgereifte Konstruktionen, die die Fortschritte des Brückenbaus zu ihrer Zeit dokumentierten und beförderten. Entsprechend dem bewährten Grundsatz der Sparsamkeit, beim Bauen lieber etwas großzügiger zu investieren – das heißt lieber jetzt einen Groschen mehr als später eine Mark –, wurde nicht nach dem vorgefundenen Verkehr, sondern mit Blick auf die weiteren Entwicklungen geplant und gebaut.

Die Stadtentwicklung insgesamt war in den Jahren nach 1885 bis zum Ersten Weltkrieg durch folgende Großprojekte zum Ausbau der Verkehrswege gekennzeichnet:

1. Die Spreekanalisierung. Für die 1883 begonnene und 1894 abgeschlossene Baumaßnahme war maßgebend, dass der Massentransport von Gütern aus der und vor allem in die Stadt – trotz der Entwicklung der Eisenbahnen – auf den Wasserstraßen erfolgte. Bis heute sind Massengüter wie Brenn- und Baustoffe, z. B. auch Ziegelsteine, auf dem Wasserweg wesentlich rentabler zu befördern als mit der Eisenbahn. Die vorhandenen schiffbaren Anlagen erwiesen sich nach 1880 auf die Dauer als unzulänglich, sodass Neubauten im großen Stil erforderlich wurden. Angesammelte Ablagerungen auf dem Grund der Wasserstraßen, zahlreiche Krümmungen insbesondere der Flüsse, Hochwassergefahr für verschiedene Stadtviertel und, besonders wichtig, die zu hohe Wasserführung für die Schiffspassage von Brücken sowie anderes mehr verlangten nach Abhilfe. Der Bau eines Großschifffahrtsweges durch die Stadt zog die Veränderung der vorhandenen Brücken vor allem im Einzugsbereich der Spree nach sich. Neben der Absenkung des Wasserspiegels war auch eine Vergrößerung der Durchfahrtshöhe notwendig. Erstmals in der Berliner Geschichte war eine durchgehende Schifffahrt auf der Spree möglich.

2. Der Stadtbahnbau. Die Stadtbahn wurde anfangs vor allem auf dem Gelände des ehemaligen Königsgrabens errichtet und führte in Gestalt massiver Viadukte über zahlreiche Straßen. Der Bau begann 1879 zwischen dem damaligen Schlesischen Bahnhof (später Ostbahnhof) und dem Bahnhof Charlottenburg und zog sich über längere Zeit hin. Wie bei der Anlage der Ringbahn und dem Ausbau der Vorortstrecken ab 1865 blieben auch die hier errichteten Eisenbahnbrücken Eigentum der Bahn.

3. Der Fernbahnausbau. Mit dem Bau der Stadtbahn begann zugleich ein ausgeprägter Neu- bzw. Ausbau von Eisenbahnlinien, die nunmehr vom Niveau der Straße auf Viadukte gehoben oder in Gräben verlegt wurden, um den städtischen Verkehr niveaufrei zu kreuzen. Auch hier gehörten die Straßenbrücken zum Eigentum der nun staatlich gewordenen Eisenbahnverwaltungen, die sie verursacht, gebaut und bezahlt hatten.

4. Der Straßenbau. Auch das Straßennetz erfuhr einen großzügigen Ausbau. So wurde unter Vernichtung historisch gewachsener Strukturen eine Durchgangsstraße durch den historischen Kern der Stadt gelegt; neue Straßen entstanden für das Militär und das neue Automobil. Beide stellten besondere Anforderungen an den Brückenbau.

5. Der U-Bahnbau. Durch den Bau der U-Bahn entstand nach 1900 ein weiteres leistungsfähiges innerstädtisches Nahverkehrsnetz. Die Linienführung verlief an einigen Stellen über der Erde – so im Bereich der Schönhauser Allee und von der Warschauer Brücke nach Gleisdreieck. Auch hier stellten sich dem Brückenbau bisher nicht gekannte Aufgaben.

6. Kanalbauten. 1906 konnte nach sechsjähriger Bauzeit der Teltowkanal fertig gestellt werden, und 1914 fanden die Arbeiten am Hohenzollernkanal ihren Abschluss. Beide Vorhaben machten enorme Anstrengungen im Brückenbau erforderlich.

Nicht nur die gewachsenen technischen Möglichkeiten und die gewonnene Leistungsfähigkeit der Industrie beeinflussten den Brückenbau, sondern die Stadtverwaltung strebte auch eine künstlerische Gestaltung der Brücken an. Diese sollte die erreichte Position verdeutlichen und zugleich repräsentative Ansprüche nach innen und außen demonstrieren. Das Gestaltungsbedürfnis bezog sich insbesondere auf die Brücken in der Innenstadt zwischen der 1894/96 gebauten Oberbaumbrücke und der außerhalb Berlins gelegenen Charlottenburger Brücke. Das äußere Erscheinungsbild der Bauwerke wurde öffentlich diskutiert, und es gab zahlreiche Wettbewerbe, so für die zwischen 1878 und 1887 errichtete Kaiser-Wilhelm-Brücke (heute Liebknechtbrücke). Grund für den Neubau war der große Straßendurchbruch nach Osten, die Kaiser-Wilhelm-, heute Karl-Liebknecht-Straße. In den Jahren von 1878 bis 1887 vollendet, schuf die neue Straße einen direkten Durchgang von der Straße Unter den Linden über das Schloss nach Osten und schloss so die Ostteile der Stadt besser ans Zentrum an.

1888, nach dem Tode Kaiser Wilhelms I., entstand die Idee, auch auf der Kaiser-Wilhelm-Brücke ein Denkmal zu errich-

Gut in die Umgebung eingepasst: Die Eiserne Brücke über dem Kupfergraben, 1914 bis 1916 mit stählernen Fachwerkbögen und Natursteinverblendung in den Ansichtsflächen neu gebaut, Aquarell von W. Stromer

ten, wie es nach Nerings Plänen schon auf der Kurfürstenbrücke geschehen war. Auf dieser Brücke zwischen Marstall und Schloss stand Schlüters grandioses Reiterstandbild des Kurfürsten Friedrich Wilhelm, mit dessen Regierung der Aufstieg der Hohenzollern begann. Auf der folgenden Brücke sollte nun Kaiser Wilhelm stehen, dem Kurfürsten gegenüber. So brillant alles schien, der Teufel steckte im Detail. Man hatte nicht bedacht, dass der Kurfürst – sorgsam geplant – flussabwärts, also nach vorne guckte, während der Kaiser nun gegen den Strom, also nach rückwärts hätte blicken müssen. Das war politisch nicht machbar.

Nach der Jahrhundertwende setzten neue Prozesse ein. Die Stadt hatte sich enorm erweitert, war aber zugleich in ihrer Ausdehnung eingeschränkt. Neben Berlin waren sieben weitere Städte entstanden: Lichtenberg, Köpenick, Neukölln, Schöneberg, Wilmersdorf, Charlottenburg und Spandau. Der große Bereich wuchs wirtschaftlich und bevölkerungsmäßig immer mehr zusammen. Auch die Stadtplanung musste sich von nun an in ganz anderen Dimensionen entwickeln. Der Elektrifizierung der Straßenbahn 1881 – eine größere Menschenmenge konnte so schneller als mit der Pferdebahn befördert werden – und der 1902 eingeweihten Untergrundbahn folgte 1905 der Autobus. Das Leben der Menschen veränderte sich; die zunehmende Industrialisierung bei gleichzeitiger Verlagerung der Industrie an den Stadtrand erforderte neue Leistungen des Verkehrs. Im Jahre 1890 nahmen die Berliner pro Kopf durchschnittlich neunmal im Monat am öffentlichen Nahverkehr teil, 1913 bereits 25 und 1925 dann 32 mal.

Der Magistrat versuchte, dem gesteigerten Verkehrsbedürfnis zu entsprechen, und es kam zu großzügig angelegten Verkehrsplanungen, so im Jahre 1909 bei einem Wettbewerb für Groß-Berlin, der die zusammenwachsenden Städte verkehrsmäßig erschließen sollte. Das Gesetz über den Zweckverband Groß-Berlin vom 19. Juli 1911 sollte helfen, den unhaltbaren Zustand des Nahverkehrs zu beseitigen, und löste neue Initiativen zur Verbesserung der Verkehrssituation aus. Zu den vorgelegten Plänen gehörten solche der Tiefbau- und Verkehrsdeputation der Stadt Berlin aus den Jahren 1910 und 1913 sowie Entwürfe der Hochbahngesellschaft zum Aufbau eines städtischen Schnellbahnnetzes. Die ab 1885 bemerkenswerten Brückenbauaktivitäten hielten bis zum Ersten Weltkrieg an. Bis zu diesem Zeitpunkt waren seit der Übernahme der Rechtsträgerschaft durch die Stadt mehr als 100 Brücken erneuert oder neu gebaut worden. Dazu gehörten zusätzliche Brücken über die Berliner Ringbahn, z. B. im Zuge der Duncker-, Schönfließer und Greifenhagener Straße, und die Erneuerung der Brücken über den Spreekanal, so der Insel-, Roßstraßen-, Grünstraßen-, Schleusen- und Eisernen Brücke.

Eine Änderung, wenn auch keine grundlegende, brachte die Weimarer Republik. Im Ergebnis der Revolution von 1918 entstand 1920 die neue Stadtgemeinde Groß-Berlin, in der acht Städte, 59 Landgemeinden und 27 Gutsbezirke zu einer neuen Verwaltungseinheit zusammengezogen wurden. Das Stadtgebiet umfasste 880 km^2; in ihm lebten 3 858 000 Einwohner. Berlin war mit einem Schlag zu einer der größten Städte der Welt geworden. Die Verkehrsplanung richtete sich nun vor allem auf eine verstärkte Einbindung der Stadt in die großen Verkehrsströme Deutschlands und weniger auf die Lösung der innerstädtischen Verkehrsprobleme.

Im Straßenbrückenbau wurde wiederum eine Erneuerung des Bestandes in den neu dazu gekommenen Bezirken notwendig. Diese waren umfassend für den Autoverkehr zu

Zu den zahlreichen von der deutschen Wehrmacht gesprengten Brücken gehörte auch die Jannowitzbrücke

erschließen, und die Tragfähigkeit der Brücken musste verstärkt werden. Hinzu kam eine groß angelegte Sanierung der Stadtbahnbögen, verbunden mit dem Bau zahlreicher neuer Eisenbahnbrücken. Berlin zählte nun mehr als 900 Brücken in seinen Grenzen. Nach Eigentumsformen gegliedert, gab es im Jahre 1932 321 städtische, 281 nichtstädtische (z. B. am Teltowkanal) und 355 Brücken der Eisenbahn. Je nach Statistik wurden die Brücken unterschiedlich gezählt, einmal nach den Eigentumsverhältnissen, ein anderes Mal nach der Spannweite oder auch nach dem Verwendungszweck. Danach führten von den genannten 957 Brücken 455 über Flüsse und Kanäle, 375 über Straßen und 127 über Bahnanlagen. Davon waren ca. 500 Straßen- und Wegebrücken.

Ab 1937 plante die NS-Regierung einen systematischen Umbau der Stadt Berlin, die sie über verschiedene Stufen bis zum Jahre 1950 zu einer »Welthauptstadt Germania« umzugestalten gedachte. Realisiert wurde ein groß angelegter Ausbau der Berliner Industrie, der die Stadt zum Rüstungszentrum Deutschlands werden ließ. Auf den Brückenbau wirkte sich das zunächst nicht aus, die Vorleistungen aus der Zeit vor 1933 galten als ausreichend.

Zu den wenigen Brückenneubauten zwischen 1936 und dem Zweiten Weltkrieg gehörten die Warschauer und die Mühlendammbrücke, durch die innerstädtische Verkehrsflüsse neu geordnet werden sollten. Beide Vorhaben blieben infolge des Krieges unvollendet. Anstelle der Mühlendammbrücke entstand eine Notbrücke, die an diesem alten Verkehrsweg Berlins in gewisser Weise symbolisch den Zustand der Stadt in den Jahren 1933 bis 1945 umschrieb.

Der in der Stadt geplante und von ihr aus geführte Zweite Weltkrieg schlug auf seinen Ausgangspunkt zurück, und im Mai 1945 lag Berlin in Trümmern. So hatten Pioniere der deutschen Wehrmacht u. a. alle Spreebrücken zwischen der Dammbrücke in Köpenick und der Marschallbrücke im Zentrum – mit Ausnahme der Weidendammer und der Schillingbrücke – gesprengt. Durch den so genannten Nerobefehl Hitlers vom 19. März und 7. April 1945, der auch die Zerstörung aller Brücken vorsah, war die Lebensfähigkeit der Stadt gefährdet. Eine 1947 vom Brückenamt der Stadt Berlin vorgelegte Übersicht lautet wie folgt:

»Im Mai 1945 waren von den durch das Brückenamt zu betreuenden wichtigsten 220 Brücken zerstört oder schwer beschädigt: 127, davon führten über Wasserläufe 122, über Eisenbahnen 5, standen im Eigentum der Stadt 90, anderer Verwaltungen 37, waren nicht oder nur leicht beschädigt 93 Brücken. Ende 1947 waren die Wiederherstellungsarbeiten beendet bei 24 Brücken, im Gange bei 22 Brücken.«

Jede wichtige Brücke ist ein Kreuzungsbauwerk und überführt neben dem Verkehr auch Versorgungsleitungen. Mit ihrer Zerstörung werden neben beiden Verkehrsverbindungen auch die Versorgung mit Elektroenergie, Gas, Wasser und die Fernsprechanlagen unterbrochen. Bei einigen Brücken waren nach dem Krieg außerdem die U- bzw. S-Bahntunnel durch abgestürzte Brückenteile gefährdet oder beschädigt. Die vielen zerstörten Brücken über die Wasserwege brachten den fast völligen Ausfall der Wasserstraßenverbindungen – für den Massentransport an Gütern bedeutete dies, u. a. Kohle und andere Brennstoffe sowie Baumaterial nicht mehr in die Stadt bringen zu können. Die zerstörten Brücken über die Eisenbahn bewirkten eine erhebliche Verlängerung der Verkehrswege für die Güter und zahlreiche Unterbrechungen des Personenverkehrs im täglichen Rhythmus auf dem Weg von und zur Arbeit.

Der Beginn neuen Lebens in der Stadt war untrennbar mit der behelfsmäßigen Wiederherstellung von Brücken durch Pioniere der Besatzungsmächte verbunden. Das Heben gesprengter Brücken und deren Instandsetzung folgten unmittelbar. Für die ersten Jahre wurden dabei zwei Programme bedeutungsvoll. Das eine bezog sich auf die Hebung von Stahlbrücken. Davon ausgehend, dass die abgestürzten Brückenteile wieder zu verwenden waren, wurden sie unter schwierigsten Bedingungen – trotz fehlenden Materials und mit nach heutigen Maßstäben primitiver Technik – gehoben, gerichtet und unter Verwendung von Altmaterial wieder verkehrsbereit gemacht. Das vollzog sich in relativ kurzer Zeit: Bereits im Juli 1945 arbeiteten die Brückenbauer an 27 von 37 zerstörten Teltowkanalbrücken. Beispiele sind die

Dringliche Aufgabe nach dem Zweiten Weltkrieg: Die Hebung der gesprengten Brücken, hier die Grünauer Brücke 1946

Feierliche Freigabe der Liebknechtbrücke am 1. Mai 1950: Eine der wichtigsten Spreebrücken stand wieder zur Verfügung

Hebungen der Grünauer, Altglienicker und Rungiusbrücke über dem Teltowkanal, der Charlottenburger Schloss- und der Treskowbrücke über der Spree sowie der Warschauer Brücke über der Eisenbahn. Bei anderen Brücken wie der Jannowitz- und Ebertsbrücke war die Wiederverwendung der abgestürzten Brückenteile infolge der großen Zerstörungen nicht möglich. Ihre Trümmer mussten unter oftmals komplizierten Bedingungen beseitigt werden, um wenigstens einen Verkehrsweg passierbar zu machen.

Das andere Programm umfasste die Instandsetzung und den Neubau massiver Brücken. In dieser Phase wirkten dabei plötzlich neue geschichtliche Momente auf die Entwicklung ein. Die Stadt war zum Brennpunkt des weltpolitischen Geschehens der Nachkriegszeit geworden. Die städtischen Verkehrsnetze, die Elektro-, Gas- und Wasserversorgung wurden politisch motiviert getrennt, Grenzbrücken geschlossen oder abgerissen. In beiden Stadthälften entstanden separate Verwaltungen. Was sich in über 700 Jahren entwickelt hatte, wurde zerrissen; die Spaltung war vollzogen. Dieser tiefe Einschnitt in historisch gewachsene Strukturen erforderte neue Konzepte zur veränderten verkehrsmäßigen Anschließung in beiden Stadthälften.

In Ost-Berlin ging es vorrangig um leistungsfähige Ausfallstraßen für alle Verkehrsmittel und entsprechende Brückenneubauten. 1949/50 legten hier Stadt- und Verkehrsplaner ihre Pläne zum Aufbau der »Hauptstadt Berlin« vor, die auch Impulse für den Brückenbau enthielten. Massive Brücken im Verlauf der vorhandenen Verkehrswege wurden instand gesetzt und der Ersatzbau von Brücken wurde forciert. Gleichzeitig ersetzte man Behelfsbrücken aus dem Jahre 1945 durch dauerhafte Konstruktionen. So konnte bereits am 1. Mai 1950 die neu erbaute Liebknechtbrücke übergeben werden. In den 50er Jahren folgten u. a. die Damm-, Stubenrauch- und Jannowitzbrücke. Die Zufahrt zum Stadtzentrum aus der Süd-Ost-Richtung hatte den Neu- und Umbau zahlreicher Brücken zur Folge. Dieses Programm erstreckte sich bis in die 60er Jahre und fand 1968 mit der Einweihung der Elsenbrücke nahe dem S-Bahnhof Treptow über die Spree seinen Abschluss. Zu den im Zuge der neu erbauten Süd-Ost-Radiale angelegten Brücken zählen auch die Schmöckwitzer, Stelling-Janitzky- und Marggraffbrücke. Als zweckbetonte, moderne Bauwerke dokumentieren sie die Leistungsfähigkeit der Brückenbauer dieser Jahre.

Insgesamt blieben die Neubau- und Erhaltungsplanungen für die Brücken Ost-Berlins in den Folgejahren jedoch unbefriedigend. Das Ausbleiben notwendiger Maßnahmen ging mit dem Abbau der Brückenbauverwaltung einher und brachte den Bauwerksbestand bis Mitte der 60er Jahre in eine für die Gemeinnutzung kritische Lage. Die plötzliche Teilsperrung der Warschauer Brücke war Ausdruck und Wendepunkt dieser Entwicklung. Es kam zu einem allmählichen Neuaufbau der Brückenbauverwaltung, und ausgehend von der umfangreichen Rekonstruktion der Warschauer Brücke in den Jahren von 1965 bis 1967 konnten in den nächsten Jahren mehr als 150 größere Instandsetzungen sowie ca. 200 Erneuerungen bzw. Neubauten ausgeführt werden. Sie waren Ausdruck der zunehmenden Bemühungen, die seit 1965 auch wert- und flächenmäßig gewachsene Brückenbausubstanz besser zu erhalten.

Betrafen diese Maßnahmen im Wesentlichen die Stadtbereiche, die schon länger Wohngebiete waren oder die sich im Rahmen des Wohnungsneubaus an die historischen Bezirke anschlossen, kam mit dem Beginn der 70er Jahre eine völlig neue Entwicklung. Es entstanden Neubaugebiete in bisher nicht gekannten Dimensionen, so in Berlin-Marzahn und Hohenschönhausen, die sich heute auch als neue Verwaltungsbezirke präsentieren. Dabei wurde das Stadtgebiet erstmals seit 1920 – bei Hönow – vergrößert. Die Erschließung zunächst durch Straßen und dann durch den Nahverkehr sowie die Rückwirkung der neuen Verkehrsströme auf die gewachsenen Strukturen brachten erhöhte Anforderungen auch für den Brückenneubau.

Ein Beispiel dafür ist der Neubau der Mühlendammbrücke, die sich am historischen Standort nun als eine moderne, leistungsfähige Verbindung darstellt. Neben dieser Erneuerung des ältesten Verkehrsweges der Stadt dokumentieren auch die insgesamt mehr als 150 Straßenbrücken, die in den Jahren von 1965 bis 1989 gebaut wurden, die Verbesserung und Erweiterung des Brückenbestandes in Ost-Berlin – darunter die zahlreichen Brücken im Zuge des Anschlusses der Autobahn im Norden sowie im Rahmen der Verkehrserschließung in Lichtenberg und im Stadtbezirk Marzahn. Wegen des zunehmenden Verkehrs mussten die Brücken mehr Verkehrsfläche bieten, zum Teil baute man Großbrücken wie z. B. am S-Bahnhof Heinersdorf und bei der Überbrückung des neuen Fernbahnhofs Lichtenberg. Im Stadtzentrum entstanden Tunnelanlagen.

Beim West-Berliner Senat gehörte der Brückenbau wie in Berlin ab 1876 zu dem für das Bauen zuständigen Ressort, je nach aktueller Organisationsform als eigenständiger Bereich oder in Kombination mit anderen Verwaltungsteilen. Obwohl der traditionelle Name »Brückenbauamt« offiziell bald durch andere Bezeichnungen – »Fachgruppe Brückenbau«, »Unterabteilung Brückenbau«, »Abteilung Brückenbau« – ersetzt wurde, hat er sich im Sprachgebrauch bis heute erhalten. Die für West-Berlin zuständigen Mitarbeiter übernahmen bei der Teilung der Stadt zwei Drittel der durch die Kriegsereignisse zerstörten Brücken, da große Teile der Spree, des Berlin-Spandauer-Schifffahrts-, Landwehr- und Teltowkanals, die überwiegend von den Zerstörungen betroffen waren, in den Westsektoren lagen. Hierbei handelte es sich um insgesamt 84 massive bzw. stählerne Konstruktionen.

Zu den organisatorischen Schwierigkeiten, die der Neuaufbau der getrennten Verwaltung ohnehin mit sich brachte, kam zusätzlich die von der Sowjetunion 1948 verhängte Blockade, welche die bisherige Nachkriegsmangelwirtschaft noch weiter verschärfte. Unter den geschilderten Umständen

Die 1964 bis 1968 neu gebaute Mühlendammbrücke im Jahre 1986

ist es ein besonders hoch einzuschätzendes Zeichen für den Aufbauwillen aller an Planung und Ausführung Beteiligten, dass im Jahre 1950 bereits 28 Brücken wiederhergestellt worden waren.

Bis Mitte der 50er Jahre wurde der Brückenbau in West-Berlin nur aus dem Berliner Haushalt finanziert. Erstmals 1953 wurden zusätzlich Bundesmittel für Baumaßnahmen an der Autobahn wie z. B. für die Teltowkanalbrücke in Dreilinden bereitgestellt, was im Laufe der Zeit zu einer wesentlichen Aufgabenerweiterung des Brückenbauamtes führte.

Am Ende des Jahres 1956 waren bereits 62 Brücken wiederhergestellt oder durch Neubauten ersetzt. Hinzu kamen weitere zwölf »echte« Neubauten, die im Zuge der U-Bahnstrecke nach Tegel (Linie C, heute U 6) und im Verlauf neu erstellter bzw. ausgebauter Straßenzüge errichtet wurden, so z. B. die schon 1920 geplante Dischingerbrücke über die Havel in Spandau. Durch den Senatsbeschluss vom 4. Juli 1955 wurden in Berlin gleichzeitig mit Paris die Weichen für den Bau eines innerstädtischen Schnellstraßensystems gestellt. Die trotz der Teilung der Stadt noch mit den Ost-Berliner Verantwortlichen abgestimmten – nicht vollständig verwirklichten – Planungen sahen einen anbau- und kreuzungsfreien Ring (die heutige A 100) sowie vier Tangenten an die City vor, die sich selbst und den Ring niveaufrei kreuzen und zum Teil an die vorhandenen bzw. geplanten Autobahnen und Fernverkehrsstraßen anschließen sollten.

Dieser Beschluss bedeutete für den Berliner Brückenbau

einen noch größeren Quantensprung als die seinerzeitige Einführung der niveaufreien Kreuzungen mit der Eisenbahn. Autobahnbau in einer vorhandenen Stadtstruktur erfordert nicht nur den Bau von Brücken aller Größenordnungen, sondern auch die Errichtung zahlreicher anderer Ingenieurbauwerke wie kilometerlange Stützwände, Tunnel und Tröge.

Neben dem zügigen Ausbau des Schnellstraßennetzes und dem Ersatz der letzten noch kriegszerstörten Brücken wurden auch im übrigen Stadtgebiet zahlreiche neue Brückenbauwerke errichtet – erstmals verstärkt auch Fußgängerbrücken. 1968 konnte der 100. Brückenneu- bzw. Ersatzbau in West-Berlin nach dem Kriege gefeiert werden. Insgesamt zählt die Statistik 88 Neubauten von 1960 bis 1969. Bis 1989 entstanden einschließlich der Fußgängerbrücken und Sonderbauwerke etwa 500 Brücken, darunter auch die Friedenauer Brücke (1968), die Überbauung der Schlangenbader Straße (1979) und die Lessingbrücke (1983).

In beiden Stadthälften wurde – mit wirtschaftlich bedingten Qualitätsunterschieden und politisch motivierten Unterschieden in der Intensität – an der Verbesserung der Verkehrsverhältnisse gearbeitet. Die politische Entwicklung im Jahre 1989 hatte nach der ersten freien Wahl in der DDR im Mai 1990 zunächst die Bildung einer neuen Magistratsbauverwaltung zur Folge, die u. a. eine Abteilung Brückenbau mit 55 Mitarbeitern beinhaltete. Die stark beachtete Berliner Brückenausstellung im Fernsehturm im September/Oktober 1990 war ein Ausdruck der sich entwickelnden Gemeinsamkeit beider Berliner Brückenbauverwaltungen. Die von Senat und Magistrat am 12. November 1990 beschlossene Abordnung der Abteilung Brückenbau der Magistratsbauverwaltung zur Senatsbauverwaltung beendete die über 40-jährige Trennung der Berliner Brückenbauverwaltung.

Als Folge des politischen Umsturzes in der damaligen DDR entstand in Berlin mit dem 9. November 1989 von einem Tag zum anderen die Notwendigkeit zur Aufnahme normaler Verkehrsbeziehungen zwischen den beiden Teilen der Stadt sowie zum Umland. Statt weniger Grenzübergänge und Transitwege mussten kurzfristig eine große Zahl seit 40 Jahren nicht mehr genutzter Verkehrsverbindungen wieder zur Verfügung stehen.

Unter großem Einsatz aller Beteiligten wurden bemerkenswerte Leistungen vollbracht und der Zusammenbruch des Verkehrs, wenn auch teilweise nur durch Errichtung von Provisorien, verhindert. Mit der Wiedervereinigung der beiden Stadthälften und der Funktion Berlins als Bundeshauptstadt erweiterten sich die Aufgaben der Brücken- und Tunnelbauabteilung wesentlich. Viele der im Ostteil vorhandenen Brückenbauwerke bedurften aufgrund ihres baulichen Zustandes und des sprunghaft steigenden Verkehrsaufkommens dringend der Instandsetzung; im Zuge der wiederherzustellenden Verkehrsverbindungen innerhalb der Stadt, aber auch z. B. zur Autobahn musste zugleich auch eine größere Anzahl von Brücken neu errichtet werden.

Durch den Mangel an Verkehrsverbindungen zwischen den zusammenwachsenden Stadthälften entstand Planungsdruck. In komplexen und umfangreichen Verhandlungen mit den sich neu organisierenden und zusammenschließenden Leitungsverwaltungen, der sich etablierenden Wasserstraßenbehörde und der Deutschen Bahn sowie den jeweils

Bemerkenswert gestaltete Fußgängerbrücken: Die 1987 neu errichteten Lichtensteinbrücken über dem Landwehrkanal

Moderner Brückenbau: Die 1988 bis 2001 über der Havel errichtete Wasserstadtbrücke

zuständigen Bezirksämtern, der Denkmalpflege, den Stadtplanern u. a. wurden alle Forderungen der Planungsbeteiligten ermittelt und der weiteren Entwurfsbearbeitung zugrunde gelegt. Zu den ersten wichtigen Erneuerungen und Instandsetzungen gehörten u. a. die Schilling-, Sandkrug-, Kronprinzen-, Weidendammer, Böse-, Oberbaum- und Michaelbrücke. Ein wesentlicher Neubau war nachfolgend z. B. die Wasserstadtbrücke, die der Erschließung der Wasserstadt Spandau dient.

Die Brücken am Autobahndreieck Neukölln, 2003

In den 90er Jahren vollzogen sich die aufwändigsten Arbeiten im Bereich der Ingenieurbauwerke beim Bau des ca. 2,5 km langen Straßentunnels für die Bundesstraße 96, der die Stadt zwischen Landwehrkanal und Lehrter Bahnhof untertunnelt. Der Bau neuer Autobahnen wurde wieder aufgenommen; 1995 wurde der südliche Stadtring im Bereich des Sachsendamms freigegeben. Im Jahre 2000 begannen die Arbeiten an der Verlängerung des Stadtrings bis zum Autobahndreieck Neukölln und der anschließenden A 113 bis zur Landesgrenze, die den Anschluss an den künftigen Flughafen Berlin-Brandenburg und nach Dresden herstellen wird und bis zum Jahre 2006 abgeschlossen sein soll. Dazu sind u. a. 18 Brückenbauwerke und 1200 m Tunnel zu errichten. Diese und andere Bauaufgaben stellen an die Berliner Brückenbauer hohe Anforderungen. Es ist Aufgabe der Bauverwaltung, die strukturellen Bedingungen und Voraussetzungen für einen effektiven Bau und die fachgerechte Erhaltung der Brücken zu schaffen.

Bei einem aktuellen Bestand von rund 1000 Straßen- und Wegebrücken und einer durchschnittlichen Nutzungsdauer der Brücken von 100 Jahren sind, wenn nur das Vermögen erhalten werden soll, rein statistisch im Jahr zehn Brücken durch Neubauten zu ersetzen. Brückenbau ist also in Berlin eine kommunale Daueraufgabe, die das Gesicht der Stadt laufend verändert. Einen Einblick in die Vielfalt an Geschichte(n), Formen, Materialien und Funktionen der Berliner Brücken geben die folgenden Darstellungen.

Spreebrücken im alten Stadtkern

»Das Nützliche und Notdürftige, so gut es an sich ist,
wird widrig, wenn es ohne Anstand und Würde auftritt,
und zu dieser hilft ihm bloß die Schönheit,
welche eben deshalb ebenso wesentlich wird
und immer gleichzeitig mit jenem Berücksichtigung verdient.«

Karl Friedrich Schinkel, Maximen und Positionen, 1817

Oberbaumbrücke

Als im Jahre 1892 Stadtbauinspektor Pinkenburg, Leiter eines »besonderen städtischen Brückenbaubüros«, mit der Entwurfsbearbeitung für die Oberbaumbrücke begann, stand ihm Regierungsbaumeister Stahn zur Seite. Stahn war ein »eigens zur Bearbeitung des künstlerischen Teiles der Aufgaben berufener Architekt«. Der Fachwelt in Erinnerung geblieben ist – wie beim Bauen so üblich – allein der Name Otto Stahn.

Als im Jahre 1992 die Wiederherstellung der im Krieg teilweise zerstörten und zu Mauerzeiten wegen ihrer Grenzlage weiter verfallenen Oberbaumbrücke in Angriff genommen wurde, stellte der Bauherr, die Berliner Bauverwaltung, den mit der Entwurfsbearbeitung betrauten in- und externen Ingenieuren den bekannten spanischen Architekten Santiago Calatrava für die baugestalterische Beratung zur Seite. Seine Aufgabe war es, die fehlenden Bauwerksteile überzeugend in das historische Ensemble einzufügen. Zu erwarten ist, dass es in diesem Fall sein Name *sein* wird, der künftigen Generationen in Erinnerung bleibt.

Ohne den Anteil Otto Stahns schmälern zu wollen, war

Entwurfszeichnung: Längsschnitt 1892

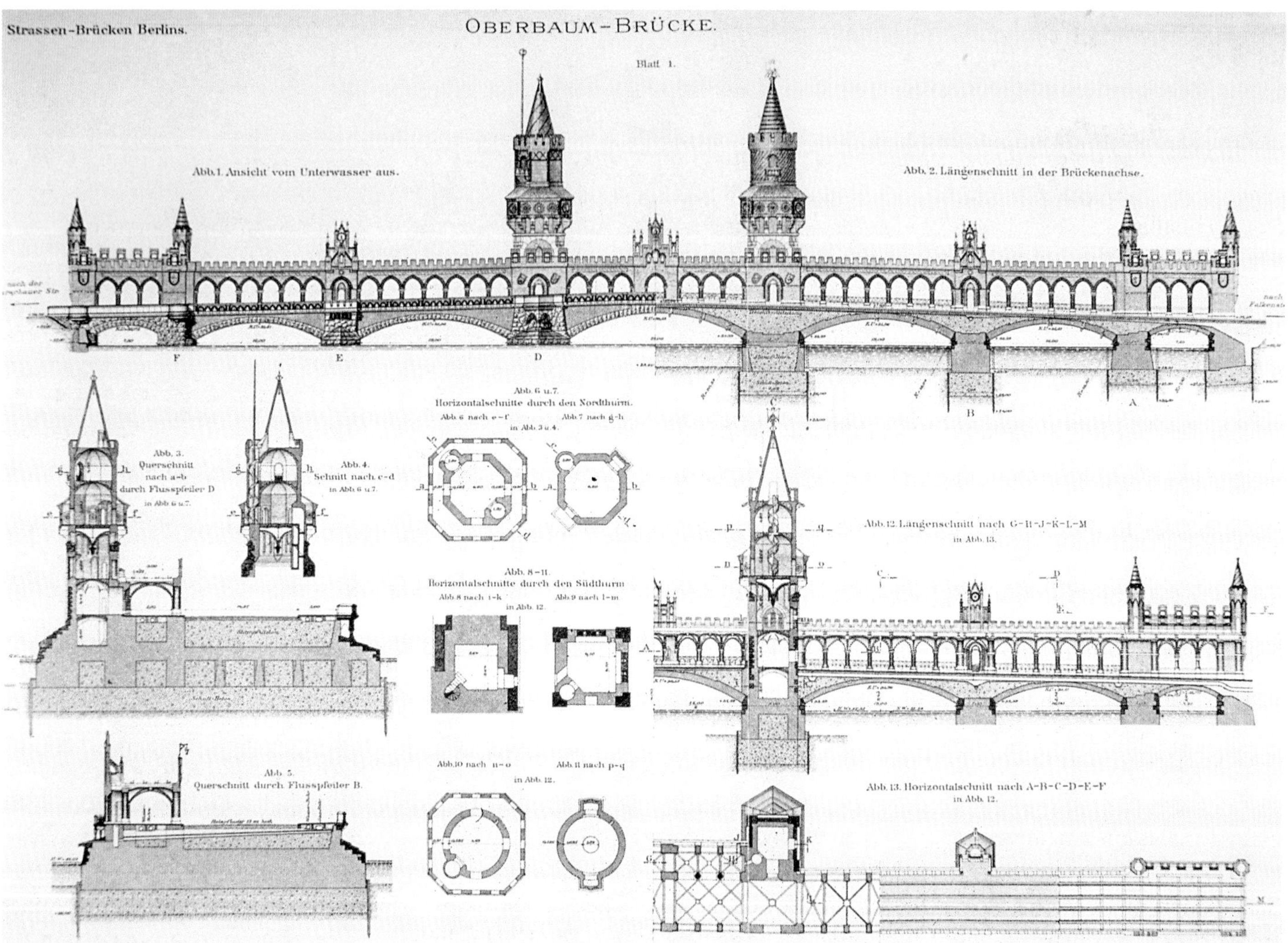

Ansicht von Westen 1894

die seinerzeit geforderte Ingenieurleistung allein durchaus anspruchsvoll: Eine 1724 errichtete – also nahezu 170 Jahre alte – baufällige hölzerne Jochbrücke mit Klappendurchlass für die Schifffahrt in der Flussmitte sollte durch ein dauerhaftes und den sprunghaft steigenden Verkehrsanforderungen der aufstrebenden Reichshauptstadt gewachsenes repräsentatives Bauwerk ersetzt werden.

Zur Überquerung der an dieser Stelle 154 m breiten Spree musste Berlins seinerzeit bei weitem längste Brücke gebaut werden. Sie lag im Zuge der ehemaligen Zollmauer, die im Spreebereich einst durch einen schwimmenden Baumstamm, den so genannten Oberbaum, nachts geschlossen wurde. Als Wassertor sollte das Bauwerk in einer dem Zeitgeschmack entsprechenden, aufwändig dekorativen Ausführung errichtet werden.

Unmittelbar daneben plante die Firma Siemens & Halske eine Brücke für die erste Hochbahnstrecke Berlins, deren Bau durch »Allerhöchste Kabinettsordre« am 22. Mai 1893 genehmigt wurde. Nach langen Verhandlungen einigte man sich auf die städtebaulich sicherlich weit bessere Lösung eines gemeinsamen Bauwerks.

Die Berliner Erfahrungen mit dem recht neuen Baustoff Stahl waren nicht die besten, sodass die Verantwortlichen trotz der großen Flussbreite und bestehender sowie geplanter stählerner Rheinbrücken mit Stützweiten von über 100 m bei der traditionellen Massivbauweise blieben. Die Spree wurde mit sieben Mauerwerksgewölben überbrückt. Die Mittelöffnung hatte als größte eine lichte Weite von 22 m und wies im Scheitel eine Durchfahrtshöhe von 4 m auf – für die damaligen Ansprüche der Schifffahrt zwar ausreichend, doch nicht gerade komfortabel.

Die in Querrichtung im Mittel 30 m messende Brücke erhielt eine Fahrbahnbreite von knapp 15 m. Den stromaufwärtsseitigen Gehweg überbaute man nach Art eines mittelalterlichen Kreuzganges mit einem 7,5 m breiten Viadukt, auf dem die Trasse der Hochbahn verlegt wurde.

Die Mittelöffnung ist von zwei den Stadttortürmen des märkischen Städtchens Prenzlau nachempfundenen Türmen flankiert, die sich bis 35 m über den Wasserspiegel erheben. Gemauert sind nicht nur die tragenden Teile der Brücke, sondern auch die Sichtflächen, die aus rund 1000 verschiedenen Formsteinen mit unterschiedlichen Lasuren und Abmessungen architektonisch gestaltet sind. Zur Füllung der Flusspfeiler und Gewölbezwickel kam Stampfbeton zum Einsatz. Stahlbauteile verwendete man nur zur Stabilisierung filigraner Mauerwerksaufbauten und in einer sinnreichen Konstruktion zur Aufnahme des Horizontalschubes aus den Hochbahnlasten. Diese Einbauten waren wegen des unzureichenden Korrosionsschutzes und konstruktiv bedingter Verformungen Ursache späterer Bauwerksschäden.

Die Bauarbeiten begannen Ende 1894 und waren zum Jahresende 1895 bereits so weit abgeschlossen, dass die Fahrbahn und der nicht überwölbte Gehweg zur Benutzung freigegeben werden konnten. Dieser wegen der 1896 in Treptow stattfindenden Gewerbeausstellung aus politischer Sicht geforderte Termin war nur mit einem enormen Einsatz von bis zu 400 Arbeitern auf der Baustelle und umfangreichen Winterbaumaßnahmen einzuhalten. Die Inbetriebnahme der Hochbahn erfolgte erst 1902.

Aufgrund ihrer Abmessungen und der repräsentativen Bauweise war die Oberbaumbrücke mit knapp zwei Millionen Mark die teuerste der 50 im letzten Quartal des vorigen Jahrhunderts in Berlin errichteten Brücken. Auch sie wurde auf einen Befehl Hitlers kurz vor Kriegsende von deutschen Truppen zerstört. Das Heraussprengen der Mittelöffnung führte jedoch nicht zum Einsturz der gesamten Brücke. Die aus gestalterischen Gründen 8 m breiten Mittelpfeiler verhinderten eine solche Kettenreaktion, sodass der Verkehr bereits wenige Jahre nach dem Krieg unter Verwendung stählerner Hilfskonstruktionen in Straßen- und Hochbahnebene wieder aufgenommen werden konnte.

Mit dem Mauerbau 1961 kam jeglicher Verkehr auf der Brücke zum Erliegen, da das westliche Spreeufer an dieser Stelle die Grenze zwischen den Bezirken Kreuzberg (West-Berlin) und Friedrichshain (Ost-Berlin) bildete. Erst ab 1972, nach dem Abschluss von Vereinbarungen zur Besuchsregelung, konnten wenigstens Fußgänger die Brücke wieder passieren – und so von dem einen Teil der Stadt in den anderen gelangen.

Die Ende der 80er Jahre zwischen Dienststellen der DDR und der West-Berliner Senatsbauverwaltung aufgenommenen Verhandlungen über eine Wiederherstellung der Brücke führten zu keinem Ergebnis, sodass erst nach der Wende mit verbindlichen Planungen begonnen werden konnte. Wieder lastete auf den Beteiligten ein hoher Termindruck, denn die wenigen intakten Straßenverbindungen zwischen den beiden Teilen der Stadt waren angesichts der Wiedervereinigung absolut unzureichend. Zeitgleich mit der als Planungsbasis erforderlichen Bestandsaufnahme des Bauwerks mussten mit allen Beteiligten die Entwurfsparameter festgelegt werden.

Neben der Wiederherstellung der Hochbahnverbindung sollte der so genannte »Innere Stadtring« mit zwei Fahrstreifen je Richtung über die Brücke führen. Zusätzlich wurde aus dem politischen Raum die Forderung nach Aufnahme von zwei Straßenbahngleisen mit eigenem Verkehrsraum erhoben. Für die Wasserstraße war ein Schifffahrtsprofil von 18,0 x 4,5 m freizuhalten, und im Querschnitt mussten die Versorgungsleitungen untergebracht werden.

Schließlich waren die gestalterischen Ideen des Architekten konstruktiv mit den Nutzungsbelangen abzustimmen, und alle geplanten Maßnahmen bedurften der Zustimmung der Denkmalschutzbehörde, da die Oberbaumbrücke als Baudenkmal ausgewiesen war.

Trotz vorhandener Risse und örtlicher Zerstörungen ließen sich die bestehenden Gewölbe und Pfeiler ertüchtigen. Auch die Standsicherheit der Türme war nicht gefährdet. Am bedenklichsten erschien der Zustand des Viadukts. Im Krieg waren 15 Arkadenpfeiler mehr oder weniger zerstört und danach nur notdürftig durch Betonmanschetten zusammengehalten worden. Die Kreuzgewölbe waren Jahrzehnte der Durchfeuchtung ausgesetzt und von Rissen durchzogen. Eine Restaurierung mit dem Ziel der Aufnahme der Hochbahnlasten schied aus.

Angesichts der gegebenen Bedingungen und der vielfach unvereinbaren Forderungen der unterschiedlichen Seiten war ein hohes Maß an Kompromissbereitschaft bei allen Beteiligten erforderlich, um zu einer Lösung zu kommen: Das für das Mittelfeld vorgegebene Schifffahrtsprofil ließ ein Schließen der Öffnung in Bogenform nicht zu. Auch dem Wunsch des Architekten – von der Vision Kopf stehender Gondeln inspiriert –, eine stählerne Rahmenbrücke einzubauen, konnte nicht entsprochen werden. Zum einen wäre die relativ weiche Stahlkonstruktion nicht in der Lage gewesen, die großen Bremslasten aus dem Straßenbahnverkehr weiterzuleiten. Zum anderen hätte es auch keine Möglichkeit gegeben, die Versorgungsleitungen im »Gondelrumpf«

Stahlsprengwerk, das Mittelfeld der Hochbahnkonstruktion

Ansicht nach der Wiederherstellung 1995

unterzubringen. Zur Aussteifung der Mittelöffnung musste daher ein Spannbetonrahmentragwerk gewählt werden.

Bedingt durch die Forderung des Denkmalschutzes, die Bauwerksansicht beizubehalten, konnte die Vergrößerung der Durchfahrtshöhe auf 4,5 m nur durch einen Trick realisiert werden: Die Fahrbahn wurde gegenüber den mit geringerer Konstruktionsdicke auskommenden Gehwegen – abweichend von der üblichen Ausführung – um bis zu 30 cm angehoben, sodass das Gesimsband etwa in der alten Höhe verbleiben konnte.

Aufgegeben werden musste auch der ursprünglich ins Auge gefasste Abbruch und Neuaufbau des Hochbahn-Viadukts. Durch eine umfangreiche Sanierung, das Einziehen von Stahlrahmen zur Aufnahme der Hochbahnlasten und den Einbau von Spannankern in die Gurtbögen wurde die Stabilität wiederhergestellt. Den Aufbau der Turmobergeschosse in moderner Bauweise konnte der Architekt aufgrund von Einsprüchen der Denkmalschützer nicht verwirklichen. Unter Verwendung aus der Spree geborgener Teilstücke entstanden die Türme mit geringfügigen Vereinfachungen in alter Form.

Das Mittelfeld des alten Hochbahnviadukts war durch die Kriegsereignisse vollständig verloren. Die neu gestaltete Konstruktion hebt sich aus diesem Grund bewusst von dem ursprünglich kompakten Bild ab. Das eher filigrane stählerne Tragwerk vollzieht in der Ansicht die Brückengewölbe nach. Das 22 m überbrückende Bauwerk ist als bogenartige Sprengwerkkonstruktion gestaltet.

Mitte 1992 wurde mit den Bauarbeiten begonnen. Am 9. November 1994, pünktlich zum fünften Jahrestag des Mauerfalls, konnten die Fahrbahn und der unterwasserseitige Gehweg wieder dem Verkehr übergeben werden.

Parallel zu den Arbeiten an der Straßenebene waren auch die konstruktive und restauratorische Sanierung des Viadukts, der Wiederaufbau der Haupttürme und der Einbau der Tragkonstruktion für die Hochbahn vorangetrieben worden. Mit der Montage des 85 t schweren Sprengwerks im April 1995 wurde die letzte Lücke in der Hochbahnverbindung zum nördlich der Oberbaumbrücke gelegenen Bahnhof Warschauer Straße geschlossen, sodass die Streckenverlängerung – wie geplant – im Oktober 1995 in Betrieb genommen werden konnte. Zu diesem Zeitpunkt waren auch die Restarbeiten an der Brücke selbst abgeschlossen.

Das Baudenkmal Oberbaumbrücke hat seinen historischen Charakter und seine architektonische Wirkung behalten und ist durch die modernen Ergänzungen konstruktiver und gestalterischer Natur dennoch zu einem Bauwerk unserer Zeit geworden.

Schillingbrücke

»Bis zum Beginn der Erbauung des Landwehr- und des Luisenstädtischen Kanals, also von 1824 bis 1845, ist auf dem Gebiet des städtischen Brückenbaus wenig geleistet worden. Die Anregung zu Brückenbauten und die Aufbringung der Baukosten blieb fast ausnahmslos dem Unternehmungsgeist von Privaten überlassen, die sich zu Aktien-Gesellschaften zusammentaten und die Brücken später dem Fiskus gegen Abfindung überließen.« So werden die betreffenden zwei Jahrzehnte Brückenbau in »Die Straßenbrücken der Stadt Berlin« von 1902 beschrieben. Die »Privaten« erhielten dabei das Recht, eine bestimmte Zeit lang einen halben Silbergroschen bzw. sechs Pfennig Brückenzoll zu erheben, was im Volksmund zum Namen »Sechserbrücke« führte. Brückenzolleinnehmer regelten die Benutzung der Brücken.

Zu diesen ungeliebten »Sechserbrücken« gehörte neben der Eberts- (1820), der Jannowitz- (1822), der Kunowski- (1825), der Kavalier- (1831) und der Moabiter (1835) auch die Schillingbrücke im Zuge der heutigen Andreasstraße. Im Jahre 1841 als hölzerne Klappbrücke errichtet, erhielt sie ihren Namen nach dem Initiator des Baus, dem Maurermeister Schilling.

Der Ärger der Berliner, dass es auf den gut 2 km zwischen der Oberbaumbrücke und der bereits vom Zoll befreiten Jannowitzbrücke keinerlei kostenlosen Spreeübergang gab, fand auch in der Presse Niederschlag. Die »Spenersche Zeitung« schrieb am 20. Oktober 1862: »An keiner anderen Stelle der Stadt innerhalb und außerhalb der Ringmauern sind die kostenfreien Fußgängerpassagen durch so große Entfernungen voneinander entfernt.« Die beklagten Umstände änderten sich mit der Übernahme der Schillingbrücke durch die Stadt bei gleichzeitigem Wegfall des Brückenzolls noch im Jahre 1862.

Die zunehmende Baufälligkeit der Holzkonstruktion veranlasste die Stadt ab 1870 zum Neubau der Brücke. Dabei entschied man sich erstmals für eine massive Spreeüberbrückung. Bei der Planung galt es insbesondere, die Anbindung des Luisenstädtischen Kanals zu berücksichtigen. Von Süden kommend und in der Achse des Bethaniendamms verlaufend, spaltete sich der Luisenstädtische Kanal vor dem Widerlager der Schillingbrücke in zwei Zuflüsse, die, unter den so genannten Zwillingsbrücken hindurchführend, die Spree erreichten. Die Flügelwände des südlichen Widerlagers zeigen heute noch deutlich die ehemaligen Durchbrüche des später zugeschütteten Kanals, der einst die Spree mit dem Landwehrkanal verband.

Die neue Brücke überspannte mit fünf Klinkergewölben die Spree und war dabei 15 m breit und 75 m lang. Die Verblendung mit schlesischem Sandstein, die von E. Hundrieser geschaffenen Reliefs an den Bogenansichten sowie der Figurenschmuck der Gesimse und Brüstungen bildeten gemeinsam mit den Geländern und Leuchten den Brückenschmuck.

Die Gründungen der Pfeiler und Widerlager mussten

Ansicht im Jahre 1874

Nach der Verbreiterung 1912

zum Teil als Pfahlroste und Senkkästen gebaut werden. Die Verkehrsfreigabe der Brücke erfolgte im April 1874.

Zu Beginn des 20. Jahrhunderts machte das zunehmende Verkehrsaufkommen eine Verbreiterung der Brücke erforderlich. Wegen des guten Zustands und des bildnerischen Schmucks sollte das Bauwerk erhalten bleiben. Von mehreren Planungsvarianten kam schließlich 1912 der Anbau beidseitiger Stahlkonsolen zur Ausführung, wodurch auch die Überführung von Versorgungsleitungen möglich wurde. Die Fahrbahnbreite erhöhte sich dabei auf 15,0 m, die Gesamtbreite auf 23,2 m. Leider werden seit dieser Zeit die schönen Schmuckreliefs fast vollständig durch die Kragarme und Leitungen verdeckt.

Im Zweiten Weltkrieg gehörte die Schillingbrücke neben der Weidendammer Brücke zu den beiden einzigen nicht gesprengten Straßenbrücken über die Spree. Lediglich örtliche Schäden an den Gehbahnen und einzelnen Gewölben galt es nach dem Krieg zu beseitigen.

Mit der Teilung der Stadt kam es 1961 auch an der Schillingbrücke zur Sperrung des Verkehrs. Die Brücke lag nun im so genannten Grenzgebiet. Nach 1990 gehörte die Instandsetzung der Brücke zu den ersten Aufgaben des wieder vereinigten Brückenbauamtes; es galt die stadtteilverbindende Funktion der Brücke wiederherzustellen. In den Jahren 1991 bis 1994 wurden alle Bauwerksteile einer umfassenden Instandsetzung unterzogen. Geländer und Leuchten entstanden neu, und die verdeckten Steinreliefs wurden gereinigt und konserviert. Seit 1990 steht die Brücke unter Denkmalschutz.

Die Schillingbrücke im Jahre 2000

Michaelbrücke

Oberhalb des Mühlendamms war die Spree noch bis zur Mitte des 19. Jahrhunderts viel breiter als heute und der Brückenbau damit besonders teuer. So entstanden zwischen Oberbaum- und Waisenbrücke zunächst nur die beiden »Sechserbrücken« Schilling- und Jannowitzbrücke, und erst 1877 wurde wegen des weiterhin dringenden Bedarfs die Michaelbrücke gebaut. Bauherr war die ein Jahr zuvor eingerichtete städtische Brückenbauverwaltung, allerdings lagen dem Bau noch Entwürfe des Staates zugrunde. Die Kosten teilten sich Berlin und Preußen, dokumentiert in dem ursprünglichen und leider verschollenen Pfeilerschmuck mit den Darstellungen der Damen Berolina und Borussia.

Die Michaelbrücke liegt in der Verlängerung der städtebaulichen Achse des um 1850 angelegten Luisenstädtischen Kanals und der namensgebenden Michaelkirche. Der Brückenschlag an der hier 80 m breiten Spree erfolgte zeitgleich mit den Arbeiten an der Großbaustelle der Stadtbahn, die im Bereich der dicht bebauten Innenstadt praktischerweise und Kosten sparend – wo möglich – die Wasserläufe überbaute. Die Stadtbahnbögen waren damals noch offen und von Booten zu durchfahren (siehe Abb. S.23). Aufgrund der Einbeziehung der Hochbahn bestand die Michaelbrücke eigentlich aus zwei Brücken, der 60 m langen Hauptbrücke und einer kleinen Flutbrücke nördlich der Stadtbahnbögen mit ca. 5 m Spannweite, die heute, wenn auch zugemauert und funktionslos, noch existiert.

Die 60 m Spree südlich der Stadtbahn wurden mit einer dreifeldrigen Stahlbogenkonstruktion überwunden, die im Flusslauf auf massiven Pfeilern ruhte. Damit war quasi ein Prototyp für das künftige Brückenerneuerungsprogramm auf der Spree geschaffen; die Jannowitz-, Marschall- und Kronprinzenbrücke folgten dem Schema. Diese festen Neubauten ersetzten jeweils alte Klappbrücken; und die möglichst geringe Bauhöhe war *das* Hauptthema, da Anrampungen in den bebauten Straßen kaum – und wenn, dann nur sehr teuer – zu realisieren waren. Zu berücksichtigen waren auch die damals schon zahlreich zu überführenden Leitungen, die wegen der dünnen Konstruktion im Bogenscheitel hauptsächlich unter den Gehwegen verstaut werden mussten.

Generell waren und sind die Leitungen für innerstädtische Brücken ein wichtiger Gesichtspunkt, der zunehmend noch an Bedeutung gewonnen hat. Bei der Michaelbrücke wurde das häufig allein von Fachleuten wahrgenommene Problem des wachsenden Leitungsbedarfs in Brücken allgemein sicht-

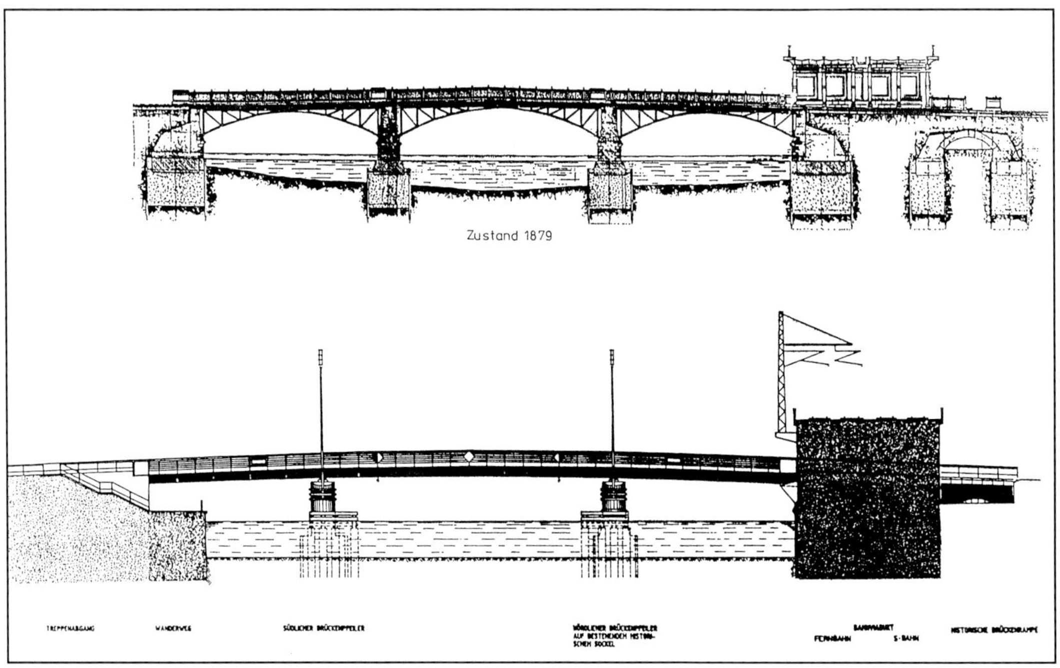

Längsschnitt von 1879 und Ansicht von 1994

Ansicht um 1880

bar: Die Brücke war 1945 im südlichen Feld gesprengt worden, es folgten eine hölzerne Behelfsbrücke und dann in den 70er Jahren die provisorische Reparatur des gesprengten Feldes für den Kfz-Verkehr. Das Kraftwerk Mitte hatte aber mittlerweile Friedrichshain mit Fernwärme zu versorgen. In der alten Brückenkonstruktion mit ihrem dünnen Scheitelquerschnitt war für diese Leitungspakete kein Platz, sodass die Rohre bis zur Fertigstellung eines Neubaus auf dem westlichen Gehweg 2 m hoch gestapelt werden mussten.

Gleich 1991 wurde dann umgehend ein neuer Entwurf für den schon seit Jahren geplanten Ersatzbau erstellt, für dessen Gestaltung neben den Interessen des Kraftwerkes mit seinen dicken Rohren auch noch weitere Forderungen zu berücksichtigen waren. Die geometrischen Parameter der Straße waren unter der vorhandenen und nicht anhebbaren Bahnüberführung unveränderbar, die Schifffahrt jedoch forderte auf dem Fluss 4,5 m Durchfahrtshöhe auf 24,0 m Breite. Das war nicht mit der alten Pfeilerstellung und erst recht nicht mit einer Bogenkonstruktion nach altem Muster machbar. So wählten die Brückenbauer eine über drei Felder durchlaufende, sehr flache, nur 1,1 m dicke und 20,6 m breite orthotrope Stahlplatte, die sogar die von den Leitungsverwaltungen geforderten 70 Leitungstrassen aufnehmen konnte. Der nördliche Pfeilerstandort wurde beibehalten und die Durchfahrtsbreite unter dem 31 m weit spannenden Mittelfeld entsprechend der Forderung der Schifffahrt von 21 auf 28 m erweitert. Das südliche Widerlager wurde ebenfalls um 7 m verschoben, wodurch Platz für die geplante Uferpromenade entstand. Die »klassische« symmetrische Dreifeldrigkeit der alten Brücke wurde auf diese Weise wiederhergestellt (19,5/31,0/19,5 m), jetzt allerdings etwas asymmetrisch zur Flussachse gelegen. Wegen des schlechten Zustands des Vorgängerbaus waren bei der Neuplanung keine denkmalpflegerischen Auflagen zu beachten. Die Pfeiler – der Nordpfeiler blieb im Sockelbereich erhalten – wurden auf Vorschlag des Architekten als elliptische Scheiben ausgebildet. Mit beleuchteten Bugzonen und Beleuchtungsmasthalterungen geben sie dem Stützenbereich ein maritimes Flair. Der Überbau wurde bewusst punktförmig gelagert, um so den großen Brückenkörper leichter erscheinen zu lassen. Die Untersicht mit den vielen Leitungen wurde durch eine komplette Verkleidung mit Gitterrostplatten optisch beruhigt. Ein speziell auf die Pfeilerform abgestimmtes Leitwerk schützt die Konstruktion vor Schiffsstößen.

Nach zweijähriger Bauzeit, während der der Fußgängerverkehr und die Funktion der Leitungstrassen aufrechterhalten wurden, konnte die elegante neue Brücke 1995 dem Verkehr übergeben werden.

Nach dem Neubau 1995

Jannowitzbrücke

Die Jannowitzbrücke gehört zu den bautechnisch interessantesten Verkehrsknoten der Innenstadt, denn hier kreuzen sich vier Verkehrswege niveaufrei: die U-Bahn, die Wasserstraße, die Brückenstraße und schließlich die S- und Fernbahn.

Doch noch zu Anfang des 19. Jahrhunderts zogen hier, zwischen den Holzplätzen an beiden Spreeufern, Segel- und Lastkähne dahin, und nur eine Kahnfähre vermittelte den Verkehr über die Spree. Mit der Entwicklung der Stralauer Vorstadt nördlich und der Köpenicker Vorstadt südlich der Spree waren zu Beginn des 18. Jahrhunderts zwei hölzerne Jochbrücken entstanden: die Blocks- und spätere Waisenbrücke am alten Oberbaum, in der Nähe des Märkischen Museums, und die Oberbaumbrücke am später flussaufwärts verschobenen Oberbaum, an der heutigen Warschauer Straße. Etwa 100 Jahre lang gab es zwischen diesen beiden fast 3 km voneinander entfernt liegenden Brücken keine weitere feste Spreeüberbrückung.

Erst durch die Initiative des Kaufmanns und Baumwollfabrikanten Jannowitz kam es in diesem Stadtgebiet zum Bau einer weiteren Spreebrücke. Er gründete eine Aktiengesellschaft, um die Mittel für den Brückenbau aufzubringen. Am 7. März 1822 ließ er in der »Vossischen Zeitung« bekannt geben: »Um eine bequemere Verbindung der Louisenstadt mit der Stralauer Vorstadt zu bewirken, soll mit Allerhöchster Genehmigung von der Köpenicker Straße 76/77 aus über das Grundstück des Superintendenten Lettow und den Wusterhausischen Holzmarkt eine neue Straße an die Spree führen und von dort aus eine große hölzerne Fahrbrücke mit Aufzug nach der so genannten Stralauer Aufschwemme erbaut werden.« Es handelte sich dabei um eine einfache hölzerne Jochbrücke mit Klappendurchlass, die Ende 1822 für Fußgänger, Reiter und Fuhrwerke freigegeben wurde. Sie erhielt den Namen Jannowitzbrücke. Die Aktionäre übergaben diese »Sechserbrücke« zwar 1831 dem Staat, doch auch der kassierte den Brückenzoll noch bis 1840. Im selben Jahr ließ der nicht weniger geschäftstüchtige Investor Schilling 1 km stromaufwärts mit der Schillingbrücke eine weitere »Sechserbrücke« entstehen. Bauherr war auch hier eine Aktiengesellschaft.

Die hölzerne Jannowitzbrücke blieb über 40 Jahre bestehen. Erst nach der Übernahme der Brückenbaulast durch die Stadt ab 1876 und im Umfeld der Spreekanalisierung kam es zur Verwirklichung eines umfangreichen Brückenbauprogramms. Wie mehrere andere Spreebrücken wurde die Jannowitzbrücke in den Jahren von 1881 bis 1883 als schmiedeeiserne Fachwerkbogenbrücke mit drei Feldern – und einer Länge von 83 m – neu gebaut. Die Pfeiler und Widerlager, aus Klinkermauerwerk hergestellt, erhielten eine Verblendung aus Harzer Granit. Von 17 m Brückenbreite entfielen 11 m auf die Fahrbahn mit einem Doppelschienenstrang für die Pferdebahn. Bei der Planung galt es, lage- und höhenmäßig insbesondere die neue Stadtbahn mit dem Bahnhof Jannowitzbrücke zu berücksichtigen. Die in den Jahren 1875 bis 1882 erbaute und über 12 km lange viergleisige Stadtbahn verband die Ringeisenbahn in Ost-West-

Die Brücke um 1840

Nach dem Neubau 1883

Richtung quer durch die Stadt. Zwischen den heutigen Bahnhöfen Jannowitzbrücke und Hackescher Markt nutzte man als Trasse den alten Königsgraben, der als Wasserstraße nur noch eine geringe Bedeutung hatte und dessen Zuschüttung wiederholt vorgesehen war. Die Höhenlage der Gleise am Bahnhof Jannowitzbrücke bestimmt seitdem die lichten Höhen für den Straßen- und den Wasserstraßenverkehr an diesem Verkehrsknotenpunkt.

Nach nur verhältnismäßig kurzer Nutzungsdauer erforderte der Bau der Untergrundbahn Gesundbrunnen–Neukölln ab 1927 den Abbruch der Jannowitzbrücke, da an dieser Stelle die Untertunnelung der Spree und des Eisenbahnviadukts vorgesehen war. Die umfangreichen Baumaßnahmen, die neben dem Neubau der Jannowitzbrücke und der Untergrundbahn auch den Ersatz der vom Bahnhof Jannowitzbrücke bis über die Schicklerstraße hinweg schadhaften Stadtbahngewölbe durch stählerne Tragwerke einschlossen, zogen sich bis zum Jahre 1934 hin. Der Aufrechterhaltung des Fußgänger-, Straßen-, Schiffs- und Eisenbahnverkehrs dienten zahlreiche komplizierte Abfangkonstruktionen und Behelfsbrücken.

Über den Verbleib der alten Bauwerksteile gab es in der Presse lange Zeit widersprüchliche Berichte. Richtig ist, dass die Eisenkonstruktion nach der Demontage im Hochofen landete und dass auch die Wiederaufstellung der Fußgängerbehelfsbrücke als Spreeüberbrückung im Zuge der Kruggasse in Alt-Rahnsdorf nicht zur Ausführung kam. Berichte, dass es sich bei der Triglawbrücke in Hessenwinkel oder bei der 1984 demontierten Stahlkonstruktion über den Gosener Kanal im Zuge der Gosener Landstraße um Teile der alten Jannowitzbrücke handelte, entsprechen nicht den Tatsachen.

Anstelle der bisherigen dreifeldrigen Brücke entschied man sich beim Neubau der Jannowitzbrücke – erstmals bei einer Spreebrücke in der Innenstadt – für ein oben liegendes Tragwerk in Form eines fachwerkartigen Bogenträgers mit abgehängter Fahrbahn. Der Träger überspannte auf 72 m frei den Flusslauf. Die Brückenbreite wurde mit 36,8 m mehr als verdoppelt und enthielt neben zwei 8,0 m breiten Fahrbahnen einen mittig liegenden gesonderten Straßenbahnbereich. Die lichte Höhe der Schifffahrtsöffnung betrug entgegen der Forderung der Wasserstraßenverwaltung nur 4,0 m, da die erwähnte Höhenlage der Stadtbahngleise hier Grenzen setzte.

Im Jahre 1934

Nur elf Jahre nach dem Abschluss dieser Bauarbeiten wurde auch die Jannowitzbrücke ein Opfer des Zweiten Weltkriegs. Nach Sprengung des Stahlbogens stürzte das Tragwerk in die Spree ab. Die Jannowitzbrücke gehörte zu den 127 Berliner Straßenbrücken, die nach Beendigung der Kampfhandlungen im Mai 1945 zerstört oder so schwer beschädigt waren, dass der Verkehr gänzlich zum Erliegen kam. Der große Umfang der Zerstörung schloss das Heben und die Wiederverwendung der Stahlkonstruktion aus. Zur Beräumung der Spree und zur Herstellung der Baufreiheit wurde die Jannowitzbrücke 1950/51 demontiert und verschrottet.

Die Planung einer Deckbrücke über zwei Felder erforderte bei Wiederverwendung der Widerlager den Neubau eines Strompfeilers, der in Flussrichtung den U-Bahntunnel zu überbrücken hatte. Breite und Länge der neuen Brücke entsprachen mit 34,8 m bzw. 80,0 m etwa den Maßen ihrer Vorgängerin. Die Beibehaltung der lichten Höhe von 4,0 m für die Schifffahrt erzwang eine möglichst geringe Bauhöhe für die Straßenbrücke, da Höhenveränderungen an den Stadtbahnviadukten ausgeschlossen waren. Im Jahre 1952 begannen die Neubauarbeiten mit der Gründung des Strompfeilers beiderseits des U-Bahnkörpers. Die Stahlkonstruktion des Brückenüberbaus wurde genietet, wobei diese Technik hier letztmalig im Berliner Brückenbau zur Anwendung kam. Mehr als 240 000 Niete galt es zu schlagen. Trotz des Drängens der Wasserstraßenbehörde zogen sich die Bauarbeiten bis zum 21. Dezember 1954 hin, wobei die Fußgänger bereits ab Ende 1952 die östliche Gehbahn benutzen konnten.

Die Fertigstellung der Jannowitzbrücke bildete die Voraussetzung für den Abbruch der beschädigten Waisenbrücke im Zuge der Littenstraße, wodurch die ungehinderte Zufahrt zur neu gebauten Mühlendammschleuse möglich wurde. Natursteinarbeiten an Pfeiler und Widerlagern schlossen 1959 die Arbeiten zur Herstellung der heutigen Jannowitzbrücke ab.

Der Stilllegung der Straßenbahnlinie im Jahre 1976 folgte die Umgestaltung des Gleisbereiches. Die 1988/89 durchgeführte Grundinstandsetzung diente der weiteren Erhaltung dieser wichtigen Stadtbrücke.

Die Jannowitzbrücke im Jahre 2003

Mühlendammbrücke

Spaziergänger, die von der breiten Spreebrücke am Molkenmarkt aus die schwer beladenen Schubschiffe die Mühlendammschleuse passieren sehen oder auf der anderen Seite die Gebäude um die Nikolaikirche und das Ephraim-Palais betrachten, können die überaus wechselhaften Geschichte ihres Standorts nur erahnen.

Lange vor der Stadtgründung im 13. Jahrhundert vermittelten hier Talsanderhöhungen beiderseits der Spree inmitten des niedrigen und stark sumpfigen Spreetals den besten Spreeübergang zwischen Köpenick und Spandau. Die Handelsstraße zur Unteren Oder führte an dieser Stelle durch eine Furt über den Fluss. Handel und Verkehr waren gute Voraussetzungen für die Entstehung der Siedlungen Cölln und Berlin und deren weitere Entwicklung von Handelsflecken zu Kaufmannsstädten.

Die älteste Berliner Spreeüberbrückung war ein Knüppeldamm mit mehreren Durchlässen. Er diente nicht nur als Überweg und lukrative Mühlenanlage, sondern sicherte als Mittel der Flussregulierung auch die Schifffahrt im Oberlauf. Lange, kräftige Baumstämme waren nebeneinander quer durch das Flussbett gelegt. Darauf ruhten Faschinen aus Birkenreisern und hierauf wiederum Baumstämme. Reste davon blieben lange erhalten. Das »Zentralblatt der Bauverwaltung« vom 16. Juni 1894 teilte mit: »Bei dem Abbruch der alten Gerinne aus Anlaß der jetzigen Umbauten sind wohlerhaltene Überreste eines alten Knüppeldammes aufgefunden worden.«

Eine der ersten urkundlichen Erwähnungen des »Molendam tu Berlin« vom 28. September 1298 spricht von reger Schifffahrt und Flößerei auf der Spree. Die erfolgreiche Handelstätigkeit der vereinten Schwesterstädte Cölln und Berlin, inzwischen der nordeuropäischen Hanse angeschlossen, führte zum Erblühen der Stadt. Der zunehmenden Macht der Kommune setzte Kurfürst Friedrich II. im Februar 1442 ein Ende, als er mit seinen Truppen in Berlin einzog, den Rat der Doppelstadt vertrieb und ihr die Gerichtsbarkeit nahm.

Schon vor der Erwähnung des eigentlichen Mühlendammes weist eine Urkunde aus dem Jahre 1285 auf eine Mühle hin. Aus der Verwaltung dieser landesherrlichen Mühlen ging später das Amt Berlin-Mühlenhof hervor, das seinen Sitz am Mühlendamm hatte. Von hier aus wurde der kurfürstliche und später der königliche Besitz in der weiteren Umgebung verwaltet. Das Amt bestand bis 1945.

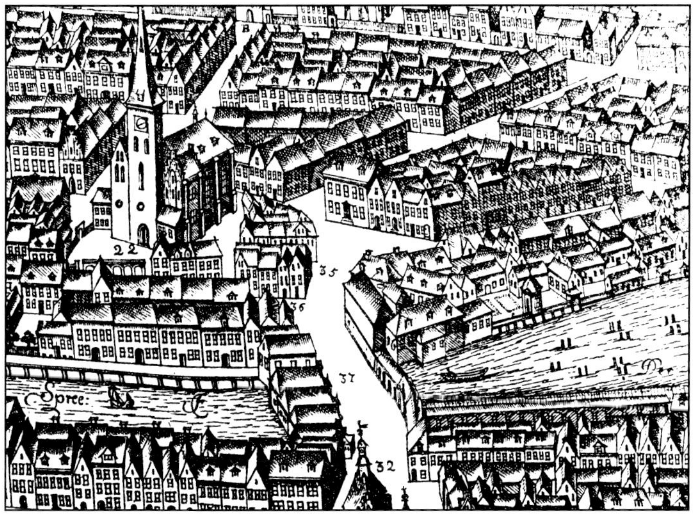

Der Mühlendamm 1688, Ausschnitt aus dem Schultz'schen Plan

Bis zur Mitte des 17. Jahrhunderts standen auf dem Mühlendamm sechs Korn-, Walk- und Schneidemühlen, die von einfachen Kramläden und hölzernen Buden umbaut waren. Ihre Inhaber standen unter der Gerichtsbarkeit des Amtes Mühlenhof und waren diesem zur Zinszahlung verpflichtet.

Während der letzten Regierungsjahre des Kurfürsten Friedrich Wilhelm erhielt der Mühlendamm ein neues Aussehen. Der Kurfürst ließ durch den Hauptmann des Amtes Mühlenhof, von Canitz, die Mühlen erneuern und veranlasste die Budenbesitzer zur Errichtung steinerner Neubauten, der ersten festen Geschäfte der Stadt. Vor diesen baute Nering die Mühlen-Kolonnaden. Die im Februar 1688 für den Verkehr freigegebene Anlage umfasste auch die Fischerbrücke, die mit einem torartigen Portal, der »Friedrichsporte«, an den Mühlendamm anschloss. 1693 entstand über der »Friedrichsporte« ein Saal für die Kaufmannsgilde, der bis 1793 als erster Berliner Börsensaal diente. Auch bauten die Ladeninhaber bewohnbare Obergeschosse über den Verkaufshallen, sodass die Einheitlichkeit der Brückenbebauung verloren ging.

Anfang des 18. Jahrhunderts ließ der König dann sämtliche Gerinne mit Quadern einfassen und überwölben. Zwei Inschriftensteine mit den Jahreszahlen 1701 und 1707 und

Teilansicht der Mühlenkolonnaden um 1850

dem Namen des Mühlenhauptmanns von Kamecke förderte der Abbruch der Dammanlagen im Jahre 1894 zu Tage. Insgesamt bestanden sechs massive Gewölbe mit je 4,8 m lichter Weite, von denen jeweils zwei ein Gerinne bildeten. Die drei Gerinne waren durch Dammschüttungen voneinander getrennt.

In der Folgezeit beschädigten wiederholt Großbrände die Mühlendammanlagen. Nach dem Brand vom 8. Mai 1759 erhielten die Kolonnaden durchweg zweistöckige bewohnbare Obergeschosse. Im »Neuesten Conversations-Handbuch für Berlin und Potsdam« von 1834 beschreibt Zedlitz den Mühlendamm wie folgt: »Auf beiden Seiten läuft eine Bogenlaube, unter denen sich eine lange Reihe von Kaufmannsläden oder die Eingänge zu den Mühlen befinden. Größtenteils sind es Baumwoll- und Modewarenhandlungen ... Auch findet man eine Konditorei, eine Buchbinder- und Galanteriewarenhandlung, Kleiderläden, eine Lotteriekollekte und zahlreiche andere Etablissements. Unter Nr. 21 ist ein Portal und Durchgang nach der Fischerbrücke, Nr. 32 ist das Justiz- und Rentamt Mühlenhof ... Unter den meisten Häusern fließt die Spree und treibt die hier gelegenen Mühlen; die eine Hälfte vom Köllnischen Fischmarkt an bis an das Portal gehört zu Kölln, die andere zu Berlin.«

Ein erneutes Feuer vernichtete 1838 insbesondere die Mühlengebäude. In Gestalt mittelalterlicher Kastellbauten erbaute Persius d. Ä. die Mühlen in Backstein neu. Bis 1873

Blick auf die Fischerbrücke und den Mühlendamm um 1880, Stahlstich von Finke nach Loeillot

staatlich verwaltet und später verpachtet, stellten sie 1880 ihren Betrieb zugunsten einer geregelten Hochwasserabführung ein. Auch die Backsteinbauten selbst hatten nicht lange Bestand. Die rasche wirtschaftliche Entwicklung erforderte immer dringender den Ausbau der Berliner Wasserstraßen für Massengütertransporte. Schon länger behinderten die Stauwerke der Damm-Mühlen und die schlechte Beschaffenheit des Spreebetts die über den Spreekanal geführte Schifffahrt und waren außerdem verantwortlich für die Folgeschäden aus hohen Wasserständen. Die Unterspree konnten z. B. bei niedrigen Wasserständen nur Schiffe bis zu 1 m Tiefgang störfrei befahren. Um eine neue Großschifffahrtsstraße durch die Stadt führen zu können, einen besseren Hochwasserabfluss zu erreichen und das Sinken des Unterwassers unter einen festgelegten Stand zu verhindern, wurde ein Plan zur Kanalisierung der Unterspree erarbeitet und nach langwierigen Verhandlungen über die Kostenverteilung zwischen Stadt und Staat im Zeitraum von 1889 bis 1894 auch verwirklicht. Neben den Austiefungen der Spree zwischen Spandau und dem Mühlendamm auf 2 m Wassertiefe war der Umbau des Damms das Kernstück des Projekts. Er umfasste den Abriss der alten Mühlengerinne und der Hinterhäuser, den Bau einer neuen Schiffsschleuse und eines beweglichen Wehres sowie – neben der erstmaligen Errichtung richtiger Brücken am Mühlendamm – auch den Neubau der Kurfürsten- und Friedrichsbrücke. Am Mühlendamm selbst waren mehrere neue Brückenanlagen erforderlich, da die Erhaltung der beiden Hauptgebäude des Damms die Überbrückung eines kleinen und eines großen Gerinnes sowie der Kammerschleuse erforderte und außerdem die Brücken im Zuge des Mühlenwegs und der Straße An der Fischerbrücke zu erneuern waren.

Über den Mühlendamm liefen damals bereits zehn Pferdebahnlinien der Großen und der Neuen Pferdeeisenbahn-Aktiengesellschaft. Die bis zum Umbau geringe Straßenbreite von 8 m zwischen den Fluchten der Kolonnaden hatte jedoch nur die Verlegung eines Gleises gestattet, ein weiteres zwängte sich kurvenreich über den Mühlenweg, der ab 1847 als zweite, nordwestlich von ihnen gelegene Zufahrt zu den Mühlen diente. Bei einer Verkehrszählung im März 1891 registrierte man in 16 Stunden mehr als 60 000 Wagen, darunter 2500 Pferdebahnwagen sowie zahlreiche Lastwagen, Omnibusse, Handwagen und Droschken, und über 40 000 Fußgänger.

Mit dem Umbau wurde die Straße auf 15,0 m verbreitert, die neue Gehbahnbreite betrug je 8,5 m. »Maße, die allen Anforderungen auch des stärksten Verkehrs genügen dürften«, schreibt das »Zentralblatt der Bauverwaltung« vom 16. Juni 1894. Dass diese Feststellung nur kurze Zeit ihre Gültigkeit behielt, zeigt die Denkschrift der Bauverwaltung zum neuerlichen Umbau des Mühlendamms vom Dezember 1930. Als Gesamtbreite waren nun 37 m vorgesehen.

Lagepläne des Mühlendamms vor und nach dem Umbau 1889/94

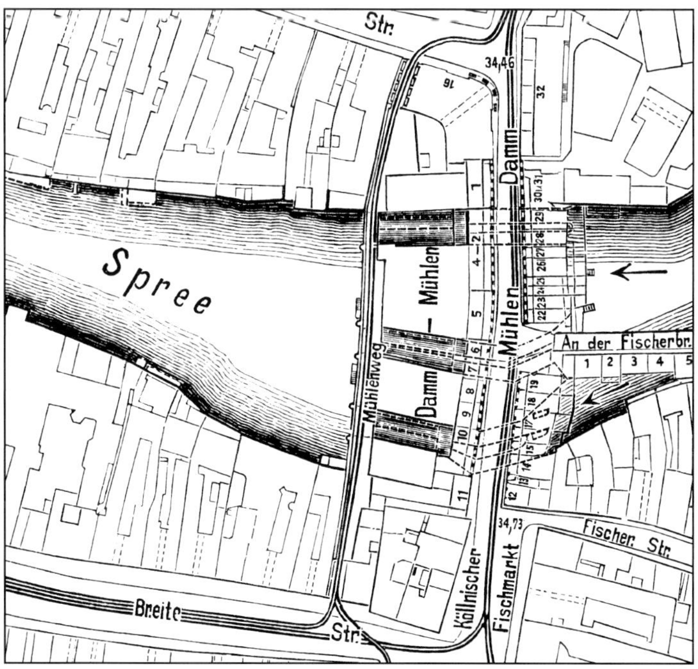

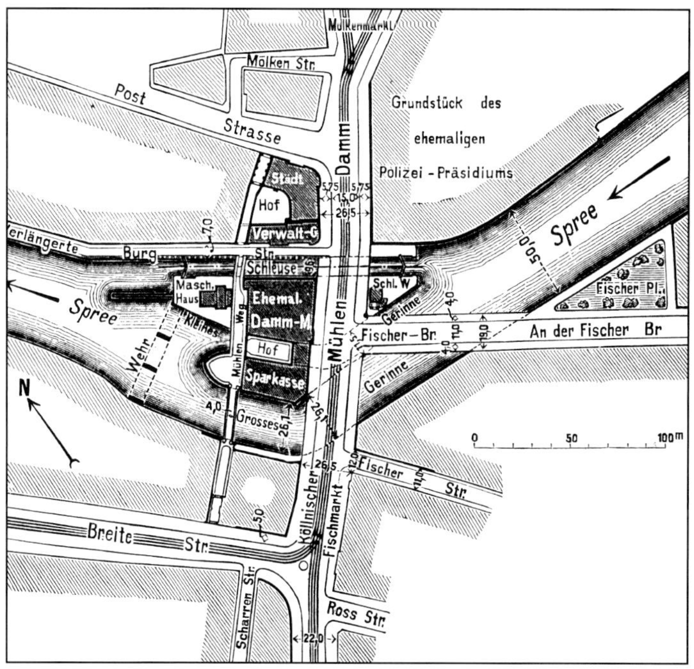

Der Mühlendamm nach dem Umbau 1895, von stromabwärts

Der Mühlendamm nach dem Umbau 1895, von stromaufwärts, Federzeichnung von Theuerkauff

Einschließlich der Fischerbrücke entstanden alle sieben Brücken der Mühlendammanlage wegen der notwendigerweise geringen Bauhöhe als eiserne Tragwerke. Die Haupttragwerke bestanden aus Blechträgern, die unterhalb der Fahrbahn angeordnet waren – nur die Brücke im Zuge des Mühlenwegs, eine Fußgängerbrücke über das Große Gerinne mit 4,5 m Breite, machte hier eine Ausnahme. Die Mühlenwegbrücke wurde durch zwei Bogenträger gebildet und mit reicherer architektonischer Gliederung an den Portalen und Geländern geschmückt. Die im Wasser stehenden Stützen der Fischerbrücke und der Brücke im Zuge des Mühlendammes über das Große Gerinne bestanden aus Gusseisen. Die umfangreichen Bauarbeiten gestalteten sich durch die notwendige Aufrechterhaltung des Verkehrs sehr kompliziert und erforderten zahlreiche Behelfslösungen. Als besonderer Schmuck dienten an der Einmündung der Fischerbrücke die Bronzestatuen der Markgrafen Albrecht der Bär und Waldemar von Brandenburg. An die Stelle des alten Mühlengebäudes trat ein neugotisches Sparkassengebäude aus gelben Klinkern mit Türmchen und Zinnen. Am 16. Juni 1894 konnte das »Zentralblatt der Bauverwaltung« seinen Lesern endlich mitteilen: »Das große und bedeutsame Werk der Spreeregulierung in Berlin ist in der Hauptsache vollendet.«

Bereits wenige Jahrzehnte später zeigte sich, dass die rasche wirtschaftliche Entwicklung, die im stark steigenden Wasser- und Straßenverkehr ihren Ausdruck fand, bei der Planung der Mühlendammbauten nicht richtig eingeschätzt worden war. Der Einführung von Schiffstonnagen bis zu 1000 t standen am Mühlendamm schwerwiegende Hindernisse entgegen. Die Lage der Kammerschleuse in einem Spreebogen und in der Nähe des Wehres verursachte Navigationsschwierigkeiten für die Schifffahrt, der ungenügend ausgebildete Schleusenvorhafen beschränkte die Schleusenleistung, und schließlich war die nur 3,5 m über der Schleusenkammer liegende Brücke ein ständiges Verkehrshindernis. Die zu geringe lichte Höhe unter den Brücken war vom Zentralverein für die Hebung der deutschen Fluss- und Kanalschifffahrt bereits ab 1891 heftig kritisiert worden. Doch eine Änderung der bereits in der Ausführung befindlichen Planung war damit nicht erreicht worden.

Zur Beseitigung dieser Nachteile prüfte man ab den 20er Jahren des 20. Jahrhunderts erneute Umbaupläne für den Mühlendamm, die eine grundlegende Umgestaltung der Gesamtanlage vorsahen. Zu bedenken waren dabei u. a. eine U-Bahnquerung im Brückenbereich, die Anlage einer zweiten Schleusenkammer und die ständige Aufrechterhaltung des Schiffsverkehrs während der Bauzeit. Man entschied sich für eine neue Zweikammerschleuse stromaufwärts der Brücke mit Ausbildung eines Vorhafens bis unter die zu erneuernde Mühlendammbrücke. Dafür mussten alle Gebäude im Spreebereich abgebrochen werden, und dem Spreekanal wurde durch die Veränderungen die doppelte Wassermenge zugeführt. Das wiederum erforderte den Ersatz der alten Stadtschleuse durch ein modernes Wehr, die Beseitigung des so genannten Mühlengrabens einschließlich der dortigen Brücken und die Erneuerung der Schleusenbrücke.

Die 37 m breite neue Mühlendammbrücke sollte aus zwei massiven Randfeldern und einem 70 m langen, den Schleusenvorhafen stützenfrei überspannenden stählernen Mittelfeld bestehen. Für die Aufrechterhaltung des Straßenverkehrs während der Bauzeit war die Errichtung einer Behelfsbrücke stromabwärts der neuen Straßenbrücke not-

Die Mühlenwegbrücke 1895

Die gesprengte Behelfsbrücke 1945

wendig, was den denkmalgerechten Abtrag des Ephraimschen Palais voraussetzte. Die neue Mühlendammschleuse konnte bis 1940 fertig gestellt werden. Der Abbruch der gesamten Brückenanlagen von 1895, der Bau der Behelfsbrücke und der Neubau eines Teils der Unterbauten für die neue Mühlendammbrücke sowie eines Stücks U-Bahntunnel waren bereits erfolgt, als der Zweite Weltkrieg die weiteren Arbeiten unterband. Zwei stählerne Fachwerkbrücken von je 35 m Länge über die alte Schleuse und die Schifffahrtsstraße sowie eine stählerne Balkenbrücke über den Wehrkanal bildeten den behelfsmäßigen Brückenzug, der nun fast 30 Jahre dem Verkehr diente. Neben den zwei Straßenbahngleisen gestattete die 11 m breite Fahrbahn nur je einen weiteren Fahrstreifen für den Straßenverkehr. Wie die meisten innerstädtischen Spreebrücken sprengten die deutschen Truppen 1945 auch die Behelfsbrücke am Mühlendamm. Um die Verkehrsbeziehung an dieser wichtigen Spreeüberfahrt wiederherzustellen, musste das abgestürzte Stahltragwerk gehoben und repariert werden.

Ende der 50er Jahre begannen erneut Planungen für den Neubau der Mühlendammbrücke. Der Damm bildete nun einen Teil des Straßenzugs Alexanderplatz–Grunerstraße–Molkenmarkt–Gertraudenstraße–Spittelmarkt. Zwangspunkte bei der Trassenführung bildeten das Palais Schwerin, die vorhandenen Antriebskörper der Wehranlage und die bereits 1938 bis 1940 hergestellten Pfeilergründungen sowie das nördliche Widerlager der Brücke. Damit waren auch die Längen der drei Brückenfelder mit 19,0/70,2/19,0 m bestimmt. Die Brücke wurde mit 45,2 m noch deutlich breiter angelegt als 1938. Die Höhenlage ergab sich aus der lichten Höhe des Schifffahrtsprofils von 4,3 m. Die Vorplanung umfasste mehrere Brückenvarianten. Schließlich fiel die Entscheidung zugunsten einer Spannbetonbrücke, der damals größten in der DDR. Der Brückenüberbau besteht aus zwei nebeneinander liegenden 114,2 m langen Brückenteilen gleicher Breite. Der Brückenquerschnitt, zwei fünfzellige Hohlkästen mit veränderlicher Höhe, dient auch der Überführung zahlreicher Versorgungsleitungen.

Die Bauarbeiten begannen 1964 mit dem Abbruch der Reste der alten Schleusenanlagen von 1894 und der Beräumung der Spreesohle. Am rechten Ufer sind die alten Schleusenkammern noch zu erkennen. Am 31. Dezember 1968 war es dann soweit: Der Verkehr rollte über die neunstreifige neue Brücke. Der Abbruch der Behelfsbrücke aus dem Jahre 1938 schloss ein weiteres Kapitel der wechselhaften Baugeschichte des ältesten Berliner Spreeübergangs ab und bildete die Voraussetzung für den Wiederaufbau des Ephraimschen Palais an nahezu alter Stelle, Ecke Poststraße.

Die Mühlendammbrücke im Jahre 2003

Rathausbrücke

Die Lange Brücke um 1690, Aquarell von Johann Stridbeck d. J.

Wo die Rathausstraße die Spree kreuzt, am ehemaligen Marstall, liegt eine der traditionsreichsten Brücken Berlins. Über die Geschichte der Rathausbrücke, die wahrscheinlich bis ins 13. Jahrhundert zurückreicht, haben viele Chronisten und Schriftsteller berichtet. Die nach dem Mühlendamm zweitälteste Spreeüberbrückung Berlins liegt im Zuge der Georgenstraße, der späteren Königs- und heutigen Rathausstraße, die Alt-Berlin einst in zwei Hälften teilte. Zu Beginn des 14. Jahrhunderts, als sich die Schwesterstädte Cölln und Berlin eine gemeinsame Stadtverwaltung gaben, entschied man sich, das erste Rathaus auf eine Brücke, gewissermaßen also an einen neutralen Ort in der Spree zu bauen. Diese Brücke, in einer Urkunde von 1356 im Hinblick auf den Mühlendamm Neue Brücke genannt, erhielt bald den Namen Lange Brücke. Diese Bezeichnung trug sie wohl zu Recht, denn nach Nicolai reichte die Spree mit ihrem sumpfigen Vorland in früheren Zeiten von der Breiten bis zur Poststraße.

Über die genaue Lage des ersten Rathauses gibt es keine Angaben. Überlieferte Urkunden und Verträge aus dem 14. und 15. Jahrhundert sprechen von dem »Rathuess tusschen den beyden Steden up der Sprew« und dem »Rathuse bi der nyen Brugghen tzwischen beyden Steden«. Demnach muss man sich das Rathaus auf der Grenze beider Städte, also mitten in der Spree, auf einem von der Langen Brücke zugänglichen Pfahlwerk vorstellen. Es wurde 1514 wegen Baufälligkeit abgerissen, nachdem es ab 1442, als Kurfürst Friedrich II. die gemeinsame Stadtverwaltung aufhob, Sitz des Hofrichters gewesen war.

Die Lange Brücke, damals eine hölzerne Jochbrücke, erforderte in kurzen Abständen Reparaturen und Erneuerungen. Wie sich der Rat wiederholt beklagte, war das unvorsichtige Anlegen Hamburger Schiffer oftmals die Ursache von Brückenschäden. Trotz der Ausbesserungen in den Jahren 1652 und 1659 war die Brücke bereits 1660 so baufällig, dass der Kurfürst einen Neubau, wiederum aus Holz, befahl. Wie berichtet wird, steuerte der Rat der beiden Städte für den

Blick von der Langen Brücke auf das Kurfürstliche Schloss, Gemälde von A. Begeyn, 1690

Neubau im Jahre 1661 400 Taler zu, während der Kurfürst für das Eichenholz aufkam. Ein Aquarell von Johann Stridbeck d. J. von 1690 vermittelt einen Eindruck von dieser einfachen Holzbrücke mit 13 Jochen. Den einzigen Schmuck bildete das Geländer mit gedrungenen viereckigen Pfosten, an deren Vorderseiten die Wappen der einzelnen Gebietsteile des Brandenburgisch-Preußischen Staates angebracht waren. Der Holzbelag der Brücke wurde nicht direkt befahren, sondern war mit einer Sandschicht versehen und gepflastert.

Um der Brücke ein der bedeutenden Lage entsprechendes würdiges Aussehen zu verleihen, veranlasste Kurfürst Friedrich III. einen Neubau, und zwar in Form der ersten steinernen Brücke Berlins. Nach dem Entwurf von Johann Arnold Nering, seit 1691 Oberbaudirektor des Kurfürsten, entstand unter brückentechnischer Leitung des Ingenieurs Cayart eine Gewölbebrücke über fünf Felder, die sich den Prachtbauten der Umgebung, dem ehemaligen Zeughaus und dem Schloss, gut anfügte. Der Kurfürst legte im Frühjahr 1692 im ersten Pfeiler auf Berliner Seite den Grundstein. Beim Abbruch des Pfeilers im Jahre 1894 fand man einen kupfernen Behälter mit Münzen und Medaillen aus der damaligen Zeit. Ein urkundliches Abbild des Brückenentwurfs zeigt die anlässlich der Grundsteinlegung geprägte und vom bekannten Medailleur R. Faltz gestochene Gedenkmünze. Sie beweist, dass in Verbindung mit der Brücke von vornherein die Aufstellung eines Reiterdenkmals des Großen Kurfürsten geplant war. Damit suchte Preußen den künstlerischen Anschluss an Frankreich, wo bereits Reiterstandbilder von Herrschern prangten – z. B. auf der Pont Neuf in Paris.

Carl Christian Schramm beschreibt in »Historischer Schauplatz, in welchem die merkwürdigsten Brücken aus allen vier Teilen der Welt, insonderheit aber die in den vollkommensten Stand versetzte Dreßdener Elb-Brücke, in saubern Prospecten, Münzen und andern Kupferstichen vorgestellt und beschrieben werden« von 1735 die Lange Brücke mit den Worten: »An sich selber ist dieser Brückenbau ein recht Majestätisches Werk, so mit der Triumph-Brücke in Rom nicht unbillig zu vergleichen, da dieselbe ebenso viel als jene, nehmlich fünf Schwibbogen zehlet: Von aussen ist alles mit den schönsten Pirnischen Quadersteinen überzogen, unten aber an denen Füssen derer Bogen präsentiren sich zwölf Figuren derer vornehmlichsten Römische Götter, und des allgemeinen Wassergötzens Neptuni, so die Märkischen Wasser-Ströhme vorstellen.«

Der Rohbau der Brücke war bis zum 5. November 1694 so weit hergestellt, dass man sie zum Einzug der Tochter des Königs Johann III. von Polen, der Braut des Kurfürsten Max-Emanuel von Bayern, befahren konnte. Mit der Vollendung des bildnerischen Schmucks und des steinernen Geländers waren die Bauarbeiten 1695 abgeschlossen, während das Denkmal des Kurfürsten erst am 12. Juli 1703 feierlich enthüllt wurde. Zur Aufnahme des Reiterdenkmals diente ein

Die Lange Brücke um 1850

Die Kurfürstenbrücke nach dem Neubau 1896

8,16 m langer Ausbau mit überwölbter Durchlassöffnung flussaufwärts von dem mittleren der fünf Brückenbögen. Andreas Schlüter, 1694 nach Berlin berufen, fertigte das Modell der Reiterstatue, die 1700 von Johann Jacobi aus Bronze gegossen wurde. Die Herstellung der Bronzeplastik in einem Stück, ausgeführt im Gießhaus hinter dem Zeughaus, war seinerzeit eine technische Sensation. Die letzten Arbeiten an dem Denkmalsockel fanden 1710 ihren Abschluss.

Das Reiterstandbild, das zu den größten künstlerischen Leistungen Schlüters gehört, konnte nach Spiker »mit Recht als eine der Hauptzierden der prachtvollen Königsstadt gesehen werden«. Auch der Berlin-Tourist Heinrich Heine schrieb: »Laßt uns hier einen Augenblick stehen bleiben und die große Statue des Großen Kurfürsten betrachten. Er sitzt stolz zu Pferde, und gefesselte Sklaven umgeben das Fußgestell. Es ist ein herrlicher Metallguss (ein Werk des Erzgießers Johann Jacobi, der auch die große Kanone ›Àsia‹ im Zeughaus anfertigte) und unstreitig das größte Kunstwerk Berlins. Und es ist ganz umsonst zu sehen, weil es mitten auf der Brücke steht.« Das Reiterstandbild des Großen Kurfürsten von Andreas Schlüter ist das erste öffentlich aufgestellte Denkmal der Stadt.

Weiterer bildnerischer Schmuck der Brücke waren in Stein gehauene Zierschilder in den Gewölbezwickeln über den Pfeilern und liegende Götterfiguren auf den vorspringenden Pfeilerköpfen. Die Zierschilder auf der Nordseite enthielten je einen vergoldeten Buchstaben bzw. eine Zahl vom Namen des Kurfürsten Friedrich III. (F./III./E./B.). Die Brückengewölbe und Pfeiler bestanden durchgehend aus Pirnaer Sandstein. Die drei mittleren Bögen hatten lichte Weiten von je 8 m, die Randbögen von je 6 m. Die gepflasterte Fahrbahn verfügte über eine Breite von 7,5 m und die mit Granitplatten belegten Gehbahnen von je 2,7 m. Die ästhetische Wirkung des überaus gelungenen Brückenentwurfs ergab sich aus der Abstimmung der strengen architektonischen Linien mit dem plastischen Schmuck der Pfeiler als belebendem Element.

Im 18. Jahrhundert wurde wenig für die Erhaltung dieses Baudenkmals getan. Erst als der Einsturz einzelner Teile drohte, kam es 1766 zur Durchführung der wichtigsten Arbeiten. Der bildnerische Schmuck, insbesondere die Götterfiguren auf den Pfeilervorsprüngen, blieben weiter dem Verfall preisgegeben.

Die zunehmenden Bauschäden führten 1817/19 zu einer Brückenreparatur unter Schinkels Leitung. Neben der Ausbesserung des Quadermauerwerks wurden die Gehbahnen nach Abbruch des massiven Geländers und dessen Ersatz durch ein gusseisernes verbreitert und erneuert. Die Restaurierung bzw. Neuherstellung der Götterfiguren auf den Pfeilervorsprüngen scheiterte trotz Schinkels Bemühungen am Geldmangel.

Die nun schmalere Fahrbahn von etwa 6 m bei Gehbahnbreiten von etwa 3 m genügte bereits in den 50er Jahren des 19. Jahrhunderts nicht mehr für den anwachsenden Verkehr. Verkehrszählungen in der Königsstraße im Jahre 1867, übrigens die ersten ihrer Art in Berlin, ergaben in 13 Stunden 5360 Wagen. Mehrere Pläne zur Brückenerweiterung wurden geprüft, bevor 1867 die Minimallösung, das Hinausschieben der Gehbahnplatten über den Brückensims und das Versetzen der Geländer, zur Ausführung kam. Bei unveränderten Gehbahnbreiten betrug die Fahrbahnbreite nun 24 Fuß oder 7,5 m und entsprach somit der Breite der Königsstraße an der Einmündung der Burgstraße. Im Zuge dieser Arbeiten wurden drei der großen steinernen Zierschilder durch den Bildhauer Blaeser erneuert. Hinter einem der erneuerten Zierschilder fand man beim späteren Abbruch der Brücke in einer Flasche die Beschreibung des Umbaus von 1867.

Die weitere Geschichte der Brücke wurde durch ein Großbauvorhaben mit wesentlichem Einfluss auf die Gestaltung der inneren Stadt bestimmt: die Schiffbarmachung des Hauptarms der Spree. Mit dem Abbruch der alten Mühlendammanlagen begann im Spätherbst 1889 die Verwirklichung eines gewaltigen Projekts, das zur Sicherung der Schifffahrt auch die Austiefung der Unterspree verlangte. Neben der Tieferlegung des Flussbetts um etwa 1,5 m und der Notwendigkeit, die Schifffahrtsöffnungen zu vergrößern, war die vorgesehene Verbreiterung der Königsstraße ein weiterer Grund für den Neubau der Brücke. Der 1890 aufgestellte Entwurf, der eine Verbreiterung nach Norden vorsah, fand so keine Zustimmung. Das zuständige Ministerium empfahl eine Verbreiterung nach Süden bei gleichzeitigem Abbruch der zwischen der Breiten Straße und der Spree dem Marstall vorgelagerten Häuser. Hierdurch und durch die Neuherstellung der dem Schlossplatz zugewandten Stirnseite des Marstalls sollte der Schlossplatz wirkungsvoller gestaltet werden. Diese schließlich bestätigte Entwurfsänderung erforderte weiterhin, auch die Königsstraße zwischen Spree und Spandauer Straße nach Süden zu verbreitern. Der Entwurf für die Brücke selbst versuchte die gestalterischen Elemente der alten Brücke zu übernehmen. Das betraf – abgesehen vom Reiterstandbild des Kurfürsten auf einem der Brücke vorgelagerten Podest – u. a. auch die Form der Gewölbe, die Wahl von Kudowa-Sandstein für die

Außenflächen und die Wiederverwendung von vier steinernen Zierschildern über den Pfeilern. Mit Rücksicht auf die nun erstmals unter der Brücke verkehrenden Schiffe erhielt sie anstelle der ehemals fünf nur noch drei Bogenöffnungen. Die elliptisch geformten Seitenöffnungen hatten lichte Weiten von 15 m, das halbkreisförmige Mittelgewölbe mit dem Denkmalsunterbau in der Verlängerung hatte eine – etwa dem früheren Maß entsprechende – Weite von 8 m. Die neue Fahrbahnbreite von 10,0 m und die je 3,9 m breiten Gehbahnen entsprachen den Abmessungen der Königsstraße. Im Gegensatz zur alten Brücke wurden Pfeiler, Widerlager und Gewölbe aus Klinkern hergestellt und mit Sandstein verblendet. Das massive, aber aufgelöste Brückengeländer bestand ebenfalls aus Sandstein.

Beim Abbruch der alten Brücke bestätigten sich die Ergebnisse der Voruntersuchung, dass die Gründung aus einem Pfahlrost in voller Brückenlänge und -breite mit Längs- und Querholmen bestand. In die rechteckigen Zwischenräume waren zur Verdichtung des Bodens noch kurze Pfähle geschlagen. Damit waren ähnliche Verhältnisse wie bei den überwölbten Gerinnen des Mühlendamms aus den Jahren 1707/08 gegeben. Vor Beginn des Brückenabbruchs musste das Reiterdenkmal auf einen flussaufwärts dem Denkmalpodest vorgelagerten Pfahlbau verschoben werden. Nach dem Teilabbau des Sockels konnte das Standbild mit einem auf acht Rädern laufenden Wagen gezogen werden. Entsprechend vollzog sich auch das Rückrollen nach dem Neubau der Denkmalsunterbauten.

Nachdem die Bauarbeiten an der Brücke im Jahre 1895 im Wesentlichen abgeschlossen waren, fand am 9. Mai 1896 die feierliche Enthüllung des Denkmals am ehemaligen Standort, jedoch um 1 m erhöht, statt. Bei dieser Gelegenheit erhielt die Brücke offiziell den Namen Kurfürstenbrücke, den ihr der Volksmund schon seit mehreren Generationen gegeben hatte. Mit dem Neubau der Langen als Kurfürstenbrücke sowie der Umgestaltung des Schlossplatzes und der Königsstraße fanden die umfangreichen Veränderungen im Zentrum Berlins, die mit dem Bau der Stadtbahn begonnen hatten und mit dem Durchbruch der ehemaligen Kaiser-Wilhelm-, heute Karl-Liebknecht-Straße, dem Umbau des Mühlendamms und der Verbreiterung der Gertraudenstraße fortgesetzt wurden, ihren Abschluss.

Abgesehen von Instandsetzungsarbeiten kleineren Umfangs diente die Kurfürstenbrücke nahezu 50 Jahre unverän-

Beschädigte Kurfürstenbrücke im Jahre 1945

Die Rathausbrücke im Jahre 2003

dert dem immer stärker werdenden innerstädtischen Verkehr. Während des Zweiten Weltkrieges wurde das Reiterstandbild ausgelagert. Nach dem Krieg aus dem Tegeler See geborgen, steht es seit 1952 vor dem Schloss Charlottenburg. Im Bodemuseum ist ein Abguss des Kunstwerks zu sehen. Schwere Schäden erhielt die Brücke bei den Kampfhandlungen 1945. Deutsche Truppen sprengten das westliche und mittlere Brückengewölbe. Die Rote Armee baute kurz nach Abschluss der Straßenkämpfe Behelfsbrücken über die gesprengten Brückenfelder.

Um die Schifffahrtsöffnungen beräumen und den Forderungen des Straßenverkehrs entsprechen zu können, legte das Brückenbauamt im April 1946 einen Entwurf für eine langfristige Zwischenlösung vor. Da kein Baumaterial für den Wiederaufbau, wohl aber Stahlträger beschafft werden konnten, sollte zunächst das westliche Feld durch einen einhüftigen Stahlrahmen, das Mittelfeld durch einzelne Stahlträger überbrückt werden. Die Brücke war im Endausbau als Zweigelenkrahmen im westlichen Feld und mit nur einem Pfeiler in der Flussmitte konzipiert. Im Zeitraum von 1947 bis 1949 wurden die Arbeiten im westlichen und mittleren Feld ausgeführt. Wenig später zeigten sich Schäden am verbliebenen östlichen Gewölbefeld. Der Fahrverkehr musste deshalb 1952 gesperrt und eine Behelfsbrücke gebaut werden. Noch im gleichen Jahr folgte der Abbruch des Gewölbes. Die Verwirklichung des stählernen Zweigelenkrahmens war jedoch nicht möglich, da die Wasserstraßenverwaltung für den Endausbau eine Spreeverbreiterung forderte. So kam es bis zum April 1953 zum Einbau einer Dauerbehelfsbrücke in Form einer Stahlbetonfahrbahn auf stählernen Trägern.

In diesem Zustand verblieb die Rathausbrücke, wie sie seit 1951 heißt, bis der Bau des Palastes der Republik 1974 neuerlichen Anlass zum Umbau gab. Wegen einer später vorgesehenen Spreeverbreiterung konnte jedoch auch jetzt nur eine Zwischenlösung verwirklicht werden. Die Reste des Denkmalvorbaus, der westliche Pfeiler sowie der westliche und mittlere Brückenüberbau aus dem Jahre 1947 wurden abgebrochen.

Seit dem Umbau der Rathausbrücke Anfang 1976 überspannt das vergrößerte westliche Feld eine Stahlkonstruktion von 29 m Länge. Mit der Fertigstellung des Palastes erhielt die Rathausstraße bezogen auf den Verkehr eine völlig neue Bedeutung: Sie diente nicht mehr dem Durchgangs-, sondern nur noch dem Fußgängerverkehr. Dies hat sich nach der Wiedervereinigung wieder grundlegend geändert.

Die Neubauplanung für die Brücke führte 1999 zu einem Gestaltungswettbewerb. Ausgewählt wurde ein Entwurf für einen hochwertigen Neubau, bei dem ein großes Feld die Spree überbrückt und beidseitig von Durchlässen zur Führung der Uferwege flankiert wird. Eine Verwirklichung der Pläne steht noch aus. Zuvor müssen offene Fragen der Schlossplatzbebauung und des U-Bahn-Baus geklärt sein. Erst dann ist die weitere Gestaltung des Stadtraums im Bereich der Rathausbrücke möglich.

Liebknechtbrücke

Der rege Verkehr zwischen der Spandauer Straße und dem Schlossplatz lässt heute kaum vermuten, dass es hier vor etwas über 100 Jahren noch keine Straßenbrücke über die Spree gab. Die benachbarten Brücken, die Friedrichs- und die Rathausbrücke, nahmen damals den innerstädtischen Verkehr auf, bevor der Durchbruch der ehemaligen Kaiser-Wilhelm-Straße und heutigen Karl-Liebknecht-Straße ab 1877 den Bau einer Spreebrücke nach sich zog.

Doch schon etwa 200 Jahre zuvor, am Ende des 17. Jahrhunderts, gab es an dieser Stelle als viertältesten Spreeübergang eine Fußgängerbrücke, die den Lustgarten mit der Burgstraße verband und zunächst Burgbrücke hieß. Ihren späteren Namen Kavalierbrücke erhielt sie von dem seinerzeit in der Burgstraße befindlichen Kavalierhaus des Schlosses. Dass der Bauzustand dieser einfachen Holzbrücke nicht immer der beste war, belegt ein zeitgenössischer Bericht, aus dem hervorgeht, dass die Brücke 1709 einstürzte und 40 Menschen dabei ertranken. Der in der Burgstraße wohnende russische Gesandte hatte aus Anlass der Schlacht bei Poltawa ein großes Feuerwerk gegeben, das zu einem Menschengedränge auf der Brücke geführt hatte. Wegen Baufälligkeit 1771 abgebrochen, verschwand die Brücke für einige Jahrzehnte aus dem Stadtbild.

Auf Initiative einer vom Zimmerermeister Steinmeyer gegründeten Aktiengesellschaft entstand die Kavalierbrücke – in zum Dom hin verschobener Lage – erneut 1831/32. Die Pfeiler bestanden aus gusseisernen Säulen, der Überbau aus einer Holzkonstruktion. Zedlitz beschreibt diese Brücke im »Neuesten Conversations-Handbuch für Berlin und Potsdam« von 1834 als »die neue schöne geschmackvolle, auf Aktien erbaute Laufbrücke, welche aus dem Lustgarten zur Seite der Domkirche über die Spree führt. Sie wird Kavalierbrücke genannt, und ihre Länge beträgt 130 Fuß. Das Material, aus dem sie geformt ist, ward in Schlesien gegossen.« Unter Erhebung von Brückenzoll wurde die etwa 4 m breite und 50 m lange Brücke für Fußgänger freigegeben. Die zum Lustgarten hin gelegene Brückenhälfte musste allerdings bereits wenige Jahre nach dem Bau wieder abgebrochen werden, um Baufreiheit für die 1845 beginnende Errichtung des Doms zu schaffen. Den verbleibenden Brückenteil ergänzte man durch eine einfache Holzkonstruktion, deren Uferanschluss nun nach Süden verschoben war, sodass der Brückenlauf ab der Flussmitte abknickte. In diesem Zustand verblieb die Kavalierbrücke bis zu ihrem Abbruch 1885.

Die Kavalierbrücke von 1832

Das Berliner Tageblatt erinnerte am 6. Januar 1906 an diese Brücke und wies auf die Veränderungen im Brückenbereich hin: »Wo einst die unscheinbare Kavalierbrücke von den Linden und dem Lustgarten aus zwischen dem früheren Dom und der ehrwürdigen Schloßapotheke versteckt zur Burgstraße und zu dem Gewirr schmaler Gassen nach dem Neuen Markt zu sich winklig über die mit Obstkähnen bedeckte Spree wölbte, da steht die die neue Kathedrale flankierende Kaiser-Wilhelm-Brücke als Ausgang einer modernen breiten Verkehrsader. Ihre Eigenschaft als Sechserbrücke hatte die Kavalierbrücke allerdings schon in den letzten Jahren ihrer schwankenden Existenz verloren; sie war schon dem Fußgängerverkehr völlig freigegeben, bevor sie das Schicksal ereilte. Sie beendete ihr schmuckloses Dasein mit der Anlage der Kaiser-Wilhelm-Brücke.«

Die sprunghafte Entwicklung aller städtischen Belange in der zweiten Hälfte des 19. Jahrhunderts, so auch des Straßenverkehrs, erforderte bauliche Konsequenzen. Hierzu gehörte u. a. der Durchbruch der ehemaligen Kaiser-Wilhelm-Straße zwischen Lustgarten und Spandauer Straße mit dem Bau einer neuen Spreebrücke, wobei ein Teil des alten Apo-

Der Bau der Kaiser-Wilhelm-Brücke 1887

thekerflügels der Straßentrasse zum Opfer fiel. Zeitgleich entstanden Geschäftshäuser und das Brückenwiderlager im Bereich der Burgstraße. Das behinderte den Brückenbau ebenso wie auf der anderen Seite die in die Spree hineinragenden Domfundamente.

Die Brücke, an herausragender Stelle – in unmittelbarer Nähe des Stadtschlosses – gelegen, sollte eine dementsprechende Gestaltung erhalten. Dieser Forderung wurde im Entwurf nicht nur mit dem Baustoff Granit Rechnung getragen. Es wurden auch zahlreiche monumentale Schmuckelemente in die Planung einbezogen, so der Schlussstein in der Brückenmitte mit den Genien von Krieg und Frieden aus karrarischem Marmor und die vier von Trophäengruppen aus Bronze bekrönten Granitobelisken als Leuchtenträger.

Die Auflage der Wasserstraßenbehörde, die stromaufwärts vorhandene Flussbreite von 38,5 m durch Pfeiler und Widerlager nicht weiter einzuengen, machte mehrere Entwurfsänderungen notwendig, bevor der Kaiser zu dem 26 m breiten und etwa 60 m langen Bauwerk mit Kronbefehl vom 24. Juni 1885 seine Zustimmung erteilte. Der Einbau der Strompfeiler bei gleichzeitiger Beibehaltung des Durchflussquerschnitts konnte durch eine gekrümmte Führung der beiden Randgewölbe erreicht werden, sodass die Addition der lichten Weiten der Brückenöffnungen (8,2/22,2/8,2 m) die geforderte Flussbreite ergab. Hinsichtlich der störenden Domfundamente ging man bei der Brückenplanung davon aus, dass deren Weiterbau nicht erfolgen und somit ein Teilabbruch möglich werden würde.

Nach dem Abbruch der hölzernen Kavalierbrücke im Spätherbst 1885 begannen im Februar 1886 die Gründungsarbeiten für die neue Straßenbrücke. Wie bei der benachbarten Rathausbrücke erlaubte der gute Baugrund die Herstellung der Fundamente zwischen Holzspundwänden. Die für Ende 1887 geplante Inbetriebnahme der Kaiser-Wilhelm-Straße hätte die vorherige Fertigstellung der Brücke vorausgesetzt. Diese war jedoch erst teilweise nutzbar.

Die Vollendung der Brücke verzögerte sich vor allem wegen der jahrelangen Verhandlungen mit dem Fiskus um den Teilabbruch der Domfundamente. Die Genehmigung hierzu lag erst im Herbst 1888 vor, sodass sich die vor der Freigabe notwendigen Arbeiten bis zum Herbst 1889 hinzogen. Hinzu kam, dass die anfänglich geplante Verkleidung der Stirnflächen mit Marmor bei der Auftragsvergabe wegen eines günstigen Angebots in Odenwald-Granit geändert worden war. Die Härte dieses Materials und die komplizierten geometrischen Formen des Bauwerks waren weitere Gründe für die unerwartet lange Bauzeit.

Wegen der Nähe des Doms wurde für die abschließenden Pflasterarbeiten zur Geräuschdämpfung Holzpflaster verwendet. Der Bericht im »Zentralblatt der Bauverwaltung« über eine schwere Gasexplosion am 17. März 1890 auf der südlichen Gehbahn der Kaiser-Wilhelm-Brücke enthält den Hinweis, dass die Arbeiten an den Schlusssteinfiguren zu diesem Zeitpunkt noch andauerten. Die Explosion beschädigte den Kran und die Arbeitsgerüste, und Fußgänger wurden über das Geländer geschleudert.

Die Kaiser-Wilhelm-Brücke blieb anschließend unverändert, bis sie der Stadtplanung nach 1933 zum Opfer fiel. Der Ausbau der so genannten Ost-West-Achse verlangte eine Straßenverbreiterung, was den Brückenabbruch ab März 1939 zur Folge hatte. Nach dem Bau einer Behelfsbrücke für Fußgänger sowie dem Teilabbruch der Gewölbe mussten die Arbeiten wegen fehlender Transportkapazität bereits im Oktober desselben Jahres eingestellt werden. Im Jahre 1945 sprengten deutsche Truppen die Gewölbereste. Unmittelbar nach Kriegsende errichtete die Rote Armee neben der Brückenruine eine Behelfsbrücke für Fußgänger. Nach der Beräumung der Spree von den Trümmern konnte der Schiffsverkehr wieder passieren.

Straße und Brücke hatten den Namen Karl Liebknechts, der in der ehemaligen Kaiser-Wilhelm-Straße 46 sein Anwaltsbüro besaß, bereits erhalten, als der Neubau der Spreebrücke 1949 begann. Man entschied, die beiden Randgewölbe aus Klinkern wiederherzustellen und das Mittelfeld mit einer stählernen Rahmenkonstruktion zu überbrücken. Die neue Brückenbreite und die Spannweiten sollten etwa denen der Vorgängerbrücke entsprechen, und mit dem Lichtraumprofil von 4,3 m Höhe und 22,2 m Breite erfüllte man die Forderungen der Schifffahrt hinreichend. Unter schwierigen Bedingungen gingen die Brückenbauer ans Werk: Es fehlten Baustoffe und Arbeitsmittel.

Bei der Grundsteinlegung am 22. August 1949 versenkte man die Kassette aus dem Jahre 1887 im Pfeiler. Der Urkundenkasten war beim Bau der Vorgängerbrücke im westlichen Pfeiler eingemauert worden. Anstelle der Aufzählung ehemals beteiligter Hofbauräte und der Zeitungsberichte von 1887 enthielt die Kassette nun eine Namensliste aller Arbeiter der Baustelle sowie Stadtpläne, Fotos und erneut Zeitungen.

Die Kaiser-Wilhelm-Brücke 1891

Die zerstörte Kaiser-Wilhelm-Brücke im Jahre 1945

Die Liebknechtbrücke um 1970

Trotz der genannten Schwierigkeiten konnte nach nur kurzer Bauzeit bereits am 29. April 1950 die feierliche Einweihung stattfinden. Damit stand die wichtige Straßenbrücke zwischen der Mühlendamm- und der Weidendammer Brücke dem Verkehr wieder zur Verfügung.

Die Liebknechtbrücke blieb dann nahezu 25 Jahre unverändert, bis im Zusammenhang mit dem Bau des Palastes der Republik eine niveaufreie Querung der Liebknechtstraße für Fußgänger benötigt wurde. Hierzu baute man 1975 im östlichen Gewölbe eine Stahlbetonplatte oberhalb des Wasserspiegels ein und verband sie über Treppen mit dem Straßenniveau.

Die Instandsetzung in den Jahren 1995 bis 1998 diente der Sicherung des Bestandes und der weiteren Nutzung des Bauwerkes.

Die Liebknechtbrücke nach dem Umbau 1975

Friedrichsbrücke

Die erste Spreebrücke im Zuge der heutigen Bode- und Burgstraße entstand im Jahre 1703, als es in der preußischen Hauptstadt mit etwa 60 000 Einwohnern wenig mehr als 30 Brücken gab. Am damaligen Stadtrand, nahe dem so genannten Unterbaum, errichtete man eine Holzbrücke über fünf Felder, die Pomeranzenbrücke, und verband damit die damalige Wall- und spätere Neue Friedrichstraße auf der Seite Alt-Berlins mit der Bastion 13 auf der anderen Spreeseite. Die in der zweiten Hälfte des 17. Jahrhunderts erbaute Festungsanlage umschloss die Stadt sternförmig mit 13 hervorstehenden Bastionen. Der Baumeister Johann Gregor Memhardt hatte die Anlage als Wasserfestung nach niederländischem Vorbild konzipiert. Schwimmende Verschlüsse, der Unter- bzw. Oberbaum, sicherten die Stellen, an denen die Spree die Festungsanlagen durchbrach. Der Oberbaum lag zunächst in der Nähe des heutigen Märkischen Museums, wo Anfang des 18. Jahrhunderts die Blocks- und spätere Waisenhausbrücke entstand. Mit der Stadterweiterung verlagerten sich die Stadtbefestigungen und damit auch der Ober- und Unterbaum, wie die Standorte der späteren Oberbaum- und Unterbaumbrücke (heute Kronprinzenbrücke an der Unterbaumstraße) zeigen.

In seiner »Naturgeschichte des Berlins« von 1878 beschreibt G. Langenscheidt die Eindrücke eines Berlin-Besuchers, der im Jahre 1739 am Schloss steht und nach Norden blickt: »Von den jetzigen Museen keine Spur. Wir sehen im Hintergrunde nur ein halbrundes Gebäude, das Pomeranzenhaus, das später, in unseren Tagen, als Königliche Gesundheits-Geschirr-Niederlage verwandt und erst vor einigen Jahren abgebrochen wurde. Rechts von diesem Rundbau, hinter der Börse, die Große Pomeranzenbrücke (die jetzige Friedrichsbrücke). Vor dem Pomeranzenhaus, zwischen dem jetzigen Alten und Neuen Museum, ein (später zugeschütteter) Arm der Spree, über den die Kleine Pomeranzenbrücke führt.«

Friedrich II. war bemüht, seiner Hauptstadt mehr Glanz zu verleihen, und beauftragte hervorragende Baumeister wie die beiden Boumanns, Vater und Sohn, Unger, Langhans und Gontard mit dem Entwurf bzw. der Bauleitung von Brücken. Zur künstlerischen Ausschmückung zog er die besten Bildhauer heran. Den Neubau der Großen Pomeranzenbrücke übernahm 1769 Boumann d. Ä. Er ersetzte die alte Holzbrücke durch eine Gewölbebrücke aus Klinkern. Der Brückenzug bestand aus sechs Gewölben und einem Klappdurchlass in der Brückenmitte mit Stand- und Hebebaum zum Durchlass der Schiffe. Die Geländer waren aus Gusseisen gefertigt. Reste der Brückengründung aus dieser Zeit fand man beim Brückenneubau 1981/82.

Die Große Pomeranzenbrücke von 1703

Die Große Pomeranzenbrücke nach ihrem Neubau 1769/70

In seinem »Neuesten Conversations-Handbuch für Berlin und Potsdam« von 1834 weist Zedlitz auf eine neuerliche Veränderung der Brücke hin: »Im Jahre 1792, wo abermals ein Neubau mit ihr vorgenommen und sie mit Bohlen belegt wurde, ward ihr der Name Friedrichsbrücke gegeben; bis dahin hatte sie die Große Pomeranzenbrücke geheißen; sie führt über die Spree aus der Gegend des Neuen Museums

Die Friedrichsbrücke 1823

und der Börse in die Neue Friedrichs-Straße. Ihre Länge beträgt 240 Fuß, und am linken Spreeufer, ihr rechts zur Seite, steht der Turm der Wassermaschine zur Fontäne im Lustgarten, links aber die Welpersche Badeanstalt.« Bei den genannten Bauarbeiten handelte es sich jedoch lediglich um einen Umbau, der unter Leitung von Langhans in den Jahren 1790 bis 1792 zur Ausführung kam.

Doch bereits Anfang des 19. Jahrhunderts genügte die Friedrichsbrücke in dieser Form den Verkehrslasten nicht mehr. So wurden die alten Klinkergewölbe und Auszugsklappen in den Jahren 1822/23 abgebrochen und an ihrer Stelle unter Nutzung der alten Brückenpfeiler gusseiserne Fachwerkbögen eingebaut. Zuvor schon war der alte Verbindungsgraben zwischen Spreekanal und Spree verfüllt worden – als Vorleistung für den von Schinkel geplanten Bau des Alten Museums. Die Fahrbahn der neuen Brücke bestand aus gusseisernen Platten mit Pflaster in Kiessand. Die sieben Felder des etwa 75 m langen und 10 m breiten Bauwerks hatten lichte Weiten zwischen 6,3 und 9,2 m. Anders als die im gleichen Zeitraum neu gebaute Schlossbrücke entsprach die Friedrichsbrücke wiederum nicht lange den steigenden Verkehrsanforderungen.

Die zu geringen Fahrbahnbreiten vieler Straßen und Brücken gefährdeten den Verkehr. Dies veranlasste den Polizeipräsidenten u. a. zu folgender Bekanntmachung in der »Vossischen Zeitung« vom 1. März 1834:

»Zur Vorbeugung von Unglücksfällen, die durch schnelles Reiten und Fahren herbeigeführt werden können, sowie zur Erhaltung der Sicherheit, Ordnung und des Abstandes werden folgende Bestimmungen wiederholt zur öffentlichen Kenntnis gebracht:

Niemand darf in der Stadt stärker als im kurzen Trab und über Brücken, durch die Stadttore, in engen Straßen und Gassen, beim Einbiegen in andere Straßen und überall, wo die Passage durch Fußgänger, Reiter und Fuhrwerke verengt ist, anders als im Schritt fahren und reiten.«

Die Verbreiterung der Friedrichsbrücke war trotz solcher Vorschriften unumgänglich. Wie üblich zu dieser Zeit, ging den Bauarbeiten ein langer Streit zwischen Staat und Stadt über die Bereitstellung der finanziellen Mittel voraus. Obwohl rechtlich für den Brückenbau verantwortlich, versuchte

Nach der Verbreiterung 1875

Die neu gebaute Friedrichsbrücke nach 1893

der Fiskus wiederholt, die finanziellen Lasten auf die Stadt abzuwälzen. Die Kooperation der Kaufmannschaft von Berlin lehnte in einem Schreiben vom 5. Oktober 1872 einen Beitrag zur Verbreiterung der Brücke grundsätzlich ab. In den Jahren 1873 bis 1875 konnte dann endlich die Verbreiterung der Brücke ausgeführt werden. Sie erfolgte in Richtung stromabwärts. Die neue Brückenbreite von 16,0 m teilte sich in eine 9,9 m breite Fahrbahn und Gehbahnen von 1,9 bzw. 4,2 m Breite. Jede der sieben Öffnungen erhielt fünf neue gusseiserne Bogenträger. Die Ansicht der Brücke von der Unterwasserseite gestaltete Professor Jacobsthal mit aufwändiger Ausschmückung.

Die an gusseisernen Konstruktionen auftretenden Schäden veranlassten die Baubehörden, größere dynamische Beanspruchungen solcher Brücken zu vermeiden. So versuchte die städtische Baudeputation u. a., das Überschreiten der Eisernen Brücke und der Friedrichsbrücke durch Truppenteile im Gleichschritt zu unterbinden. Das stieß auf energischen Widerstand. Der Polizeipräsident teilte der städtischen Baudeputation im Schreiben vom 3. Februar 1890 diesbezüglich mit, »dass sich das Königliche General-Kommando der Garde nicht in der Lage sieht, Musik und Trommelschlag beim Passieren der eisernen Brücke verstummen zu lassen«. Man forderte Beweise für die unzulässigen Beanspruchung, die wiederum nicht erbracht werden konnten. Somit blieb es bei Gleichschritt mit Musik und Trommelschlag.

Nach nur 20-jähriger Nutzung forderte das Projekt zur Schiffbarmachung der Spree im Stadtgebiet den Abbruch der Friedrichsbrücke. Ebenso wie an der Kurfürstenbrücke – der heutigen Rathausbrücke – war die Brückengründung infolge der geplanten Tieferlegung der Spreesohle gefährdet. Außerdem entsprach die lichte Höhe der Mittelöffnung mit nur 2,1 m nicht den Bedingungen der Großschifffahrt. Der neue Entwurf sah – wie bei den meisten zu dieser Zeit gebauten innerstädtischen Spreebrücken – eine Brücke über drei Felder vor. Die Brückenachse wurde gegenüber der alten Siebenfeldbrücke so gedreht, dass sie in Richtung der südöstlichen Säulenhalle der Nationalgalerie verlief. Wegen des starken Verkehrs vom Hackeschen Markt über die Neue Friedrichstraße (heute Littenstraße) zur Straße Am neuen Packhof (heute Bodestraße) und zum Lustgarten erhielt die Brücke nun eine Breite von 26 m. Bei insgesamt 70 m Brückenlänge betrugen die lichten Weiten der Gewölbe 14,3/17,0/14,3 m.

Zeitgleich mit der Brücke entstand an der anliegenden Burgstraße längs des Börsengebäudes eine massive Ufermauer in neuer Linienführung, die hier die auf gusseisernen Säulen ruhende Bürgersteigkonstruktion ersetzte. Pfeiler, Widerlager und Gewölbe der neuen Brücke bestanden aus Klinkern, die Ansichtsflächen, Geländer und Aufbauten aus Sandstein. Die Fahrbahn erhielt Holzpflaster nach Pariser Art, während die Gehbahnen mit Granitplatten bedeckt wurden. Entsprechend ihrer Lage inmitten bedeutender Bauten – wie z. B. der Nationalgalerie und des Doms – wurde die Brücke bemerkenswert reichhaltig ausgestaltet. Dazu gehörten je zwei männliche und weibliche in Kupfer getriebene Figuren als Leuchtenträger auf Steinsockeln über den Flusspfeilern und vier Obelisken an den Widerlagern, auf denen ebenfalls in Kupfer getriebene Adler angebracht waren. Die Modelle für die Leuchtenträger stammten von den Bildhauern Carl Begas (Nordseite) und Carl Piper (Südseite).

Nach der Eröffnung einer Behelfsbrücke für Fußgänger im September 1891 und dem Abbruch der alten Brücke hatten die Arbeiten an der neuen begonnen. Die Verkehrsfreigabe erfolgte im Dezember 1893.

Bis zur Sprengung des Mittelgewölbes durch deutsche Truppen im Jahre 1945 pulsierte starker Stadtverkehr gerade auf dieser Brücke. Nach Kriegsende wurden die restlichen Gewölbeteile der westlichen Seitenöffnung abgebrochen und die abgestürzten Trümmer aus dem Flussbett geräumt, um den Schiffsverkehr zu ermöglichen. Über eine 7,2 m breite Behelfsbrücke aus Stahlblechträgern mit Holzbelag war der Fußgängerverkehr ab 1950 wieder möglich. Dabei nutzte man die alten Pfeiler und Widerlager und überbrückte das erhalten gebliebene Gewölbe im östlichen Seitenfeld lastfrei. Bereits ein Jahr später erfolgte eine Verbreiterung auf

Kriegszerstört im Jahre 1949

Die Friedrichsbrücke im Jahre 1987

20 m. In diesem Zustand verblieb die Brücke bis zur Erneuerung im Jahre 1981.

Dabei versuchte man, alte Bauteile weitestgehend zu nutzen bzw. wiederherzustellen und das erweiterte Lichtraumprofil der Schifffahrt zu berücksichtigen. Standen der Schifffahrt bis 1891 2,1 m lichte Höhe bei ca. 9,0 m lichter Weite und ab 1893, nach dem Brückenneubau, schon 3,2 m lichte Höhe bei 17,0 m lichter Weite zur Verfügung, so forderte sie jetzt bei unveränderten Uferhöhen 4,5 m lichte Höhe auf einer Breite von 30,0 m. Unter mehreren Entwurfsvarianten erhielt ein Spannbetonrahmen, der die genannten Bedingungen am besten erfüllte, den Vorzug. Die neue Brücke dient nur noch dem Fußgängerverkehr, überführt zahlreiche Versorgungsleitungen und ist 12,5 m breit und 69,3 m lang. Ihre Achse ist gegenüber der alten Brückenachse so weit stromabwärts verschoben, dass die alten Standorte der Obelisken beibehalten werden konnten. Mit der Rekonstruktion der vier Obelisken, der Verwendung von Sandstein für Geländer, Brüstungen und die Widerlagerverkleidung sowie der individuellen Gestaltung der Brückenleuchten wurde die Brücke gut in das städtebauliche Ensemble eingepasst.

Die Bauarbeiten begannen im Januar 1981 mit der Demontage der Behelfsbrücke aus dem Jahre 1951 und mit dem Abbruch der Strompfeiler sowie des östlichen Brückengewölbes. Bevor die Sprengtechnik hier zum Einsatz kam, stellte man durch ein umfangreiches Messprogramm sicher, dass Folgeschäden insbesondere an Bauteilen der Nationalgalerie und des Pergamonmuseums mit Sicherheit ausgeschlossen werden konnten. Die Herstellung des Brückenüberbaus erfolgte im so genannten Freivorbau, d. h. ohne Einbau eines Lehrgerüstes im Spreebereich.

Dem Schluss des Brückenbogens im Mai 1982 und dem nachfolgenden Einbau der Natursteinelemente, der Dichtung und des Gehbahnbelags folgte am 30. September 1982 die Freigabe der neuen Brücke. So führt heute hinter dem Berliner Dom eine Fußgängerbrücke zur Museumsinsel, bei der sich alte erhaltenswerte Bauteile mit einer modernen Spannbetonkonstruktion harmonisch verbinden.

Monbijoubrücke

Die Brücke am Ende der Museumsinsel, wo der Kupfergraben in die Spree mündet, stammt vom Beginn des 20. Jahrhunderts, denn mit der Eröffnung des Kaiser-Friedrich-Museums, des heutigen Bodemuseums, erfolgte auch die Verkehrsfreigabe der Doppelbrücke über die Spree und den Spreekanal.

Doch schon ab Anfang des 18. Jahrhunderts gab es an der Spitze der Insel eine Brücke über den Spreekanal, die so genannte Große Chausseebrücke. Als Holzbrücke 1776 erneuert, hieß sie dann Kleine Weidendammer Brücke. Der Weidendamm verlief damals von der Inselspitze am Spreeufer flussaufwärts bis zum Lustgarten; er entfiel mit dem Bau der Nationalgalerie in den Jahren 1866 bis 1876.

Mit der Fertigstellung des Mehlhauses, eines Gebäudes der Bäckerei-Innung, auf der heutigen Museumsinsel wurde die Holzbrücke im Jahre 1826 abgebrochen und weiter stromaufwärts neu errichtet. Sie hieß nun Mehlhaus- oder Mehlbrücke, hatte im Fahrbahnbereich Klappen und beiderseits erhöhte Gehbahnen. Bis 1899 diente die Mehlbrücke als Zugang zur Insel.

Im Jahre 1897 erhielt der Architekt Ernst von Ihne den Auftrag, auf der Inselspitze ein Museumsgebäude zu errichten. Zu diesem Bauvorhaben gehörte auch eine Doppelbrücke, die über den Spreekanal und die Spree hinwegführen sollte. Zur Ausführung kamen zwei Brücken, die in die platzartig erweiterte Inselspitze mündeten, wo das Denkmal Kaisers Friedrichs III. aufgestellt wurde. Die Spree überbrückten zwei Gewölbe mit Lichtweiten von je 17,2 m und

Im Jahre 1905

begannen die Brückenbauarbeiten im Januar 1903. Schwierige Baugrundverhältnisse am nördlichen Ufer erforderten dort eine Druckluftgründung bis 10 m unter der Flusssohle. Das im Planungsstadium noch Museumsbrücke genannte Bauwerk erhielt bei der Verkehrsfreigabe 1904 den Namen Monbijoubrücke – nach dem unter Leitung von Eosander von Göthe in den Jahren 1705 bis 1710 erbauten Schloss Monbijou, in dem u. a. Zar Peter der Große bei seinem Berlinaufenthalt 1717 wohnte. Mehr als 100 Jahre zuvor trug diesen Namen schon einmal eine Brücke, und zwar die nach einem Entwurf von Langhans 1787 über den Königsgraben an dessen Mündung in die Spree erbaute Gewölbebrücke, die später Herkulesbrücke hieß.

Kriegsschäden am nördlichen Teil der Monbijoubrücke

Die Monbijoubrücke im Jahre 2000

den Spreekanal ein Gewölbe mit 18,0 m Lichtweite. Die Gesamtbreite des Brückenzugs von 14,0 m resultiert aus 8,0 m Fahrbahnbreite und je 3,0 m Gehbahnbreite. Die tragenden Gewölbe sowie die Verblendung der Ansichtsflächen und die Brüstungen wurden aus Sandstein gefertigt. Entscheidend für die Gestaltung der massiven Bogenbrücken war die Abstimmung auf die neobarocke Architektur des Gebäudes auf der Inselspitze, das zuerst Kaiser-Friedrich-Museum hieß und 1956 nach Wilhelm von Bode benannt wurde. Als Brückenschmuck dienten u. a. die aufgelösten Brüstungen, die steinernen Zierelemente an den Gewölbeansichtsflächen und am Denkmalsockel sowie die säulenartigen Leuchtenträger aus poliertem Granit mit Kugelleuchten aus Bronzeguss.

Nach dem Beschluss der Stadtverordneten vom Juni 1902

Auch die nördliche Monbijoubrücke wurde in den letzten Tagen des Zweiten Weltkriegs von deutschen Truppen gesprengt. Hier dient seit 1950 eine Behelfsbrücke der Überführung von Fußgängern und Versorgungsleitungen. Eine Brückenerneuerung scheiterte lange Zeit an der ehemals geplanten Spreeverbreiterung in diesem Bereich.

Die südliche Monbijoubrücke, die unter Denkmalschutz steht, wurde in den Jahren 1968 und 1994/95 instand gesetzt. Insbesondere stellte man die Gewölbeansichten wieder her und erneuerte die Kugelleuchten aus Bronzeguss. Eine Aufgabe der Zukunft bleibt die Vervollständigung des Brückenensembles durch den Bau eines neuen Brückenteils über die Spree, das den Fluss jedoch im Gegensatz zum zerstörten Vorgängerbau mit einem Bogen überspannen soll, um der Schifffahrt mehr Raum zu geben.

Ebertsbrücke

Zwischen Museumsinsel und Friedrichstraße, in Verlängerung der Tucholsky- und früheren Artilleriestrasse, dient seit 1992 eine stählerne Behelfsbrücke der Verkehrsführung. Bis zu diesem Zeitpunkt war die wichtige Spreequerung nach der Brückensprengung am Ende des Zweiten Weltkriegs unterbrochen.

Die erste Brücke an dieser Stelle verdankte ihre Existenz der Initiative des Rechnungsrates Ebert und erhielt deshalb auch seinen Namen. Ebert veranlasste durch eine Aktiengesellschaft im Jahre 1820 den Bau einer hölzernen Jochbrücke mit Aufzugsklappen für die Schifffahrt im Mittelfeld. Da der Staat seinen Pflichten als Baulastträger Anfang des 19. Jahrhunderts nur sehr unvollkommen nachkam, war der Berliner Brückenbau auch in diesem Fall auf privaten Unternehmergeist angewiesen. Zu den so genannten Sechserbrücken gehörte die Ebertsbrücke bis zu ihrer Übernahme durch den Staat im Jahre 1825.

Eine generelle Beschilderung und damit offizielle Namensgebung der Berliner Brücken erfolgte erstmals 1836. Die Anregung des Buchhändlers und Verlegers J. C. Gädicke in der Spenerschen Zeitung vom 11. Juli 1834, die Straßen und Plätze in Berlin zu benennen und zu beschildern, veranlasste den König, den Minister Rochow mit der Namensgebung zu beauftragen. Schinkel sollte ein geeignetes Schild entwerfen, wofür er im August 1835 eine Zeichnung vorlegte. Durch Kabinettsorder vom 21. November 1835 billigte der König die von Schinkel vorgeschlagene Tafel aus Gusseisen zur »Bezeichnung« der Brücken und ließ ihm 275 Taler anweisen. Die Eisengießerei hatte die Schilder für »25 hiesige Strombrücken« zu fertigen, die dann im Frühjahr 1836 zur Aufstellung kamen.

Der schlechte Bauzustand der Ebertsbrücke und die zu geringe Breite von nur 5,65 m im Mittelfeld gaben am Ende des 19. Jahrhunderts der Stadtverwaltung den Anlass zur Neubauplanung. Unter mehreren Varianten bekam eine Dreifeldbrücke den Zuschlag, die aus zwei massiven Randgewölben mit je 10,5 m lichter Weite und einem schmiedeeisernen Mittelfeld mit 29,6 m lichter Weite bestand. Die Gesamtlänge der Brücke betrug 58,0 m, die Breite 17,5 m. Zwar wäre es für die nur wenig abwärts des Zusammenflusses von Spree und Spreekanal gelegene Brücke wünschenswert gewesen, den Fluss stützenfrei zu überqueren, doch gestattete dies die ufernahe Bebauung nicht, und auf eine Brücke mit oben liegendem Tragwerk verzichtete man in der Innen-

Ansicht vor 1893

Nach dem Neubau 1893

Geländer der Ebertsbrücke von 1893

stadt wegen der Beeinflussung des Stadtbildes. Für die als Kompromiss ausgewählte Dreifeldbrücke sprachen auch die vielfältigen Möglichkeiten der anspruchsvollen Gestaltung.

So erhielten die Klinkergewölbe und die Pfeiler Verblendungen aus Striegauer Granit und die Ansichtsflächen der Bogenträger des Mittelfeldes schmückende Elemente. Das aufwändig gestaltete schmiedeeiserne Geländer und die guss- bzw. schmiedeeisernen Leuchtenträger mit kupfergetriebenen Leuchten auf den Pfeilervorköpfen verliehen dem Bauwerk ein hauptstädtisches Aussehen. Die an den Leuchtensockeln jeweils vierfach dargestellten Eberköpfe dienten als Erinnerung an den Namen des nicht uneigennützigen Erbauers der Vorgängerbrücke.

Die Bauarbeiten nahmen den Zeitraum vom März 1893 bis Oktober 1894 in Anspruch. Nach nur 40-jähriger Nutzung musste die Brücke dann wegen des Baus der Nord-Süd-Bahn im Jahre 1936 abgerissen werden. Die Bahnstrecke verläuft, vom Bahnhof Friedrichstraße kommend, längs der Spree und unterquert sie im Bereich der Ebertsbrücke. Aus schifffahrtstechnischen Gründen durften die beiden Strompfeiler nicht mehr erneuert werden. Die neue Brücke überspannte die Spree mit einer Stützweite von 59,6 m stützenlos. Das vom S-Bahntunnel gekreuzte nördliche Widerlager wurde aus zwei Fundamentblöcken und einem darüber liegenden Abfangträger hergestellt. Der neue schmucklose Stahlüberbau, dessen zwei Hauptträger aus doppelwandigen, über die Fahrbahn hinausragenden Blechträgern bestanden, wurde im Jahre 1937 montiert. Sein kurzes Dasein beendete die Sprengung der Brücke am Ende des Zweiten Weltkriegs.

Die gegenwärtige Behelfsbrücke muss noch durch ein der innerstädtischen Umgebung entsprechendes Bauwerk ersetzt werden.

Als Behelfskonstruktion im Jahre 2000

Weidendammer Brücke

Zu den bekanntesten Berliner Brücken gehört die Weidendammer Brücke, die im Zuge der Friedrichstraße über die Spree führt. Die heutige Stahlkonstruktion stammt vom Ende des 19. Jahrhunderts, als es in Berlin noch kein Auto gab, die Fahrräder gerade für den öffentlichen Verkehr freigegeben waren und die erste elektrische Straßenbahn der Welt auf den Schienen rollte. Vorhandene Tragreserven und eine Verstärkung in den Jahren 1922/23 ermöglichten die Aufnahme der während der Nutzungsdauer ständig angestiegenen Verkehrslasten. Die Weidendammer Brücke steht heute – insbesondere wegen der kunstvollen schmiedeeisernen Geländer und Leuchtenträger – unter Denkmalschutz.

Vor über 300 Jahren stand hier die drittälteste Berliner Spreebrücke, eine hölzerne Jochbrücke mit Aufzugsklappen für die Schifffahrt. Im La Vignes Plan von Berlin aus dem Jahre 1685 heißt sie noch Dorotheenstädtische Brücke, benannt nach der Vorstadt, die außerhalb der Stadtbefestigung zwischen der heutigen Straße Unter den Linden und der Spree entstanden war. Später hieß sie Spandauische Brücke und ab Anfang des 18. Jahrhunderts dann Weidendammer Brücke, denn sie lag im Zuge des mit Weiden bewachsenen Weidendamms, nahe der heutigen Friedrichstraße. Die Uferstraße entlang der Spree zwischen der Friedrichstraße und der Geschwister-Scholl-Straße erinnert mit ihrem Namen »Am Weidendamm« an die alte Straßenbezeichnung.

Wiederholt musste die kurzlebige Holzbrücke erneuert werden, bevor in den Jahren 1824 bis 1826 – kurz nach der Fertigstellung der Schinkelschen Schlossbrücke – der Bau einer gusseisernen Konstruktion eine dauerhaftere Nutzung versprach. Die 55,5 m lange Brücke hatte fünf Öffnungen. Je acht zweiteilige gusseiserne Bogenträger, die wiederum auf gusseisernen Säulen ruhten, überbrückten die vier Seitenöffnungen mit lichten Weiten von 9,2 m. Die Säulen standen unterhalb des Niedrigwassers auf gerammten Pfahljochen. Auf den Bogenträgern lagen gusseiserne Platten mit Steinpflaster in Kiesbettung. Die Mittelöffnung mit einer lichten Weite von 7,8 m enthielt drei hölzerne Klappenpaare, um das Passieren von Last- und Segelschiffen zu ermöglichen. »Die kühne Wölbung ohne Widerlagerpfeiler macht sie zum Gegenstand der besonderen Aufmerksamkeit«, berichtet Zedlitz in seinem »Neuesten Conversations-Handbuch für Berlin und Potsdam« von 1834. Und weiter: »Jetzt ist diese Brücke insofern die erste und einzige ihrer Art in der Welt, als bei ihr nämlich, anstatt der bisher allein üblich gewesenen massiven Pfeiler, gegen welche die Bogen gespannt werden müssen, zuerst der Versuch gemacht ist, mit freistehenden eisernen Pfeilern, welche die ebenfalls eisernen Bogen tragen, so daß an dieser, ausgenommen den hölzernen Pfahlrost im Grunde, die hölzernen Zugklappen, die massiven Stirnschälungen gegen die Ufer, den steinernen Fahrdamm und die Granitplatten auf den Fußwegen der Brücke, alles durchaus aus Eisen ist.«

Damit gehörte die Weidendammer Brücke zu einer Serie von gusseisernen Konstruktionen, die nach der Eisernen

Ansicht der Brücke vor 1824

Brücke aus dem Jahre 1797 errichtet wurden, jedoch aufgrund der Sprödbruchanfälligkeit den dynamischen Verkehrsbeanspruchungen nicht lange standhalten konnten und nach und nach aus dem Stadtbild verschwanden.

Ganz besondere Erinnerungen verband Theodor Fontane mit dieser Brücke. In seiner Autobiographie schreibt er über den Spaziergang mit seiner Jugendfreundin Emilie Rouanet Ende 1840: »Es waren Schritte vor der Weidendammer Brücke, daß mir dieser glücklichste Gedanke meines Lebens kam, und als ich die Brücke wiederum um ebenso viele Schritte hinter mir hatte, war ich dann auch verlobt.«

Die geringe Brückenbreite behinderte bald den Verkehr in der Friedrichstraße. Täglich bis zu 800 Fuhrwerke wurden im Jahre 1877 bei der Überfahrt auf der Weidendammer Brücke registriert. 1880 baute man deshalb zusätzlich zwei erhöht angeordnete Bürgersteige an und erreichte so eine Verbreiterung der Fahrbahn auf 10 m. Die neu eingebauten Stahlträger fanden nach dem späteren Umbau der Weidendammer Brücke ab 1913 weitere Verwendung beim Bau der so genannten Treidelpfadbrücke über die Ausfahrt des Messingwerkhafens in Eberswalde.

Das gerade erst vergrößerte Breitenmaß der Weidendammer Brücke war schon wenige Jahre später wiederum unzureichend und behinderte insbesondere die seit Jahren geplante Verlegung eines Straßenbahngleises, sodass hierfür stromaufwärts eine Behelfsbrücke errichtet werden musste. Außerdem behinderten die Klappen im Mittelfeld den Straßen- und Schiffsverkehr.

Der Beseitigung dieser Missstände dienten Neubaupläne, die in den Jahren 1895 bis 1897 zur Ausführung kamen. Obwohl damals die Breite der Friedrichstraße zwischen den Baufluchten südlich der Spree nur 16,5 m betrug, sah der Brückenentwurf eine Brückenbreite von 22,4 m vor, wovon

Nach dem Neubau 1824

12,4 m auf die Fahrbahn entfielen. Den scharfen Bogen, den die Spree am Brückenstandort beschreibt, und die geringen Uferhöhen erschwerten die Planungsarbeiten. Außerdem verbot die Flussbreite von etwa 50 m, die zur Gewährleistung der Hochwasserabführung auch nicht weiter eingeengt werden durfte, den Einbau breiter Brückenpfeiler. Andererseits verhinderte die bis dicht an das Ufer heranreichende Hochbebauung eine wesentliche Verbreiterung der Spree. Erst nach mehreren Vorentwürfen erreichte man eine Einigung mit der Strombehörde. Der 1892 vom Berliner Architektenverein ausgeschriebene Wettbewerb zeigte, dass weder eine über die Fahrbahn hinausragende eiserne Bogenkonstruktion noch den Flusslauf überspannende Gewölbe befriedigende Lösungen darstellten. Man entschied sich deshalb für eine 73 m lange Deckbrücke mit fachwerkartigen Trägern über drei Öffnungen. Durch die Wahl einer Einhängekonstruktion für den Brückenüberbau konnten die beiden Pfeiler relativ schmal gehalten und, dem Flusslauf folgend,

Längsschnitt der Weidendammer Brücke

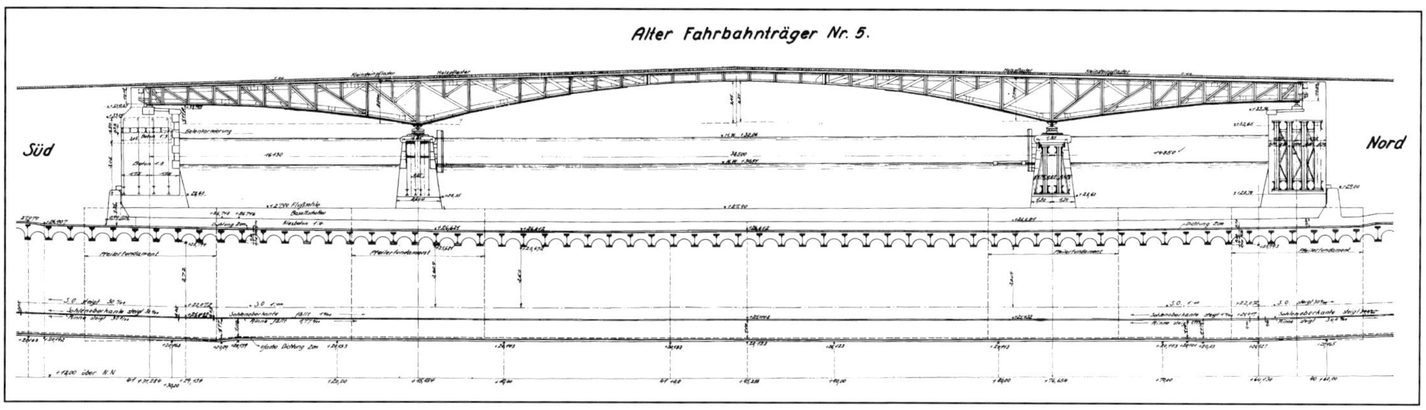

Im Jahre 1906

Detail des Brückengeländers seit 1896

in abgeknickter Grundrissform angeordnet werden. Für die Schifffahrt wurde die mittlere der drei Öffnungen mit einer lichten Weite von etwa 30 m konzipiert.

Hinsichtlich der Geländer legte der Stadtbauinspektor Gottheiner in seinem Erläuterungsbericht zum Brückenentwurf vom Juli 1894 fest: »Ein dekorativ gestaltetes schmiedeeisernes Brückengeländer ist bestimmt, im Verein mit den über den Vorköpfen der Strompfeiler sich erhebenden ebenfalls aus Eisen geschmiedeten Kandelabern der Brücke die ihr mit Rücksicht auf ihre Örtlichkeit zukommende reichere architektonische Ausgestaltung zu verleihen.« Die Kunstschmiedearbeiten aus den Werkstätten von Puls, Langer, Methling, Fabian und Krüger erfüllten diese Zielstellung überzeugend. Neben den gegliederten und verzierten Geländerfeldern setzen die plastisch ausgearbeiteten Adler im Brückenscheitel und vier Kandelaber über den Pfeilern mit den angrenzenden Geländerteilen besondere Akzente. Die Leuchtenträger sind je zwei geflügelte Fabelmasken, und vergoldete Sonnenmotive bekrönten die Leuchtenmaste. Die Mastsockel und die anschließenden Geländerteile sind mit stilisierten Ranken, Blattwerk und Rosetten reich verziert.

Die Bauarbeiten begannen Ende 1894 mit der Errichtung einer Behelfsbrücke stromabwärts der vorhandenen Brücke. Diese Holzkonstruktion bestand aus zwei seitlich geführten Fußgängerstegen, die über der Schifffahrtsöffnung mit Treppenläufen erhöht geführt wurden, und einer dazwischen liegenden Fahrbahn mit Klappen zum Durchlass der Schiffe. Im Februar 1895 folgten der Abbruch der alten Weidendammer Brücke und die Herstellung der neuen Pfeiler und Widerlager. Da die einmündende Pferdebahnbehelfsbrücke die Arbeiten am östlichen Teil des Nordwiderlagers behinderte, musste hier mit einer Druckluftgründung gearbeitet werden. Im Februar 1886 begann die Montage der Fachwerkträger, und die Fertigstellung der Fahrbahn konnte bis September so weit vorangetrieben werden, dass die provisorische Freigabe am 17. September 1896 möglich war. Einen Tag zuvor verlief eine Probebelastung mittels einer Dampfwalze erfolgreich. Die Restarbeiten zogen sich noch bis 1899 hin.

Von der Inbetriebnahme der Brücke an waren die deutlich spürbaren Schwingungen der Gehbahnträger vielen Passanten ein Ärgernis. Ursache der für die Standsicherheit der Brücke unbedenklichen Schwingungen mit Amplituden von etwa 5 mm waren die geringe Konstruktionshöhe in der Brückenmitte und die Art, in der die 20 m langen Mittelteile der Brückenträger aufgelagert waren. Der Berliner Volksmund taufte das Bauwerk damals »Bibberbrücke«.

Die Gelegenheit zur Beseitigung der lästigen Schwingungen kam Jahre nach Abschluss der letzten Neubauarbeiten, als die für den Bau der U15 notwendige Untertunnelung der Spree im Zuge der Friedrichstraße auch einen Umbau der

Brücke erforderte. Im Jahre 1914 demontierte man den Stahlüberbau und begann mit dem Umbau der Pfeiler und Widerlager. Beim Überbau entschied man sich nach Prüfung mehrerer Varianten für die Wiederverwendung der alten Brückenträger einschließlich der Geländer, wobei gleichzeitig folgende Maßgaben zu berücksichtigen waren: die Versteifung der Gehbahnbereiche, die Verbreiterung der Brücke und die Verfügbarkeit von mehr Freiraum für Versorgungsleitungen. Aus diesen Gründen erfolgten die Anordnung von je zwei durchlaufenden Blechträgern in der Fahrbahn und den Gehbahnen sowie die konstruktive Trennung der Gehbahnen von der Fahrbahn. Die Vollwandträger im Gehbahnbereich sowie die Beseitigung der gusseisernen Schmuckkonsolen an den Pfeilern und der Ummantelung der Lagerkörper veränderten die Ansicht der Brücke geringfügig.

Die Bauarbeiten, durch den Ersten Weltkrieg unterbrochen, fanden erst mit der Unterzeichnung des Abnahmeprotokolls am 19. Dezember 1923 ihren Abschluss. Teile der Behelfsbrücke kamen ab 1924 zur Überbrückung des Alten Rhins im Zuge der Landstraße 163 bei Linumhorst zum erneuten Einbau.

Die Weidendammer Brücke ist die einzige Straßenbrücke über die Spree, die den Zweiten Weltkrieg ohne ernsthafte Schäden überstanden hat. Ein halbes Jahrhundert nach ihrer Wiedereröffnung erforderten Bauschäden eine gründliche Reparatur. In den Jahren 1974/75 wurden Fahr- und Gehbahnen sowie Einzelteile der Stahlkonstruktion erneuert und die Geländer rekonstruiert. Bald zeigte sich jedoch, dass die Erhaltung der reich gegliederten Geländer und Kandelaber durch örtliche Ausbesserungen allein nicht möglich war. So wurden sie 1985 abgebaut, werkstattmäßig überarbeitet und wieder angebracht. In diesem Zusammenhang galt es auch, die ehemals im Mittelbereich der Geländer (Adlermotive) vorhandenen gusseisernen Kaiserkronen zu ersetzen, die vermutlich schon seit den 20er Jahren des vorigen Jahrhunderts gefehlt hatten. Da kein Modell zur Verfügung stand, nahm man die Form von einer Krone ab, die sich im schmückenden Stuck der Wandverkleidung des nahe gelegenen Theaters am Schiffbauerdamm befand. Es handelte sich dabei um den zweiten Gestaltungsentwurf der deutschen Kaiserkrone aus dem Jahre 1889, der ebenso wie der erste als Original nie realisiert wurde.

Zu den Bauteilen, die 1992 bis 1994 einer erneuten umfassenden Sanierung unterzogen werden mussten, gehörte nicht nur das nun wieder komplette Geländer. Korrosionsschäden und Mängel an den mit Zugankern versehenen Brückenlagern schränkten inzwischen die Nutzung der Brücke ein. Außerdem galt es, Verschleißteile wie z. B. Übergangskonstruktionen sowie Geh- und Fahrbahnbefestigungen zu erneuern. Durch die Grundinstandsetzung wurde der weitere Bestand dieser markanten Berliner Brücke gesichert.

Die Weidendammer Brücke im Jahre 2003

Brückenleuchte

Marschallbrücke

Die Anfänge der Marschallbrücke sind eng mit dem Wirken K. F. Schinkels verbunden. 1818 plante dieser nördlich der Straße Unter den Linden die Neue Wilhelmstraße und in ihrer Verlängerung gleichzeitig einen neuen Brückenstandort. Er machte auch gleich einen entsprechenden Brückenentwurf, der sich eng an den Entwurf seines Lehrers F. Gilly für den damals schon geplanten repräsentativen Neubau der Hundebrücke, heute Schlossbrücke, anlehnte. Die dreifeldrige Brücke mit einem extrem – wohl sogar etwas zu – schlanken Überbau aus Eisen war seinem König Friedrich Wilhelm IV. jedoch zu teuer, und so wurde 1820 ein weniger kostspieliger fünffeldriger Brückenschlag mit Holztragwerk und Klappe gebaut. Die Konstruktion wurde dann mit Brettern verkleidet, auf die die Illusion einer Steinbrücke gemalt wurde – eine preußische Sparmaßnahme, wie sie schon 25 Jahre zuvor unter Friedrich Wilhelm II. beim Pfaueninselschlösschen praktiziert worden war. Das nach dem Marschall Blücher Marschallbrücke genannte Bauwerk machte die baufällige alte Judenbrücke, die ca. 70 m stromaufwärts damals schon 60 Jahre lang die Spree überspannt hatte, überflüssig.

Im Zuge der grundlegenden Brückenerneuerungen nach 1876 stand 1881/82 auch die mittlerweile schon 60 Jahre alte und viel zu schmale hölzerne Marschallbrücke zur Erneuerung an. Die Stadt plante einen wieder 57 m langen, jetzt aber 19 m breiten Ersatzbau nach dem Muster der Michael- und Kronprinzenbrücke – mit einem Überbau aus stählernen Bögen auf Massivpfeilern wie in Schinkels seinerzeitigem

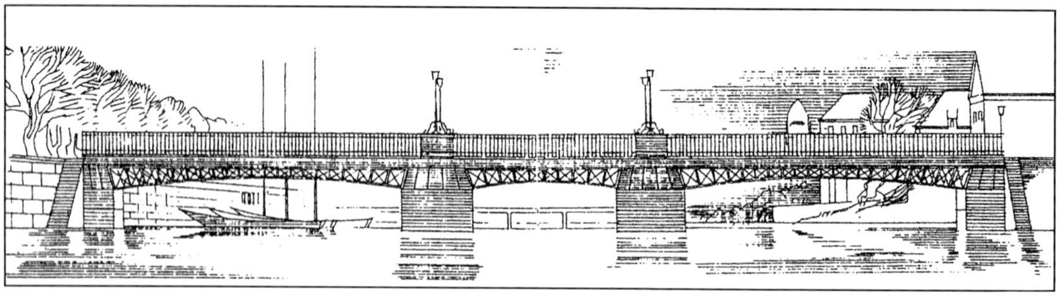

Schinkels ungebauter Entwurf von 1818

Die »Stein«brücke aus Holz von 1821

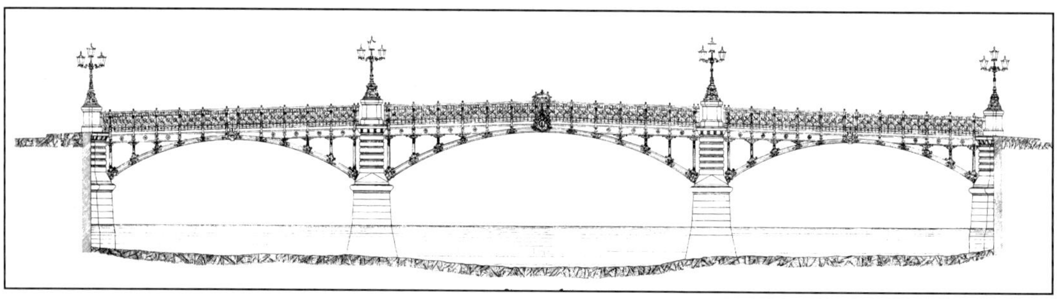

Der massive Bau von 1882

Entwurf, nur nicht so schlank und elegant und natürlich ohne Mittelklappe. Dafür sparte man nicht am hauptstadtgemäßen Zierrat sowohl an der Konstruktion als auch bei den Kandelabern, der allerdings nicht ganz so prachtvoll ausfiel wie bei der nach höchsten Herrschaften benannten benachbarten Kronprinzenbrücke.

Nach weiteren 60 Jahren kam dann mit dem Zusammenbruch 1945 auch für die Marschallbrücke eine Zäsur. Das südliche Feld wurde gesprengt und mit einem Dauerbehelf aus Stahl repariert, der immerhin weitere 45 Jahre den Kfz-Verkehr trug.

Die alte Restsubstanz blieb immerhin optisch noch so weit erhalten, dass man die Brücke 1990 als einziges noch vorhandenes Exemplar der für Spreebrücken typischen dreifeldrigen Stahlfachwerkbögen unter Denkmalschutz stellte. Für den modernen Straßenverkehr reichte die Tragfähigkeit der alten Stahlbögen jedoch nicht mehr aus, und so musste ein Neubau geplant werden, zumal auch die Schifffahrtsbehörde in dieser schwierigen Kurvensituation der Spree einen möglichst stützenlosen Überbau auf ganzer Flussbreite forderte. Diese Forderung kollidierte natürlich mit dem Denkmalschutz. Am Ende langwieriger Verhandlungen stand folgender Kompromiss: Erhalt des nördlichen Feldes und Pfeilers und damit der alten Brückenabmessungen, Wegfall des südlichen Pfeilers und Einbau des dekorativen alten Mittelfeldes an anderer Stelle.

Die bestmögliche gestalterische und technische Umsetzung dieser Grundidee wurde 1995 zum Thema eines Wettbewerbs gemacht. Das Ergebnis war die Aufteilung der Brücke in fünf Einzelbrücken, die jedoch nach außen nicht als solche in Erscheinung treten. Die Fahrbahn wird von einer Konstruktion aus durch Verformung vorgespannten Stahlbetonträgern (Preflex) getragen, die bei dem neuen Zweifeldsystem mit Spannweiten von rund 39 und 18 m die angestrebte geringste Bauhöhe von nur 1,13 m ergeben. Im nördlichen Feld wurden die besterhaltenen alten Bögen zu zwei begleitenden Gehwegbrücken umgebaut, die zusammen mit dem alten Pfeiler das historische Erscheinungsbild prägen. Korrespondierend wird auch die Fahrbahnbrücke im großen Feld von zwei stählernen Fußgängerstegen begleitet und versteckt. Die moderne Konstruktion dieser Fußgängerbrücken mit einer externen Vorspannung sollte im gewollten Kontrast zu den alten Bogenformen im Nordfeld stehen und wurde deshalb auch farblich besonders betont. Der ausgebaute alte Mittelteil der Marschallbrücke hat mit reduzierter Breite seinen neuen Platz im Anhalter Steg über dem Landwehrkanal neben dem Technikmuseum gefunden. Die neue Marschallbrücke ging 1999 nach zwei Jahren Bauzeit unter Verkehr.

Wegen der enorm gestiegenen Anforderungen der Schifffahrt hinsichtlich der von Brückenpfeilern aufzunehmenden Anpralllasten musste der alte Nordpfeiler völlig neu und stärker gegründet werden, sodass er im strengen Sinn der Denkmalpflege auch kein Original mehr ist. Trotzdem ist diese Brücke ein Beispiel für das Gelingen der schwierigen Konsenssuche zwischen Erhalt von vorhandener Bausubstanz und Anpassung an die sich verändernden Verkehrsbedürfnisse, das aber bei allen Beteiligten erhebliche Kompromissbereitschaft erfordert.

Neben der Brücke hat sich mittlerweile das ARD-Hauptstadtstudio eingerichtet, und so ist der Gehweg ein beliebter Standort für Fernsehkommentare mit Reichstagshintergrund. Nachts leuchten moderne Kandelaber, und auch die Brückenuntersicht wird effektvoll illuminiert.

Die Marschallbrücke von 1999

Kronprinzenbrücke

Nach der Erneuerung 1879

Pfeilerbereich der Kronprinzenbrücke, um 1930

Die nahe dem Reichstag im Zuge der Unterbaumstraße über die Spree führende moderne Brücke lässt nicht erahnen, dass hier vor etwa 300 Jahren eine hölzerne Klappbrücke die damalige Stadtgrenze bildete. Diese Brücke lag stromabwärts vom Abzweig des Schönhauser Grabens und wird in einem Verzeichnis von 1709 als »Brücke im Thiergarten über die Spree« bezeichnet, bevor sie dann Unterbaumbrücke genannt wurde. Der Name bezieht sich auf das damals von der Friedrichsbrücke flussabwärts verlegte »Wassertor« der Stadt, den so genannten Unterbaum. Im Rahmen eines Umbaus wurde die Brücke 1828 etwas flussaufwärts an den heutigen Standort verlegt.

Nach der Übernahme der Brückenbaulast durch die Stadt im Jahre 1876 gehörte die Erneuerung der baufälligen Unterbaumbrücke zu den dringendsten Aufgaben, die 1877 bis 1879 auch in Angriff genommen wurde. Die neue Brücke bildete in der Grundrissgeometrie des Spreebogens das spiegelsymmetrische Gegenstück zur Moltkebrücke. Wie auch einige andere zu dieser Zeit gebaute Spreebrücken bestand die 55 m lange und 22 m breite Brücke aus schmiedeeisernen Bogenfachwerken über drei Felder. Sie erhielt nun zu Ehren des ersten Kronprinzen des Deutschen Reiches, des späteren Kaisers Friedrich III., den Namen Kronprinzenbrücke und sollte würdig gestaltet werden. Diesem Zweck dienten neben der Verkleidung der Überbauansichten mit Gusszierrat auch der bildnerische Schmuck an den granitverkleideten Unterbauten sowie die gestalteten Geländer und Leuchtenträger. Kupferreliefs, die der Bildhauer Max Klein schuf, verherr-

Ansicht im Jahre 2003

lichten an den Pfeilerstirnflächen Friedrich als den Bezwinger der Flüsse, während die vier Reliefs an den Widerlagern motivisch den Marktverkehr, den Fischfang, den Gewerbefleiß und die Schifffahrt darstellten. Die kunstvoll geschmiedeten Geländer beinhalteten ein laufendes Rad, und Seejungfrauen verzierten die Kandelaber.

Die Kronprinzenbrücke erlitt im Zweiten Weltkrieg schwere Schäden. Nur behelfsmäßig repariert, verlor sie ihre Funktion mit dem Mauerbau im August 1961 endgültig. Auf Forderung der Wasserstraßenbehörde kam es 1972 zum Abriss des stark beschädigten Überbaus und der beiden Strompfeiler.

Mit dem Fall der Mauer am 9. November 1989 ergab sich unmittelbar die Notwendigkeit eines Neubaus. Ein europaweiter Wettbewerb diente der Suche nach einer Entwurfsvariante, die den städtebaulichen und verkehrlichen Ansprüchen genügte. Diese Brücke nimmt innerhalb der Berliner Brückenfamilie eine gewisse Sonderstellung ein. War ihre Vorgängerin zu Ehren des Namensgebers mit üppiger Dekoration ausgestattet, sollte aus Gründen der Regierungsnähe auch jetzt etwas spektakulär Schönes entstehen. Den Zuschlag erhielt der Entwurf von S. Calatrava, der mit einem filigranen und nun auf 73 m verlängerten vermeintlichen Bogentragwerk der bei Spreebrücken traditionellen Dreifeldkonzeption treu blieb. Der Entwurf entsprach den speziellen gestalterischen Erwartungen am besten, war allerdings zunächst mit ungewöhnlich großen Schwierigkeiten in Bezug auf Statik, Material und Durchformung verbunden.

Die Bogenbrücke ist eigentlich eine gevoutete Balkenbrücke. Mit den sehr großen Gussteilen der Stützung wurde technisches Neuland beschritten, und die in den Auflagern versteckten Lager sind komplizierte Sonderanfertigungen. Gestaltete Geländer und Leuchten aus Chromnickelstahl sowie der helle Farbton der Konstruktion sind Teil des bemerkenswerten Entwurfs. Die Anstrahlung der Brücke von unten unterstreicht den Eindruck eleganter Leichtigkeit. Das 23,4 m breite Bauwerk wurde in der Zeit von 1993 bis 1996 errichtet. Die interessante Gesamtwirkung des mit hohem Aufwand geschaffenen Werkes wird nur durch die aus Sicherheitsgründen notwendigen Schiffsleitwerke beeinträchtigt.

Im Hinblick auf die eingegangenen Kompromisse technischer und finanzieller Art schwer zu übertreffen, ist die Brücke ein Solitär.

Inselbrücke

Für die Überquerung des Spreekanals zwischen dessen Abzweig von der Spree und der Gertraudenbrücke stand mehr als 400 Jahre lang nur die Rossstraßenbrücke zur Verfügung. 1693 bzw. 1699 kamen die Insel- und die Grünstraßenbrücke hinzu.

In einem Brückenverzeichnis, das König Friedrich I. im Jahre 1709 anlegen ließ, wird die erste Brücke unmittelbar an der Inselspitze als »Brücke vom Cöllnischen Wursthofe über den Kanal nach Neu-Cölln« bezeichnet; den Namen Inselbrücke erhielt sie wohl erst später.

Mehr als 200 Jahre blieb die Inselbrücke eine hölzerne Pfahljochkonstruktion über mehrere Felder. Das Mittelfeld, mit zwei Klappen versehen, diente dem Schiffsdurchlass. Bis zum Umbau des Mühlendamms am Ende des 19. Jahrhunderts führte der gesamte Schiffsverkehr durch den Spreekanal und die Stadtschleuse an der Schleusenbrücke, sodass das häufige Aufziehen der Brückenklappen eine lästige Behinderung des Straßenverkehrs mit sich brachte. Durch die Weiterführung der Inselstraße über den Festungsgraben entstand hier in den Jahren 1856/57 die Inselstraßenbrücke, die mit der Verfüllung des Grünen Grabens im Jahre 1883 wieder entfiel.

Die alte Brücke vor dem Abriss 1912

Die Planung für die Erneuerung der ständig reparaturbedürftigen und viel zu schmalen hölzernen Inselbrücke legte der Stadtbaurat Krause bereits 1903 vor. Über die Ursachen des mehrjährigen Aufschubs der Bauausführung schreibt die »Deutsche Tageszeitung« am 16. April 1905: »Aufgeschoben ist auch die Ausführung der Inselbrücke, weil die Stadtverordneten den Ankauf des Inselspeichers vorläufig abgelehnt

Die erneuerte Brücke nach 1916

Die Inselbrücke an der Spitze der Spreeinsel im Jahre 2000

Steinerner Brückenschmuck

haben.« Erst im September 1912 begannen die Bauarbeiten mit dem Abriss der alten Brücke.

Die neue Brücke überschreitet den Spreekanal in drei mit Korbbögen überwölbten Öffnungen, wobei die mittlere 18 m und die beiden seitlichen je 11 m lichte Weite haben. Die Gesamtbreite der Brücke beträgt 19,9 m, die Gesamtlänge 49,7 m. Die ungleichmäßigen Baugrundverhältnisse erforderten beim nördlichen Pfeiler eine Pfahlgründung und waren der Anlass dafür, dass man die Gewölbe – zum Ausgleich von Setzungen – im Scheitel und an den Kämpfern mit Gelenken versah. Die Gelenke wurden nach dem Ausbau der Lehrgerüste geschlossen.

Die Klinkergewölbe erhielten eine Verblendung aus Kirchheimer Muschelkalk, aus dem auch die in Balustraden aufgelösten Brüstungen bestehen. Die in der Planung vorgesehene reiche Ausschmückung der Pfeiler und Brüstungen mit steinernen Wappen, Kartuschen und Tiermotiven nach Entwürfen von J. Rauch fand keine Zustimmung beim Kaiser. Als die Brücke am 22. September 1913 dem Verkehr übergeben wurde, fehlte dieser Brückenschmuck gänzlich. Nachträglich erhielten die Podeste über den Pfeilern eine Betonung durch steinerne Obelisken mit flankierenden Putten.

Starke Schäden erlitt die Brücke im Zweiten Weltkrieg. Granattreffer durchschlugen im nördlichen und mittleren Feld die Gewölbe. Nur provisorisch repariert, diente die Brücke bis 1955 der Müllverladung, wobei eine Durchschlagstelle im nördlichen Gewölbe als Verladestelle genutzt wurde. Den Reparaturen in den Jahren 1957/58 folgte dann 1999 bis 2002 eine umfassende Instandsetzung. Die Wiederherstellung des Brückenschmucks ist geplant.

Rossstraßenbrücke

Wo heute der Straßenzug Fischerinselstraße–Neue Rossstraße den Spreekanal quert, befindet sich einer der ältesten Brückenstandorte Berlins. In Zusammenhang mit den gleichnamigen Cöllnischen Stadttoren entstanden im 13. Jahrhundert die Teltower und spätere Gertraudenbrücke sowie die Köpenicker und spätere Rossstraßenbrücke als erste Brücken über den Spreekanal. Der Stadtplan von J.G. Memhardt von 1648 zeigt am Köpenicker Tor eine Doppelbrücke, denn eine lang gestreckte Insel teilte den Spreekanal hier in zwei Arme. Mit den Festungsgräben, die zu der vom Kurfürsten Friedrich Wilhelm 1658 bis 1683 veranlassten Neubefestigung der Stadt gehörten, entfielen die beiden Stadttore an ihren bisherigen Standorten, und die dazugehörigen Brücken wurden umgebaut. Das neue Köpenicker Tor befand sich nun am verlagerten neuen Festungs- und späteren Grünen Graben. Das alte Köpenicker Tor wurde 1735 bei der Beseitigung der Befestigungen abgebrochen.

Im Jahre 1899

Die Köpenicker und spätere Rossstraßenbrücke war mehrere Jahrhunderte eine einfache Holzbrücke mit Klappen im Mittelfeld. Erst die Übernahme der Brückenbaulast durch die Stadt ab 1876 und die Spreekanalisierung mit dem Umbau des Mühlendamms schufen die Voraussetzungen für den Bau einer massiven Brücke. So entstand in den Jahren 1899 bis 1901 ein Korbbogengewölbe aus Sandstein mit einer lichten Weite von 18,0 m und einer Gesamtbreite von 19,8 m. Die beiden Brückenansichten gestaltete man unterschiedlich. Während die Brüstung auf der Westseite durchgehend figürlichen Schmuck erhielt, errichtete man auf der Ostseite im Brückenscheitel eine etwa 3 m hohe Säule, die als Hinweis auf den Straßennamen ein springendes Ross trug.

Nach dem Neubau 1901

Nach dem Zweiten Weltkrieg war die Brücke schwer beschädigt. An drei Stellen hatten Bomben das Brückengewölbe durchschlagen und die Brüstungen zerstört. Der behelfsmäßigen Verkehrsaufnahme diente zunächst eine hölzerne Notbrücke. Im Jahre 1946 reparierte man das Gewölbe und mauerte die Brüstungen provisorisch auf. Die Erneuerung der Brüstungen im Jahre 1958 schloss die Wiederherstellung des Brückenschmucks nicht ein. Das bleibt einer noch ausstehenden Instandsetzung vorbehalten.

Grünstraßenbrücke

Relief an der Grünstraßenbrücke, 1906

Die Entwicklung des Stadtteils Neu-Cölln am Ende des 17. Jahrhunderts brachte den Neubau einer Spreekanalbrücke im Zuge der Grünstraße mit sich, die ab 1699 dem Verkehr zur Verfügung stand. Bis zum Ende des 19. Jahrhunderts besaß die Grünstraßenbrücke – ebenso wie die übrigen acht Brücken über den Spreekanal – eine Klappenkonstruktion für den Schiffsdurchlass. Abgesehen von der Schlossbrücke und der Jungfernbrücke bestanden diese Brücken durchweg aus einfachen Holztragwerken. Nachdem in den Jahren 1895 bzw. 1901 die Gertrauden- und die Rossstraßenbrücke erneuert waren, beschloss der Magistrat am 19. Januar 1903 den Neubau auch der Grünstraßenbrücke. In der Beschlussvorlage heißt es: »Die im Zuge der Grün- und Neuen Grünstraße über den Spreeschleusenkanal führende Brücke zeigt gegenwärtig noch die früher üblich gewesene Gestalt einer hölzernen Jochbrücke mit einer mittleren Durchfahrtsöffnung von 7,0 m lichter Weite, die von zwei ebenfalls aus Holz konstruierten Klappenpaaren überspannt wird. Wenngleich der Zug der Grün- und Neuen Grünstraße nicht zu den Verkehrszügen ersten Ranges gezählt werden kann, so bildet er doch im Zusammenhange einerseits mit der Brüderstraße und mit der Alten Jakob- und der Stallschreiberstraße andererseits eine nicht unwichtige Verbindung zwischen den südlich und nördlich des Schleusenkanals gelegenen Stadtteilen der Residenz, und es erscheint daher mit Rücksicht auf den auch hier sich stetig steigenden Verkehr durchaus geboten, das in seinen Abmessungen selbst geringen Ansprüchen nicht mehr genügende Brückenbauwerk durch ein neues zu ersetzen, das nebenher auch in seinem Äußeren ein der Reichshauptstadt würdiges Aussehen erhält, durch seine feste Fahrbahnkonstruktion die bisher für den Wasser- und Landverkehr durch die vorhandene Klappvorrichtung jahrein, jahraus hervorgerufenen Verkehrsstörungen beseitigt und endlich den bei einem Brückenbauwerk aus Holz sich in stetiger Folge wiederholenden Ausbesserungsarbeiten ein Ende macht.«

Die neue Brücke, in den Jahren 1904 bis 1905 errichtet, ist ein massives Gewölbe mit 19,0 m lichter Weite und einer Breite von 17,7 m. Die Brückenansichten und Brüstungen erhielten eine Verblendung aus Muschelkalk und wurden baukünstlerisch gestaltet. Vier Reliefpaare zeigen Wäscherinnen bzw. die Rettung eines Ertrinkenden. Rechts und links davon sind Darstellungen von Schnecken, Wasserpflanzen und Aalen in Jugendstilornamentik angebracht.

Am Ende des Zweiten Weltkrieges zerstörte eine Sprengung einen Teil des Gewölbes. Bei der Instandsetzung im Jahre 1951 verwendete man aus den Trümmern geborgene Muschelkalksteine zur Wiederherstellung der Gewolbeansichten. Die unter Denkmalschutz stehende Brücke erfuhr in den Jahren 1993 bis 1994 eine Grundinstandsetzung. Diese schloss die Ergänzungen der Reliefs und die Herstellung einer neuen Beleuchtungsanlage ein.

Nach dem Neubau 1904/05

Gertraudenbrücke

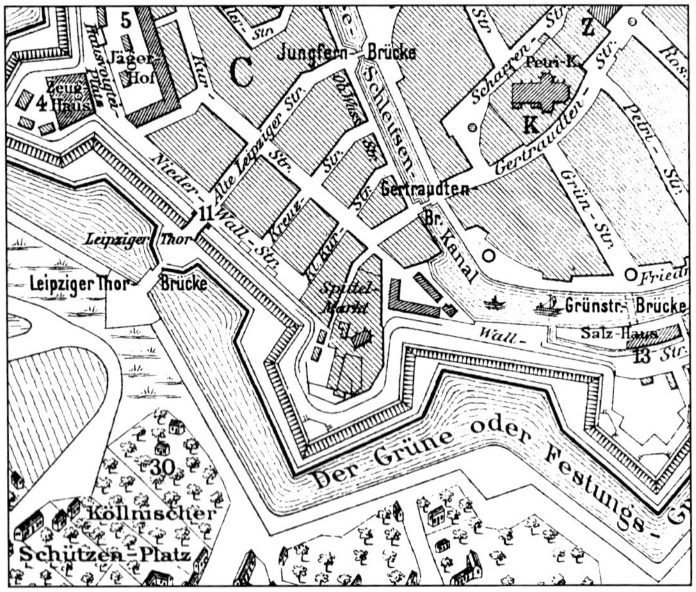

Lage und Umfeld der Gertraudenbrücke 1685, Plan von La Vigne

Am Ort der heutigen Doppelbrücke über den Spreekanal im Zuge der Gertraudenstraße stand eine der ältesten Berliner Brücken. Schon lange vor der Stadtgründung bildete die südwestlich von Cölln verlaufende und künstlich angelegte Kanalanlage eine Möglichkeit, die durch den Mühlendamm bestehende Schiffssperre in der Spree zu umgehen. Der als »Friedrichsgracht«, »Kupfergraben« und »Schleusengraben« bezeichnete Kanal machte Cölln zu einer Insel und bildete lange Zeit die Stadtgrenze. Über diesen Wasserweg führten an den beiden Cöllnischen Stadttoren Brücken, die zunächst nach den Toren Teltower und Köpenicker Brücke und später Gertrauden- und Rossstraßenbrücke hießen. Der Stadtplan von J. G. Memhardt aus dem Jahre 1648 zeigt auch am Gertraudentor – wie am Köpenicker Tor – eine wegen der Insel im Spreekanal zweigeteilte Brücke.

Vor dem Gertraudentor entstand Anfang des 15. Jahrhunderts ein Hospital, zu dem auch eine Kapelle gehörte. Sie wurde im Jahre 1411 der Heiligen Gertraud, der Schutzpatronin der Kinder, Handwerksburschen, Kranken und Armen, geweiht. Nach dem erst 1881 abgerissenen Gertraudenhospital erhielt der Spittelmarkt seinen Namen.

Wie alle Torbrücken war auch die Gertraudenbrücke eine einfache Zugbrücke aus Holz. Mit dem Bau der neuen Stadtbefestigung und den entsprechenden Festungsgräben in den Jahren 1658 bis 1683 verlor sie ihre Grenzlage; das vorgelagerte Leipziger Tor war nun der Stadtzugang von Westen. Das Gertraudentor entfiel, und die Gertraudenbrücke wurde umgebaut. Nach dem Abbruch der Stadtbefestigung kam es 1738 zum erneuten Umbau der Brücke. Der Baumeister Titus Favre errichtete sie als Klappbrücke mit Zug- und Gegengewichten bei gleichzeitiger Aufhöhung der Umgebung. Über 100 Jahre blieb die Gertraudenbrücke als Klappbrücke bestehen.

Im Jahre 1870 gab es in Berlin insgesamt immer noch 30 hölzerne Klappbrücken, denn bei den niedrigen Uferhöhen konnte die durchgehende Schifffahrt nur durch Klapp- und Drehbrücken ermöglicht werden. Brückenaufzieher hatten dafür zu sorgen, dass die Schiffe von Sonnenauf- bis -untergang mit stehendem Mast passieren konnten. Wegen der damit verbundenen Behinderung des zunehmenden Straßenverkehrs wurde immer nachdrücklicher verlangt, die Aufzugszeiten an den Brücken zu reduzieren bzw. neue Brücken ohne Klappen in erhöhter Lage zu errichten.

Der starke Straßenverkehr war auch der Grund dafür, dass die nur 8,5 m breite Gertraudenbrücke 1878/79 beiderseits um 3,0 m breite eiserne Gehbahnbrücken verbreitert wurde.

Die Gertraudenbrücke im Jahre 1872

Ansicht im Jahre 1904

Diese führte man so hoch, dass in diesem Bereich der Brücke der Klappendurchlass entfallen konnte – ein Prinzip, das auch bei anderen Brücken Anwendung fand. Die zusätzliche Überführung der Straßenbahn hatte 1886 eine Verstärkung der Klappen zur Folge. Im Jahre 1890 verkehrten hier sieben Pferdebahnlinien, auf denen stündlich bis zu 70 Wagen in jeder Richtung fuhren.

Mit der Verbreiterung des Mühlendamms ergab sich das dringende Bedürfnis, die Gertraudenstraße, die den Spittelmarkt mit dem Cöllnischen Fischmarkt verband, in gleicher Weise umzugestalten. Im Frühjahr 1891 stimmte die Stadtverordnetenversammlung dem Entwurf der Baudeputation für die Verbreiterung der Gertraudenstraße einschließlich der Gertraudenbrücke zu. Von der Gesamtbreite von 22 m entfielen 12 m auf die Fahrbahn und je 5 m auf die Gehbahnen. Die mit der Spreekanalisierung erreichte Senkung des Wasserspiegels im Spreekanal ermöglichte den Bau einer massiven Gewölbebrücke mit 18,0 m lichter Weite und einer lichten Höhe im Scheitel von 3,3 m. Während die Widerlager aus Klinkern bestehen, wählte man für das tragende Gewölbe und die Verkleidung der Ansichtsflächen rheinischen Basaltlava. Eine deutlich profilierte Archivolte an der Bogenstirn und das – dem Bürgersteig folgend – stufenweise aus der Brückenansicht herauswachsende Geländer sind die verhältnismäßig sparsamen Gestaltungselemente. Im Mittelteil sind die Geländer in kleine auf Säulen stehende Bögen aufgelöst, deren Zwischenräume geschmiedetes Schmuckwerk ausfüllt.

Den Hauptschmuck der Brücke bildet jedoch die von Professor Siemering modellierte und in Lauchhammer im Wachsschmelzverfahren gegossene Bronzeplastik der Heiligen Gertraud. In mittelalterlichem Gewand reicht sie einem vor ihr knienden Wanderer den Erfrischungstrunk. Davonlaufende Mäuse auf dem unteren Fries der Plastik deuten darauf hin, dass die Heilige Gertraud u. a. als Beschützerin von Haus und Herd sowie von Feldfrüchten vor Mäusen und

Mit Kriegsschäden im Jahre 1947

Die beiden Gertraudenbrücken heute

Ratten galt. Seit ihrer Aufstellung im Jahre 1895 erfreut sich die 3 m hohe Gruppe allgemeiner Beliebtheit.

Die Bauarbeiten begannen im Sommer 1894. Bemerkenswert war hierbei die Konstruktion des Lehrgerüstes. Um eine möglichst große Schifffahrtsöffnung zu gewährleisten, kamen erstmals schmiedeeiserne Kragträger mit 4 m langen eingehängten Mittelstücken zum Einsatz. Nach der Verkehrseröffnung Ende 1895 zogen sich die restlichen Arbeiten noch bis Mitte 1896 hin.

Auf Initiative des Bronzegießers Füssel überstand die demontierte Gertraudengruppe in der Nähe des Neuen Stadthauses eingemauert den Zweiten Weltkrieg. So entging die Plastik der Verschrottung, der viele andere Kunstwerke in dieser Zeit zum Opfer fielen. Nach einer umfassenden Restaurierung nahm das Kunstwerk am 6. Oktober 1954 seinen alten Platz auf der Brücke wieder ein. Bei den Kampfhandlungen Anfang 1945 hatte die Brücke örtliche Schäden erlitten, so auch einen Gewölbedurchbruch. Diese Schäden wurden ebenfalls im Jahre 1954 beseitigt.

Der Ausbau des Straßenzugs Alexanderplatz–Molkenmarkt–Spittelmarkt in den 60er und 70er Jahren zog eine erneute Verbreiterung der Gertraudenbrücke nach sich. Die alte Brücke wurde für den Fußgängerverkehr erhalten; unmittelbar daneben entstand eine neue, 33,5 m breite Straßenbrücke. Auf Betonwiderlagern ruhend, überspannen zwei nebeneinander liegende stählerne Trägerroste von 38 m Länge den Spreekanal und nehmen die acht Fahrstreifen auf. Die Brückenrampen der alten Brücke passte man dem Fußgängerverkehr an, die beiderseitigen Uferwege wurden unter der Neuen Gertraudenbrücke hindurch geführt.

Die Bauarbeiten nahmen den Zeitraum von Anfang 1977 bis Ende 1978 in Anspruch und schlossen auch die Überbrückung der U-Bahnlinie zwischen Spittelmarkt und Hausvogteiplatz ein. Die Gestaltung der Umgebung der Gertraudenbrücke war darauf ausgerichtet, inmitten der Großstadt ein Stück Alt-Berlin zu erhalten.

Die stadtplanerischen Bestrebungen, diesen Stadtraum zukünftig zu verdichten, würden erneute Umbauten der beiden Brücken mit sich bringen.

Die Gertraudenstatue

Jungfernbrücke

Die zweite Stadtbefestigung durch Kurfürst Friedrich Wilhelm und die Einbeziehung des Friedrichswerder – verbunden mit der Regulierung des Schleusengrabens – führten um die Wende vom 17. zum 18. Jahrhundert auch zur Errichtung der damaligen Spreegassenbrücke. Martin Grünberg baute die hölzerne Zugbrücke, die die Friedrichsgracht mit der Alten Leipziger Straße verband und auf das gleichnamige Stadttor hinführte. Die Brücke wird im »Schmettauschen Plan für das Friedrichforum« in seiner älteren Fassung von 1748 zum ersten Mal als Jungfernbrücke bezeichnet und später auch Große Jungfernbrücke genannt.

Die im Jahre 1798 errichtete Brücke ist die älteste in ihrer ursprünglichen Gestalt noch sichtbare Brückenkonstruktion in Berlin. Und sie allein ist erhalten von ehemals insgesamt neun Brücken derselben interessanten Bauweise.

Die Jungfernbrücke war eine Zug-Klapp-Brücke mit massiv gewölbten Seitenöffnungen. Zwischen den beiden ungleichen Seitenöffnungen mit 6,6 m bzw. 3,6 m lichter Weite

Die Jungfernbrücke im Jahre 1900

Am Ende des Zweiten Weltkrieges

befindet sich die mittlere Öffnung mit einer lichten Weite von 8,7 m und Durchlassklappen von 4,2 m Breite. Das Öffnen der Klappen ermöglichte früher die Durchfahrt auch größerer Lastschiffe, die durch diesen Kanal geleitet werden mussten, weil die Spree im Bereich des Mühlendamms nicht schiffbar war.

Die Gewölbe und Pfeiler stellte man aus rotem Sandstein her. Die hölzernen Portalpfeiler trugen die Rollen für die zu den Spillrädern führenden Zugketten. Die über den Pfeilern angeordneten kastenartigen Bogenstücke enthielten die Rollenbahnen und zugleich die eisernen Führungsschienen der Zugklappen. Die über die Fußrollen nach den Seitenöffnungen geführten Zugketten trugen Gegengewichte zur Erleichterung des Aufziehens. Die früher beiderseits geführten bogenförmigen Kästen dienten der Aufnahme der Versorgungsleitungen.

In den Jahren 1937 bis 1939 musste die Brücke wegen der Vertiefung der Spreekanalsohle umgebaut werden. Die Pfeiler wurden um 3 m tiefer geführt, und das westliche Gewölbe wurde als Stahlbetonkonstruktion erneuert. In der Mittelöffnung entfernte man die nicht mehr erforderlichen Klappen und ersetzte sie durch Stahlträger mit Bohlenbelag. Auch die Leitungskästen entfielen. An den Brückenenden wurden anstelle der Rampen nun Treppen angelegt. Somit erhielt die Brücke ihr heutiges, nur noch beschränkt historisches Aussehen.

Um den Namen Jungfernbrücke ranken sich viele Anekdoten. So wird z. B. überliefert, dass der frühere Standort für »leichte Mädchen« die – ironisch gemeinte – Benennung ergeben habe. Eine andere, rührselige Geschichte berichtet von einem blinden alten Mann, der Zeuge war, als ein eifersüchtiger Liebhaber sein Mädchen ermordete. Der Mörder, der »alte, reiche Junggeselle Caspar Balthasar – fromm und gottesfürchtig«, tötete die junge hübsche Luise, Tochter des französischen Goldschmieds Renand. Sie hatte ihm den Kopf verdreht, aber dann sein Werben zurückgewiesen, denn sie liebte den Goldschmiedgesellen Gustav. Der Blinde hörte den Leichnam ins Wasser fallen, und der Mordverdacht fiel sofort auf Gustav, der zum Tode verurteilt wurde. Bei einer gemeinsamen Vernehmung erkannte der Blinde den wirklichen Mörder, den Nachbarn Balthasar, an dessen Stimme. Nach dem unglücklichen Mädchen Luise sei dann die Brücke benannt worden.

Historisch schon glaubhafter ist folgende Geschichte: Mit den aus Frankreich vertriebenen Hugenotten war auch die Familie Blanchet mit neun Töchtern nach Berlin gekommen. Sie wohnten im »Französischen Hof«, so benannt wegen der französischen Inschriften am Eingang des Hauses an der Ecke Schleusen-/Spreestraße, gegenüber der Brücke. Die geschäftstüchtigen Jungfern Blanchet erwirkten beim Kurfürsten eine Lizenz zum Betreiben verschiedener ehrbarer Gewerbe an der Spreegassenbrücke, wo sie in Wohnnähe ihre Buden errichteten. Sie fertigten und verkauften feine Spitzenklöppel-, Strick- und Seidenerzeugnisse. Der gute

Panorama am Spreekanal 1976

Die Jungfernbrücke im Jahre 2000

Ruf ihrer Spitzenwäsche war jedoch unmittelbar mit ihren spitzen Zungen verbunden. Die bekannteste Strophe aus einem alten Gedicht über die Brückenjungfern, das sicher zur volkstümlichen Namensgebung der Brücke beitrug, lautet: »Und wünscht jemand eine Neuigkeit / gepaart mit Bosheit und mit Tücke, / dann hieß es in Berlin gleich weit und breit: / geh zu den Jungfern an die Brücke.«

Einschränkend muss zu dieser von O. Schwebel überlieferten Geschichte allerdings erwähnt werden, dass der Name Blanchet in den Listen der Refugies nicht vorkommt.

Am glaubhaftesten ist daher die folgende Begründung für die Namensgebung der Brücke: Im »Französischen Hof« wohnten auch zwei »Demoisellen«, die wunderbare Spitzen in Nadelarbeit herstellten. Sie hatten für den Verkauf die Erlaubnis zur Errichtung eines hölzernen Ladens an der Brücke erhalten. Damals sagten die Berliner aber nicht »Demoiselle«, sondern auf gut Deutsch »Jungfer«. Man ging also zu den französischen Jungfern, um Spitzen und Bänder zu kaufen.

Bis auf leichte Beschädigungen überstand die Brücke alle Kriegseinwirkungen. Reparaturen in den Jahren 1954, 1967 und 1979 dienten der Erhaltung der Brücke. Weitere 20 Jahre später, in den Jahren 1997 bis 1999, erforderten Bauschäden schließlich die Erneuerung aller Bauteile. Mit diesen Arbeiten wurde gesichert, dass das Erscheinungsbildes dieses für die Stadtgeschichte bedeutsamen Bauwerkes auch weiterhin erhalten bleibt. Die unter Denkmalschutz stehende Brücke wird so auch zukünftig ein beliebtes Motiv für Fotografen und Maler sein, wobei die heutige Uferstraßenbebauung jedoch unpassend wirkt.

Schleusenbrücke

Die Schleusenbrücke, die am Außenministerium über den Schleusengraben führt, hat ihr Aussehen im Laufe ihrer langen Geschichte mehrfach verändert. Als Kurfürst Friedrich II. im 15. Jahrhundert hier eine Arche anlegen ließ, entstanden auch zwei Brücken, eine westliche, die spätere Schleusenbrücke, und eine östlich, die spätere Brücke an den Werderschen Mühlen. Das Cöllnische Stadtbuch erwähnt bereits 1443 eine Arche, wobei unklar bleibt, ob hier zunächst eine Schleuse oder eine Mühle entstand. Die erste Schiffsschleuse soll 1550/56 errichtet worden sein. Da der Mühlendamm die durchgehende Schifffahrt auf der Spree nicht zuließ, musste diese über den Spreekanal geführt werden.

Der Memhardtsche Plan von 1648 zeigt dann drei Wasserarme, westlich die Mühlen, in der Mitte die Schleuse und östlich eine Flutschleuse (Freiarche), die der Regulierung des Wasserstands diente. Damit gab es auch drei hölzerne Brücken, von denen eine für die Schiffsdurchfahrt mit Aufzugsklappen versehen war, wie es der Plan von J. B. Schultz von 1688 zeigt. Im Jahre 1657 erneuerte man die Schleuse mit Holz, nachdem 1654 der Versuch, eine massive Schleuse zu bauen, fehlgeschlagen war. Auch diese Holzkonstruktion bestand nur wenige Jahre, bevor unter Leitung von J. A. Nering 1694 die erste massive Schleuse entstand. Diese 76,0 m lange und 7,5 m breite Schleuse aus Rüdersdorfer Kalksteinen brachte es auf ein Alter von fast 170 Jahren, denn erst in den Jahren 1861 bis 1864 kam es zum Umbau der Mühlenanlagen einschließlich der Verbreiterung der Brücken und der Durchführung der Französischen Straße bis zum Schlossplatz. Die Brücken waren nun 24 m breit und besaßen im Schleusenbereich fünf Klappenpaare, die schon bald als lästiges Verkehrshindernis wahrgenommen wurden, insbe-

Ausschnitt aus dem Plan von La Vigne, 1685

Die Schleusenbrücke nach dem Neubau 1914

sondere nach der Aufnahme des Straßenbahnbetriebs. Ein Brückenneubau wurde dringend gefordert.

Doch erst in den Jahren 1914/15 kam es zum Neubau der Brücke als Stahlkonstruktion mit 6,7 m Stützweite und damit zur Beseitigung der schadhaften alten Klappen. Sie waren nicht mehr erforderlich, seit der durchgehende Schiffsverkehr mit dem Umbau der Mühlendammanlage auf die Spree verlegt worden war.

Als Sehenswürdigkeit der neuen Brücke galt das von Schirmer und Marker entworfene Brückengeländer, das auf beiden Seiten in den Endfeldern je zwei medaillonartige Füllungen mit Motiven aus dem 17. und 18. Jahrhundert trug. Die beiden Medaillonpaare zeigen die Schleuse von 1657 und den benachbarten Packhof im Jahre 1774 – der Schleusenbereich war damals gleichzeitig Stapel- und Umschlagplatz für die Güter der Lastschifffahrt.

In Zusammenhang mit dem Neubau der Mühlendammschleuse in den 30er Jahren des 20. Jahrhunderts musste der Spreekanal verbreitert und damit auch die Schleusenbrücke verlängert werden. Bei den 1937 durchgeführten Arbeiten fand man vier Kupfertafeln mit den Jahreszahlen 1657, 1694, 1863 und 1897. Während die ersten drei Daten an die genannten Baumaßnahmen an der Schleuse erinnern, verweist die vierte Tafel auf die Aufstellung des Reiterdenkmals Wilhelms I. auf der Schlossfreiheit.

Die neue Brücke entstand wiederum als Stahlkonstruktion – mit einer Breite von 24,0 m und einer Länge von 23,9 m. Mit der Geländerverlängerung kamen zwei weitere Schilderpaare hinzu, die die Ansicht der alten drei Brücken

Geländermedaillons mit Darstellungen von 1650 und 1688

über dem ehemaligen Stadtgraben von 1650 und die der Schleuse benachbarten Häuser im Jahre 1688 zeigen. Diese in der Geländermitte angeordneten Medaillons schuf der Bildhauer und Holzschnitzer Kurt Schumacher. Als Mitglied der antifaschistischen Widerstandsgruppe Schulze/Boysen/Harnack wurde er am 22. Dezember 1942 im Zuchthaus Plötzensee hingerichtet. Eine in die Geländerabschlussmauer eingelassene Metalltafel gibt darüber Auskunft.

Im Zweiten Weltkrieg erlitt die Brücke schwere Schäden. Teile der Gehbahnen einschließlich der Geländer wurden zerstört. Die Schadensbeseitigung erfolgte erst 1951; 1972/73 schloss eine Geländerrekonstruktion die Erneuerung der acht Medaillons aus Aluminiumguss ein. Die in den Jahren 1998 bis 2000 umfassend reparierte Brücke steht unter Denkmalschutz.

Die Schleusenbrücke im Jahre 2003

Schlossbrücke

Die heutige Schlossbrücke, 1822 bis 1824 von Karl Friedrich Schinkel erbaut, zählt zu den bedeutendsten der tatsächlich ausgeführten Projekte des großen Berliner Baumeisters. Im »Neuesten Conversations-Handbuch für Berlin und Potsdam« von 1834 hebt Zedlitz die Brücke wie folgt hervor: »Die Schlossbrücke, eine Schöpfung der neuesten Zeit, und die schönste Brücke der Hauptstadt, wurde in den Jahren 1822 bis 1824 erbaut, ruht auf zwei massiven Bögen, und ein sehr geschmackvolles Geländer aus Gußeisen gibt ihr ein großartiges Aussehen, und bringt sie auf diese Weise in den besten Einklang mit den prachtvollen Anlagen, die sich hier an dem Strom erheben, dem sie als Übergang dient; sie ist 156 Fuß lang und 96 Fuß breit.«

Die Brücke ist Teil der Straße Unter den Linden und verbindet den Schlossplatz mit dem bedeutenden städtebaulichen Ensemble, das der Brücke an ihrem anderen Ende unmittelbar anliegt. Dieses besteht auf der einen Straßenseite aus dem ehemaligen Zeughaus – heute Deutsches Historisches Museum –, der Neuen Wache und der Universität – ursprünglich Palais des Prinzen Heinrich – und auf der anderen aus dem ehemaligen Kronprinzen- und dem einstigen Prinzessinnenpalais – heute Palais Unter den Linden bzw. Operncafé –, dem Opernhaus und der ehemaligen Bibliothek, der so genannten »Kommode«.

Die Geschichte der Neuen und späteren Hunde-, Schloss-, Marx-Engels- und wiederum Schlossbrücke reicht vermutlich bis in die zweite Hälfte des 15. Jahrhunderts zurück, als für den Schlossbau Material über den Cöllnischen Graben herangeschafft werden musste. 1537 wurde das sumpfige Gelände nördlich des Schlosses aufgefüllt und eine hölzerne Brücke über den Spreearm gebaut. Von der Brücke führte ein Reit- und Jagdweg bis zum Tiergarten. Zur späteren Bezeichnung »Hundebrücke« schreibt Wilhelm Mila in seiner Geschichte Berlins von 1829: »Wurde nun das Signal zur Jagd gegeben, so zogen die Jäger mit den Hundekoppeln und das sonstige Jagdpersonal, wahrscheinlich von der Seite der Schleusenbrücke, nach dem Schloß hin, und von da begab sich der Hof nebst Jägerei und Jagdhunden über die Schloßbrücke, die damals und vielleicht davor Hundebrücke hieß, nach dem mit eingehegtem Wilde gefüllten Thiergarten ...«

Der Lageplan des Baumeisters Christoph Friedrich Schmidt von 1643 enthält die wohl älteste erhaltene Darstellung der Hundebrücke. Die hölzerne Brücke ruhte auf sechs Pfahljochen und besaß in der Mitte doppelte Zugklappen zum Durchlass der Schiffe. Wesentlich für die städtebauliche Entwicklung des Gebiets rund um die Brücke war der vom Kurfürsten Friedrich Wilhelm im Jahre 1647 vergebene Auftrag, den Reitweg von der Hundebrücke zum Tiergarten als sechsreihige Baumgalerie mit 1000 Nuss- und Lindenbäumen zu bepflanzen. Die Baumreihen dürften etwa bis zur heutigen Schadowstraße gereicht haben. Der Plan Johann Gregor Memhardts von 1652 zeigt die Hundebrücke als Verbindung zwischen dem gestalteten Lustgarten und der Lindenallee, die die Öffnung der Stadt nach Westen andeutete. Mit der weiteren Stadtentwicklung verlor die Hundebrücke ihre Rolle als Grenzbrücke. Sie wurde zum innerstädtischen Bauwerk, als im Laufe des 17. Jahrhunderts im Zuge der Lindenallee die Neutor- und spätere Opernbrücke und die Tiergartenbrücke über die Festungsgräben entstanden. Obwohl mehrfach umgebaut, blieb die Hundebrücke eine einfache und schmale Holzbrücke.

In den Jahren 1736 bis 1738 ließ der König vom Hofzim-

Lageplan mit der ältesten Darstellung der Hundebrücke, Zeichnung von C. F. Schmidt, 1643

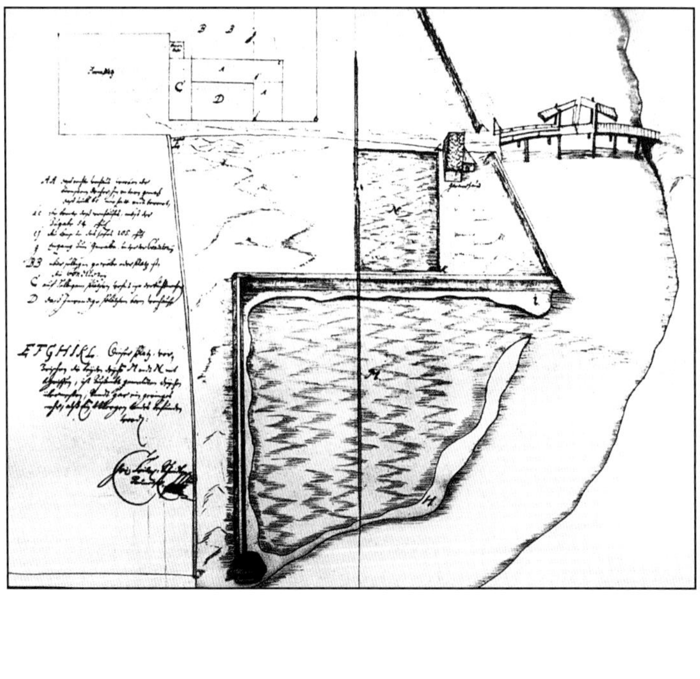

Entwurf zum Bau der Schlossbrücke – Idealansicht von Schinkel

mermeister Biering die alte Zugbrücke in eine hölzerne Klappbrücke umbauen. Anstelle der hoch aufgerichteten Zuggalgen sicherten hier erstmals in Berlin unter der Brücke angebrachte Gegengewichte das Öffnen der vier nebeneinander liegenden Klappen. Über diese Klappenbrücke zog dann am 27. Oktober 1806, nach dem Sieg bei Jena, Napoleon mit seinen Truppen in das Berliner Schloss ein.

Das Bedürfnis, den Schlossbereich über eine repräsentative Brücke zu erreichen, und der schlechte Bauzustand der Holzbrücke ließen einen Brückenneubau immer notwendiger erscheinen. Dazu Schinkel: »Die ehemalige Hundebrücke am Zeughaus war eine gewöhnliche hölzerne Jochbrücke, die in der Umgebung von so imposanten Gebäuden als das Zeughaus und das Königliche Schloß, in der breitesten und schönsten Straße der Stadt ein hochst dürftiges Aussehen hatte und diese in ihrer Art unvergleichlich schöne Straße auf das Unschicklichste verengte und verunstaltete.«

Karl Friedrich Schinkel, ab 1811 Geheimer Oberbaurat, konzipierte die neue Brücke in seinen Plänen von 1816 als Gegenpol zum Brandenburger Tor am anderen Ende der Straße Unter den Linden und als Teil der »Via triumphalis«, die im Gedenken an die Befreiungskriege 1813 bis 1815 zwischen dem Denkmal Friedrich II. und dem Lustgarten entstehen sollte. Zu seinen 1819 vorgelegten Entwurfszeichnungen erläuterte Schinkel, dass »jetzt einzig noch die störende Partie der Hundebrücke in der schönen Straße vom Brandenburger Tor bis zum Schloße durch den Neubau derselben so verändert werden soll, daß sie künftig mit dieser schönen Straße ein harmonisches Ganzes bildet. Hiernach wird also das Ästhetische der Hauptzweck bei diesem Bau.«

Zu den Problemen bei der Entwurfsbearbeitung vermerkte er: »Einen Hauptübelstand und Schwierigkeiten macht, wie bei allen unseren Brücken in Berlin, auch hier die Brückenöffnung für das Durchgehen der Schifffahrt, wozu noch die sehr geringe Uferhöhe kommt. Wenn dieser Übelstand nicht vermieden werden kann, so habe ich versucht, ihn möglichst unschädlich zu machen.«

Schinkels Idealvorstellung war eine Gewölbebrücke aus Sandstein mit drei gleichen Segmentbögen. Dieser Plan konnte jedoch erst nahezu 90 Jahre später realisiert werden, da der Durchlass von Wasserfahrzeugen zunächst die Anordnung von acht Klappen in der Mittelöffnung erforderte. Zur Aufnahme des Gewölbeschubs aus den Randbögen mussten die Pfeiler zur Mitte hin verstärkt werden. Die beiden Strompfeiler enthielten auch die Gegengewichte zum Bewegen der Klappen, die nacheinander geöffnet und wieder geschlossen werden konnten, um den regen Straßenverkehr bei einer Schiffspassage immer nur teilweise zu unterbrechen. Die in der Brückenmitte geteilten Geländer des Mittelfeldes konnten vor dem Öffnen der Klappen um Zapfen über den Pfeilern quer zur Fahrbahn gedreht werden. Die Verbindungsstelle der Geländer in der Brückenmitte ist auch heute noch sichtbar.

Zum Brückenschmuck heißt es in Schinkels Erläuterungen zu seiner Sammlung architektonischer Entwürfe von 1823: »Das Geländer der Brücke besteht aus großen Füllungen von durchbrochener Eisengußarbeit, arabeskenartig verschlungene Seepferde wechseln mit Tritonen und Delphinen ab. Die dazwischen stehenden Fußgestelle sind aus fein polierten, großen Granitblöcken zusammengesetzt, deren Bearbeitung in Berlin mit der größten Vollendung ausgeführt wird. Auf diesen Fußgestellen sind Gruppen gedacht, welche eine allgemeine Beziehung auf die Bestimmung dieser großen Straße haben, an der die Denkmale der Helden aufgestellt werden.«

Die Bauarbeiten begannen 1820 mit der Errichtung einer

Ein Schiff passiert die aufgeklappte Schlossbrücke, Lithographie von W. Loeillot, um 1830

Skizze der Brückenklappe der Mittelöffnung von 1892

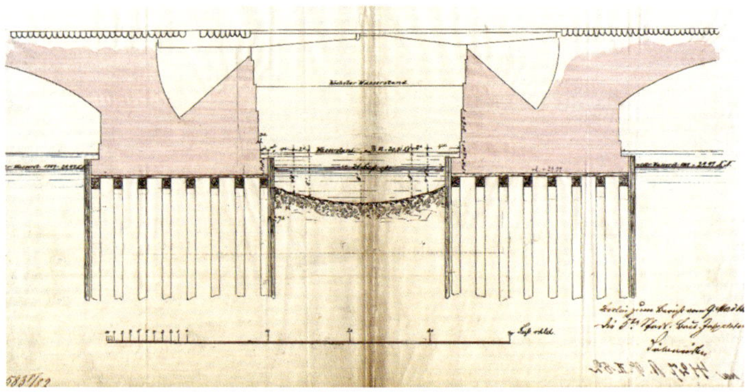

Behelfsbrücke. In seiner Genehmigung zum Baubeginn vom 22. Januar 1821 sah der König vor, den kostenaufwändigen Skulpturenschmuck zunächst nicht ausführen zu lassen. Schwierigkeiten traten 1821 bei den umfangreichen Gründungsarbeiten auf. Wegen des schlechten Baugrunds musste eine Vielzahl von Holzpfählen als Gründung für Pfeiler und Widerlager gerammt werden. Fehlende Maschinen zum Freipumpen der Baugrube verursachten lange Arbeitsunterbrechungen.

Heinrich Heine, der zu dieser Zeit u. a. als Zeitungskorrespondent das 200 000 Einwohner zählende Berlin besuchte, berichtete seinen Lesern: »Bei dem Bau der neuen Brücke bedient man sich einer Dampfmaschine.« So konnte dann am 29. Mai 1822 die Grundsteinlegung durchgeführt werden. Dabei erhielt die Brücke den Namen Schlossbrücke. Mit dem Einzug des Kronprinzen, des späteren Königs Friedrich Wilhelm IV., anlässlich seiner Heirat mit Prinzessin Elisabeth von Bayern sollte die Brücke am 28. November 1823 festlich eingeweiht werden. Trotz nur behelfsmäßiger Rampen, eines hölzernen Notgeländers und fehlender Pflasterung fand der Festzug mit großem Aufwand statt. Bei dem Gedränge tausender Schaulustiger auf der Behelfsbrücke fanden 22 Menschen den Tod.

Erst im Juni 1824 waren die Bauarbeiten beendet – die Pflasterung war fertig und das nach den Modellen des Bildhauers Kleemeyer in der Eisengießerei Berlin produzierte Geländer aufgestellt.

Mehr als 30 Jahre blieb die Brücke ein Torso, denn die letzte der acht von Schinkel konzipierten Figurengruppen kam erst 1857 zur Aufstellung. 1840 hatte Friedrich Wilhelm IV. die Herstellung der Skulpturen und damit die Komplettierung der Brücke angeordnet. Nach eingehender Prüfung erhielten 1842 die Bildhauer Ludwig Wichmann, Friedrich Drake, Emil Wolff und August Wredow die Aufträge für die vier Eckgruppen. Für die vier Mittelgruppen gingen aus einem ausgeschriebenen Wettbewerb die Bildhauer Hermann Schievelbein, Karl Heinrich Möller, Albert Wolff und Gustav Blaeser als Sieger hervor. Die erste Gruppe aus carrarischem

Die Schlossbrücke um 1890

Nach dem Umbau 1915

Detailansicht: Geländerfeld

Marmor kam im Frühjahr 1847 nach Herstellung in Rom in Berlin an. Erst 1853 konnten die ersten sechs Gruppen auf den Postamenten aus rotem Granit und Kunzendorfer Marmor aufgestellt werden, die letzten Gruppen folgten 1854 und 1857. Gleichzeitig begann die Arbeit an vier rund gefassten Adlermotiven, die Wilhelm Wolff entwarf. Je zwei Bildhauer übernahmen ein Adlermedaillon zur Ausführung in carrarischem Marmor, sodass diese 1853 an den der Straße zugewandten Seiten der Postamente eingelassen werden konnten. Die Höhe der Figurengruppen beträgt entsprechend Schinkels Entwurf etwa 2,5 m und einschließlich des Postaments über 7 m. Schinkel, der 1841 starb, konnte die Vollendung seines Werkes nicht mehr erleben.

Der Skulpturenschmuck ist thematisch in die Gestaltung der Straße Unter den Linden als »Via triumphalis« einbezogen. In einem geschlossenen Zyklus sind in allegorischer Form das Leben und der Tod eines Helden dargestellt.

In den fast 40 Jahren, die seit dem Entwurf Schinkels bis zur Aufstellung der Figurengruppen vergangen waren, hatte sich das Antikeverständnis wesentlich gewandelt, sodass die schließlich vollendete Brücke auch auf viel Kritik und Unverständnis stieß. Im Volksmund hieß sie lange Zeit »Puppenbrücke«.

Der zunehmende Straßenverkehr in der zweiten Hälfte des 19. Jahrhunderts führte zu Schäden an den Gewölben und Klappverschlüssen. Einer Teilerneuerung der Geländer 1880 folgten Reparaturen an den Gewölben. Trotz dieser Bemühungen musste der Polizeipräsident mit Schreiben vom 16. Oktober 1907 den Omnibusverkehr sperren lassen. Die erwogenen Verstärkungs- und Neubaupläne scheiterten bis 1911 an dem Streit zwischen Magistrat und Staat um die Kosten der Bauarbeiten. Die »Berliner Neuesten Nachrichten« vom 27. Mai 1911 stellten dazu mit der Überschrift »Die vernachlässigte Schloßbrücke« fest: »Der Verkehr der Autobuslinie mußte vor drei Jahren eingestellt werden, und zwar auf Veranlassung der Polizei, die befürchtete, daß die Brücke trotz der vielen Ausbesserungen, Verstärkungen usw. nicht länger standhalten würde … Der Magistrat war bereit, diesen Bau auszuführen, wenn ein angemessener Zuschuß geleistet würde. An der Weigerung des Fiskus, einen solchen Beitrag einmalig zu leisten, sind die Pläne gescheitert.«

1912 kam der Einbau eines Stahlbetongewölbes im Mittelfeld zur Ausführung. Damit hatte die Brücke endlich die der Idealvorstellung Schinkels entsprechende Gestalt erhalten. Die Erneuerung des Mittelgewölbes konnte jedoch nicht verhindern, dass starke Schäden am östlichen Widerlager den Bestand der Brücke wenige Jahre später ernsthaft bedrohten. 1927 mussten deshalb das östliche Widerlager und das östliche Gewölbe nach einer Verstärkung des Pfahlrostes erneuert werden. Schließlich erzwangen Schäden am westlichen Brückengewölbe 1938 ebenfalls eine Gewölbeerneuerung.

Die Bombenangriffe 1943/44 und die weiteren Kampf-

Die Figurengruppen zu beiden Seiten der Schlossbrücke stellen – jeweils von den Linden beginnend (rechte Spalte der Fotos), erst südlich (obere Reihe der Fotos), dann nördlich – folgende Motive dar: Nike lehrt den Knaben Heldensagen (Wolff), Athena unterrichtet den Jüngling im Gebrauch der Waffe (Schievelbein), Athena bewaffnet den Krieger (Möller), Nike krönt den Sieger (Wolff); Nike richtet den Verwundeten auf (Wichmann), Der Jüngling wird von Athena in neuen Kampf geführt (Wolff), Der junge Held wird von Athena unterstützt (Blaeser), Der siegreich Gefallene wird von Nike zum Olymp getragen (Wredow). Aufnahmen von 1985

handlungen 1945 führten zu schweren Schäden am Bauwerk. Glücklicherweise entging die Brücke dem Schicksal der meisten innerstädtischen Brücken, nämlich der sinnlosen Sprengung durch die deutschen Truppen. Die Figurengruppen, 1943 demontiert und auf das Gelände des Spandauer Südhafens bzw. des Westhafens im Bezirk Moabit ausgelagert, erfuhren dort nur eine behelfsmäßige Schadensbehebung. Die Brücke selbst wurde 1950 bis 1952 repariert. Die Sanierung der Betongewölbe, der Ansichtsflächen und der Fahrbahnen, die Erneuerung der Granitsockel und das Ersetzen des zerstörten Marmors der Postamente durch Sandstein gehörten zu den wichtigsten Arbeiten. Das gusseiserne Geländer konnte nur im Mittelfeld aus geborgenen Teilen in alter Form erstellt werden, während die Randfelder gemauerte Brüstungen erhielten. In diesem Zustand erhielt die Brücke am 1. Mai 1951 den Namen Marx-Engels-Brücke. 1952 folgte dann die Wiederherstellung des gusseisernen Geländers in den Seitenfeldern.

Nach der Rückführung der ausgelagerten Figurengruppen in den Jahren 1980/81 beschloss man, die Kunstwerke nach fachgerechter Restaurierung wieder an ihren alten Standorten aufzustellen. Die Skulpturen wiesen trotz zwischenzeitlicher Reparaturen starke Korrosionsschäden auf. Es begannen umfangreiche Ergänzungs- und Reinigungsarbeiten. Eingehende Materialuntersuchungen waren vorausgegangen.

Die Verfestigung gelockerter Marmorbereiche und die hydrophobierende Behandlung aller Oberflächen bildeten die Voraussetzungen für die Wiederaufstellung der Skulpturen in der aggressiven Stadtatmosphäre. Am 20. September 1983 »schwebten« unter starker Anteilnahme der Bevölkerung die ersten vier Figurengruppen auf die aus bulgarischem Marmor neu hergestellten Postamente im nördlichen Teil der Brücke. Die restlichen vier Gruppen vervollständigten am 26. April 1984 das Ensemble. Gleichzeitig wurden die Ansichtsflächen der Brücke repariert, Fahr- und Gehbahnen erneuert und die gusseisernen Geländer saniert. Zur Komplettierung des Bauwerks gehörte auch die Montage einer historischen Beleuchtungsanlage. Da geeignete Leuchten und Maste fehlten, wurden sie nach zeichnerischen Vorlagen neu gefertigt. Ausgehend von ehemals an diesem Standort und in anderen Bereichen Berlins vorhandenen Gaskandelabern sah der Entwurf zweiarmige gusseiserne Kandelaber vor, jeweils vor den Postamenten angeordnet. Nun fehlten zur Vervollständigung der Brücke entsprechend dem Schinkelschen Entwurf nur noch die Adlermedaillons an den acht Postamenten. Da je Medaillon nur ein Gipsabdruck erhalten geblieben war, galt es für das jeweils spiegelbildliche Gegenstück ein neues Modell zu fertigen, bevor fünf Bildhauer 1988/1989 die acht neuen Adlermedaillons aus carrarischem Marmor nachbilden konnten. Den vorbereitenden Arbeiten

Angler mitten in Berlin

an den Postamenten folgte dann im August 1989 die Montage der Medaillons, sodass kurz vor der Wiedervereinigung der Stadt endlich wieder eine vollständige Brücke präsentiert werden konnte. Ihren alten Namen »Schlossbrücke« erhielt sie am 3. Oktober 1991 zurück.

Aufstellung der Figurengruppen nach ihrer Restaurierung 1983

Die Schlossbrücke im Jahre 2003

Eiserne Brücke

Die Eiserne Brücke von 1797

Blick von der Hundebrücke zur Eisernen Brücke und zum Mehlhaus, L. Müller, 1810

Zur Verbindung der am ehemaligen Unterbaum gelegenen Bastion 1 – der heutigen Museumsinsel – mit der nächsten, südwestlich gelegenen Bastion 13 wurde Ende des 17. Jahrhunderts zwischen Cölln und Berlin eine Holzbrücke errichtet. Sie führte oberhalb des Gießhauses als kleine Chausseebrücke über den 1658 bis 1683 hergestellten Teil des Festungsgrabens, und zwar dort, wo er in den Kupfergraben einmündet. Die Wallbrücke, auch »Brücke über dem Durchschnitt bei der Treckfahrt« und »Kupfergrabenbrücke« genannt, wurde als eine zum Festungsbereich gehörende Brücke aus der Fortifikationsbaukasse finanziert. Sie besaß massive Widerlager und Klappvorrichtungen für die Schifffahrt.

In den Jahren 1796/97 wurde sie als erste Berliner Brücke aus Gusseisen erneuert und deshalb Eiserne Brücke genannt. Wegen ihres hoch gewölbten Bogens hieß sie zeitweilig auch

Im Jahre 1905

Hohe Brücke. Als schmückendes und nützliches Element diente in der Geländermitte eine gusseiserne Laterne.

Die erste gusseiserne Brücke überhaupt führte ab 1779 in Coalbrookdale über den Severn, auf dem europäischen Festland machte die 1794 bis 1796 erbaute Brücke über das Striegauer Wasser bei Laasan den Anfang. Die königlichen Eisenwerke in Malapane fertigten dann auch einige Berliner Brücken, so als erste die über den Spreekanal im Zuge der Bodestraße. Zeugen dieser Bauart sind heute noch die gusseisernen Brücken im Schlosspark Charlottenburg von 1800 bzw. 1802 und die Brücke des Ruinenschlösschens auf der Pfaueninsel von 1806.

Die gusseisernen Konstruktionen hatten bei Straßenbrücken – wie z.B. der Weidendammer oder Friedrichsbrücke – wegen ihrer Sprödbruchanfälligkeit nur einen kurzen Bestand. So musste auch die Eiserne Brücke bereits 1825 erneuert werden. Die neue Dreifeldbrücke behielt den alten Namen, obwohl sie nun massive Randfelder und im Mittelfeld ein Holztragwerk mit Klappen für den Schiffsdurchlass besaß.

Im Jahre 1894 verstärkte man die Brücke zur Aufnahme der Pferdestraßenbahngleise. 1910 führten sieben Straßenbahnlinien vom Platz neben der Lindenoper über die Eiserne Brücke, die für Schiffe nur einen Durchlass von 7,6 m und für den Straßenverkehr einschließlich der Pferdebahn zwischen den Geländern eine Breite von 7,2 m bot. Sie gehörte damit zu den vielen Berliner Brücken, die bei ihrer Übernahme durch die Stadt im Januar 1876 nicht mehr den Verkehrsanforderungen entsprachen. Diese Situation beschrieb »Der Bär« vom 27. September 1879 wie folgt: »Zur Zeit befinden sich 25 Spreebrücken, 30 Kanalbrücken und 37 Brücken über

Die Brücke nach der Erneuerung 1916

die Panke, den Grünen Graben u.a., zusammen also 92, in städtischem Besitz, von denen die meisten im Laufe der Zeit einem Umbau unterzogen werden müssen, um einigermaßen den Bedürfnissen des Verkehrs, auf welche die fiskalische Verwaltung in durchaus nicht lobenswerter Weise gar keine Rücksicht genommen hatte, entsprechen zu können. Das Berliner Pflaster und die Berliner Brücken verdanken ihren schlechten Ruf dieser fiskalischen Verwaltung, und die städtische Verwaltung hat alle Hände voll zu tun, um die ›Schlechtigkeit‹ des Fiskus wiedergutzumachen.«

Bezüglich der Eisernen Brücke forderte die »Große Berliner Pferde-Eisenbahn-Aktien-Gesellschaft« am 30. November 1887: »Die mit der Gemeinde vereinbarte Einrichtung des elektrischen Betriebs auf unserer Bahn erheischt für den Verkehr der Motorwagen ... die Herstellung einer dem Raddruck dieser Wagen entsprechende Tragfähigkeit der Brücken.« Obwohl die Pferde- und elektrischen Straßenbahnlinien die Eiserne Brücke also bis zur Grenze des Möglichen beanspruchten, wurde der Neubau einer dauerhaften Brücke noch bis zum Anfang des 20. Jahrhunderts hinausgeschoben. Die ursprüngliche Absicht, ein massives Gewölbe auszuführen, scheiterte am schlechten Baugrund, und eine stählerne Balkenbrücke war mit der Architektur der benachbarten Museumsbauten nicht in Übereinstimmung zu bringen.

Als konstruktiv möglich und gestalterisch befriedigend erachtete man schließlich den von Walter Koeppen erarbeiteten Entwurf eines 20 m weit spannenden stählernen Fachwerkbogens mit Natursteinverblendung in den Ansichtsflächen. Die auf Holzpfählen gegründete Brücke erhielt eine Breite von 23 m und eine Länge von 20 m. Zu der sehr zurückhaltenden Ausschmückung, die sich den benachbarten Gebäuden unterordnet, gehören bronzene Geländerfüllungen und ein Brunnen unmittelbar neben der Brücke. Man war sichtlich bestrebt, das Bauwerk seiner Umgebung gefällig anzupassen. So greift ein Stirnbogen an den Auflagern hinter die viertelkreisförmig vortretenden Uferanschlüsse, um die Kämpferfugen unsichtbar zu machen. Das Mauerwerk wird ohne Andeutung der Brückenbahn gleichmäßig hochgeführt. Es ist erst in der Brüstung mit Durchbrechungen versehen, deren Füllwerk die Fläche belebt. Die sich südöstlich anschließende Stützmauer, deren Muschelkalkverblendung mit der Brückenarchitektur übereinstimmt, schließt die Brücke gegen den Lustgarten ab, zu dem von der Straße zwei Treppen hinabführen. An den Treppen berichtet eine Inschrift über Namen und Geschichte der Brücke. Die Bänke der Uferpromenade gestatten einen schönen Blick auf die Eiserne Brücke und die nahe gelegene Schlossbrücke.

Der 1914 begonnene Brückenneubau fand 1916 seinen Abschluss. Im Zweiten Weltkrieg stark beschädigt, diente die Brücke lange Zeit als Schuttkippe. Die Instandsetzung des heute unter Denkmalschutz stehenden Bauwerks vollzog sich im Jahre 1954. Neben umfangreichen Natursteinarbeiten galt es, die Fahr- und Gehbahnen sowie die Stahlkonstruktion zu reparieren. So bleibt die Eiserne Brücke in alter Form ein Teil des sie umgebenden Gebäudeensembles, das nun durch das rekonstruierte Neue Museum wieder vervollständigt wird.

Die Eiserne Brücke im Jahre 2003

Brücken im weiteren Stadtgebiet

»Brücken, Brücken, nischt als Brücken,
wer soll sich da noch durchfinden?«

*Berliner Droschkenkutscher zu einem Fahrgast,
der zur Löffelbrücke wollte.*

Brücken über Oberspree und Dahme

Am Anfang des 18. Jahrhunderts, also nahezu 500 Jahre nach der Stadtgründung, entstanden östlich des Mühlendamms mit der – heute nicht mehr vorhandenen – Waisenbrücke, nahe dem Märkischen Museum, und der Oberbaumbrücke die ersten festen Spreeüberbrückungen, und diese lagen wiederum mehr als 3 km voneinander entfernt. Es vergingen dann noch weitere 100 Jahre, bevor die Jannowitz- und die Schillingbrücke die Verkehrsbeziehungen in diesem Stadtgebiet verbesserten. Die Michael- und die heute verschwundene Brommybrücke vervollständigten am Ende des 19. Jahrhunderts das Brückenensemble zwischen der Mühlendammbrücke und der ehemaligen städtischen Zollgrenze an der Oberbaumbrücke. Von dort bis zur Dammbrücke in Köpenick gab es ebenfalls viele Jahrhunderte keine feste Spreequerung, bevor ab 1891 die Stubenrauch- und ab 1904 die Treskowbrücke die beiden Spreeufer verbanden. In Treptow dauerte es noch bis zum Bau der Stralauer Brücke im Jahre 1951, ehe dem Verkehr neben der Bahnbrücke auch eine Straßenbrücke zur Verfügung stand. Nachfolgend werden die wichtigsten Brücken über die Spree und die Dahme östlich der Oberbaumbrücke vorgestellt.

Elsenbrücke

Die einschließlich des Rampenbauwerks 185 m lange Elsenbrücke im Zuge der Elsenstraße verbindet seit 1968 die Stralauer Allee auf der Friedrichshainer mit der Puschkinallee auf der Treptower Seite. Die Brücke beseitigte eine jahrelange Engstelle des Straßenverkehrs und entlastete die östlich der Eisenbahnbrücke gelegene ehemalige Stralauer Brücke.

Die erste Spreebrücke in dieser Gegend war die Eisenbahnbrücke der Ende 1867 eröffneten Strecke nach Görlitz, die dann ab Anfang des 20. Jahrhunderts durch den Anbau eines 2 m breiten Stegs erstmals auch Fußgängern das Überqueren der Spree ermöglichte. Zuvor konnten die Einwohner Treptows, die bis 1905 zur Kirchgemeinde Stralau gehörten, die Kirche am anderen Spreeufer nur per Kahn oder mit großem Umweg über die Oberbaumbrücke erreichen.

Die erste Straßenbrücke über die Spree wurde in diesem Bereich erst 1951 gebaut. Wenige Meter östlich der Eisenbahnbrücke entstand die 220 m lange Stralauer Brücke als Behelfskonstruktion. Ein Ideenwettbewerb leitete dann die Planung einer dauerhaften Spreebrücke, der heutigen Elsenbrücke, ein. Unter mehreren Varianten entschied man sich

Die Elsenbrücke von 1968 (links im Bild)

für eine Spannbetonbrücke über drei Felder mit Stützweiten von 45,0/65,0/45,0 m. Die Brücke besitzt zwei nebeneinander liegende Überbauten mit einer Gesamtbreite von 34,6 m. Die Gradiente der Brücke wurde durch die geforderte lichte Höhe in der Schifffahrtsöffnung von 4,25 m bestimmt. Zur Erzielung einer geringen Bauhöhe erhielt der Brückenüberbau in Längs- und Querrichtung eine Vorspannung.

Die Bauarbeiten begannen im Juni 1964. Der Baugrund erforderte für die Widerlager Bohrpfahlgründungen, gestattete jedoch bei den Strompfeilern eine Flachgründung. Am 19. Mai 1968 berichtete die »Berliner Zeitung«: »Im sanften Bogen überspannt sie die Spree bei Treptow. Die neue Elsenbrücke präsentiert sich dem S-Bahn-Fahrer schon mit Geländer und modernen Peitschenleuchten. Mechanische Walzen glätten gegenwärtig den Untergrund für die Treptower Auffahrt. Mit der Fertigstellung dieses neuen Spreeübergangs wird die alte ›Tausendfüßlerbrücke‹ jenseits des Stadtbahnviadukts bald der Vergessenheit angehören.« Und das tat sie dann auch. Denn der Verkehrsfreigabe der neuen Brücke am 4. Oktober 1968 folgte der Abbruch der Stralauer Brücke. Die neue Brücke erhielt den Namen Elsenbrücke, der sich von der Erle ableitet, die man auch Else nannte.

Abteibrücke

Abseits vom städtischen Hauptverkehrsstrom gelegen, verbindet die Abteibrücke mit kühnem Schwung das Treptower Ufer mit der Insel der Jugend. Es ist schwer vorstellbar, dass der freie Blick vom Treptower Ufer hinüber zu dem ehemaligen Fischerdorf Stralau noch in der Mitte des vorigen Jahrhunderts nicht durch eine Insel unterbrochen wurde – doch diese existierte damals tatsächlich noch nicht. Wie bei der ehemaligen Abteiruine, die der Brücke den Namen gab, waren es kommerzielle Gründe, die zu ihrer künstlichen Anlage führten. In einem Schreiben Treptower Bürger an den Gemeindevorstand vom 26. Juli 1904 heißt es: »Mitte der 60er Jahre des vorigen Jahrhunderts befand sich in der Spree vor den Grundstücken von Mosisch und Kettlitz eine flache Stelle, die mit Schilf bewachsen war. Eine Anlandung, die über Mittelwasser der Spree hervorgeragt hätte, war nicht vorhanden.« Weiter wird ausgeführt, dass ein Herr Heinicke die Auffüllung der schilfbewachsenen Flachstelle mit Erde und Straßenmüll, auf Zillen aus Berlin herangeschafft, veranlasste und der erste Besitzer der so geschaffenen Insel war.

Treptow hatte um 1860 wenig mehr als 100 Einwohner und erlangte erst 1876 mit nur 567 Einwohnern als Landgemeinde die Selbstverwaltung. Im Laufe des 19. Jahrhunderts

Die Abteibrücke von 1916

wurde es jedoch zunehmend ein Ausflugsziel der Berliner. Langhans d. J. baute in den Jahren 1821/22 das dort gelegene alte Vorwerk zu einem zweistöckigen städtischen Gasthaus mit Blick auf die Spree um. Der Gehilfe des Pächters und Feuerwerker Koehn zündete hier 1835 das erste der bald stadtbekannten Feuerwerke, die von nun an traditionelle Werbeveranstaltungen der Treptower Gastwirte darstellten. Erst die Berliner Gewerbeausstellung 1896 leitete die städtische Entwicklung ein. Einbezogen in den Veranstaltungsbereich war auch die neue Spreeinsel, auf der man ein Restaurant im Stile einer schottischen Klosterruine baute.

Erste Bemühungen um einen Brückenbau zeigt eine Bekanntmachung am Bahnhof Treptow vom 12. Juli 1904: »Der Restaurateur Gustav Busekov in Treptow beabsichtigt den Bau einer festen Brücke für Wagen und Fußgänger über den seitlichen Spreearm zwischen dem ihm gehörenden Grundstück an der Treptower Chaussee zu Treptow und der gegenüberliegenden Treppbruchinsel (Abtei).«

Die Brückenbaupläne, durch den Ausbruch des Ersten Weltkriegs verzögert, nahmen 1915 konkrete Formen an. Drei Konstruktionsvarianten für eine massive Bogenbrücke standen zur Diskussion. Erst nach Baubeginn im Oktober 1915 entschied man sich für einen Gusseisenbetonbogen mit aufgeständerter Gehbahnplatte aus Stahlbeton. Abgesehen davon, dass Stahlbeton zu dieser Zeit eine relativ neue Bauweise darstellte – die ersten »Amtlichen Bestimmungen für die Ausführung von Bauwerken aus Eisenbeton« stammten aus dem Jahre 1904 –, war der Einbau gusseiserner Rohrprofile als Bewehrung bisher nur vereinzelt zur Anwendung gekommen. Das Prinzip dieser Bauweise besteht darin, dass durch Muffen verbundene Rohre einbetoniert werden und zusammen mit weiteren Stahleinlagen einen Verbundquerschnitt bilden.

Die Abteibrücke besteht aus zwei eingespannten Bogenträgern mit veränderlicher Breite und Höhe und einer lichten Weite von 75,4 m. Auf den Bogenträgern ist die 4,4 m breite Gehbahn aus Stahlbeton aufgeständert. Als eines der ersten Bauwerke dieser Bauweise ist die Abteibrücke heute ein interessantes technisches Denkmal.

Bei den Widerlagergründungen dienten zusätzliche Schrägpfähle der Aufnahme der Lasten der Brücke einschließlich der beiden turmartigen Aufbauten. Beim Betonieren des Bogens, der im Scheitel 10 m über dem Wasserspiegel liegt, wirkten 1916 auch kriegsgefangene Franzosen und Russen mit. Die Montage der schmiedeeisernen Geländer mit beiderseits acht bogenförmigen Leuchtenträgern gehörte zu den letzten Arbeiten, bevor die Brücke am 1. Juli 1916 ihre Funktion aufnahm. Den Zweiten Weltkrieg überstand die Abteibrücke unbeschädigt. Wegen der im Laufe der Jahre entstandenen Schäden kam es in den 70er und 90er Jahren zu umfangreichen Reparaturen.

Stubenrauchbrücke

Die Geschichte der Gemeinden Ober- und Niederschöneweide und damit auch die der Stubenrauchbrücke am Ende des 19. Jahrhunderts ist eng mit der raschen Entwicklung der Berliner Großindustrie verbunden. In dieser Zeit stieg die Anzahl der Einwohner sprunghaft. Hatte die zum Kreis Niederbarnim gehörende Gemeinde Oberschöneweide bei ihrer Gründung am 6. April 1898 nur 2000 Einwohner, so zählte sie nur zehn Jahre später bereits 20 000.

Niederschöneweide, im Kreis Teltow gelegen, besaß Anfang des 19. Jahrhunderts nur 29 Einwohner, hieß bis 1871 Schöneweide und wurde erst 1878 selbstständig. Das Aufblühen der beiden durch die Spree getrennten Gemeinden bedingte zwangsläufig den Bau verbindender Brücken. Doch 1885 bewilligte der Teltower Kreistag zunächst nur eine Kettenfähre. Erst auf Veranlassung der Grundrentengesellschaft Berlin, die 1889 den Besitz Wilhelminenhof im späteren Oberschöneweide kaufte, kam es 1891 zum Bau einer Brücke.

Das 121 m lange Bauwerk bestand aus hölzernen Jochen sowie aus hölzernen Sprengwerk- und Fachwerkkonstruktionen über neun Öffnungen. Es diente auch der Überführung der Privatanschlussbahn vom Güterbahnhof Niederschöneweide zu den Fabriken in Oberschöneweide. Trotz einer Verstärkung im Jahre 1900 erzwangen Bauschäden sechs Jahre später die Sperrung der Brücke. Daraufhin be-

Die hölzerne Stubenrauchbrücke von 1891

schlossen die Kreistage von Teltow und Niederbarnim Ende 1906 einen Brückenneubau. Die neue Brücke erhielt mit ihrer Eröffnung am 20. Juni 1908 den Namen des ehemaligen Teltower Landrates Ernst von Stubenrauch (1853–1909), der u. a. wesentlichen Anteil am Bau des Teltowkanals in den Jahren 1900 bis 1906 hatte. Im Volksmund heißt die Brücke bis heute auch Karlshorster Brücke.

Die Forderung der Strombehörden nach einer Schifffahrtsöffnung von 50 m Breite war maßgebend dafür, dass man sich für eine Brücke mit drei Öffnungen entschied. Man wählte einen stählernen Fachwerkbogen mit Zugband in der Mittelöffnung und massive Gewölbe in den Seitenöffnungen. Die Stützweiten betragen 21,5/60,0/21,5 m, und die Breite zwischen den Geländern misst 14,9 m. Die Fahrbahnbreite war durch die Anordnung von zwei Gleisen für den Güterverkehr und die Straßenbahn festgelegt.

Die Bauarbeiten begannen im Juli 1907. Um den Gewölben eine mit dem stählernen Fachwerkbogen des Mittelfeldes übereinstimmende Gestaltung zu geben, wählte man hier Stahlbetonbögen in aufgelöster Form. Sie erhielten an den Kämpfern und im Scheitel zunächst Gelenke, die man nach dem Abklingen der Setzungen und des Betonschwindens schloss. Die Stubenrauchbrücke war eine der ersten Brücken, bei der dieses vorteilhafte Prinzip Anwendung fand. Widerlager und Pfeiler erhielten eine Granitverblendung und waren im Februar 1908 so weit hergestellt, dass die Montage der Stahlkonstruktion beginnen konnte. Mit der Freigabe erhielt die Gesellschaft für den Bau von Untergrundbahnen die Genehmigung zur Aufnahme des Straßenbahnverkehrs.

Eine Dehnung des stählernen Zugbandes der Mittelöffnung führte 1925 zur Verkehrssperrung. Damals rollten täglich bis zu 14 Züge der Privatanschlussbahn mit bis zu 130 Achsen über die Stubenrauchbrücke. Im Folgejahr wurden nach Abbruch der Fahrbahn die Zugbänder erneuert.

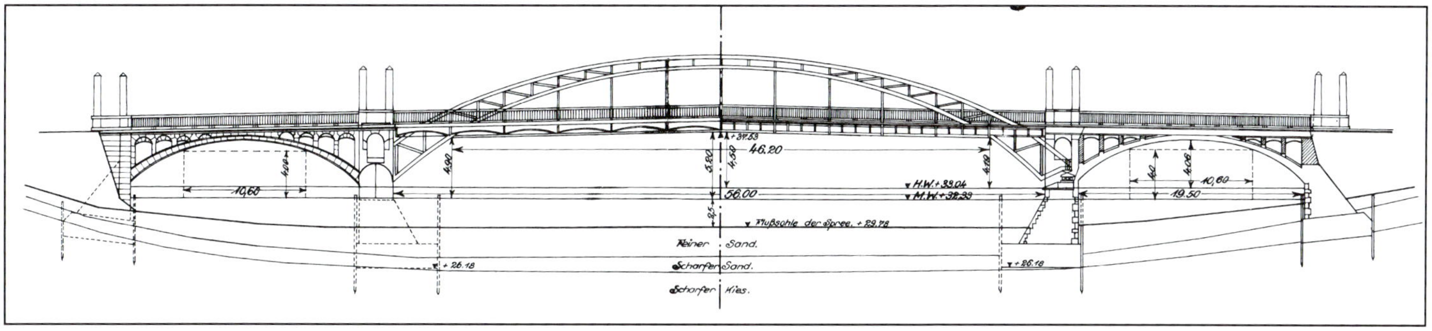

Längsschnitt der 1903/04 neu gebauten Stubenrauchbrücke

Die Bombenangriffe am Ende des Zweiten Weltkrieges beschädigten die Brücke schwer. Der nördliche Pfeiler setzte sich um 60 cm, das Mittelfeld wurde um einige Zentimeter in Längsrichtung verschoben und das Gewölbe im nördlichen Feld stürzte ein. Sowjetische Pioniere errichteten 1945 zunächst eine Behelfsbrücke. Da die Treskowbrücke gesperrt war, war eine provisorische Reparatur der Stubenrauchbrücke dringend erforderlich. So setzte man das Mittelfeld zunächst behelfsmäßig instand, hob die Stahlkonstruktion mittels Pressen wieder in horizontale Lage und gab den Verkehr frei. Erst nach der Hebung und Reparatur der Treskowbrücke im Jahr 1956 folgte dann die endgültige Wiederherstellung der Stubenrauchbrücke. Bei unverändertem Querschnitt beträgt die neue Brückenlänge nun 123,5 m. Während die Industriebahn mit der Fertigstellung der Brücke 1959 entfiel, verblieb das Straßenbahngleis in seitlich verschobener Lage noch bis 1973. Das inzwischen unter Denkmalschutz stehende Bauwerk erfuhr in den Jahren 2000/01 eine umfassende Instandsetzung.

Treskowbrücke

Die hölzerne Stubenrauchbrücke entsprach zu Beginn des 20. Jahrhunderts nicht mehr den Verkehrsanforderungen des umliegenden Gewerbegebiets. Bei der Neuaufteilung des Fabrikgeländes zwischen dem Bahnhof Niederschöneweide und der Spree ergab sich die günstige Gelegenheit, in Verlängerung der damals an der Wilhelminenhofstraße endenden Edisonstraße einen Straßendurch-

Die Stubenrauchbrücke im Jahre 2003

Die Treskowbrücke von 1904

bruch mit Spreebrücke zu verwirklichen. Die Gemeindevertretung von Oberschöneweide vergab 1903 den Auftrag für die Treskowbrücke.

Die Art der Brückenkonstruktion wurde u. a. durch die Forderung der Wasserbauverwaltung nach einer Schifffahrtsöffnung von 70,0 m Breite und 4,5 m Höhe bestimmt. Außerdem wünschte die Gemeinde eine 7,5 m breite Fahrbahn, die zwei Straßenbahngleise aufnehmen sollte. Man bezog sich dabei auf ähnliche Fahrbahnbreiten zeitgenössischer Elbe- und Rheinbrücken und meinte damit auch den zukünftigen Anforderungen zu genügen. Wie falsch diese Annahme war, zeigte sich ein Vierteljahrhundert später.

Im Jahr 1903 begannen die Bauarbeiten für die elegante stählerne Dreifeldbrücke mit den Stützweiten 37,5/78,0/37,5 m und einer Gesamtbreite von 14,5 m. Ein flacher Fachwerkbogen mit Zugband und abgehängter Fahrbahn im Mittelfeld und die Fachwerkträger unterhalb der Fahrbahnen in den beiden Seitenfeldern bildeten die Haupttragglieder. Bei der Verkehrsfreigabe im Dezember 1904 erhielt die Brücke den Namen Treskowbrücke – nach dem damaligen Landrat des Kreises Niederbarnim Sigismund von Treskow.

Obwohl mit der Stubenrauchbrücke ab 1908 eine weitere solide Spreebrücke an der Oberspree zur Verfügung stand, behinderten die zu geringe Fahrbahnbreite und Tragfähigkeit der Treskowbrücke die rasche Entwicklung des motorisierten Verkehrs. Da eine Verbreiterung wegen des oben liegenden Tragwerks nicht möglich war, beschloss der Magistrat im Februar 1934 einen Neubau.

Man entschied sich wieder für eine Brücke mit drei Öffnungen mit 37,5/78,0 und – leicht verändert – 44,6 m Länge, sodass die Standorte der Strompfeiler unverändert blieben. Als Überbau kamen jetzt zwei über alle drei Öffnungen durchlaufende doppelwandige Stahlträger mit dazwischen liegender Fahrbahn und außen angehängten Gehbahnen zur Ausführung. Die bis zu 3,6 m hohen Stahlträger ließ man 1,1 m über die Gehbahnen hinausragen, um einerseits eine Höherlegung der Rampenanschlüsse zu vermeiden und andererseits den Passanten noch gute Sichtmöglichkeiten zu geben. Die Fahrbahnbreite beträgt nun 12,0 m, die Gesamtbreite 22,3 m. Als schmales Band zieht sich das Bauwerk über die Spree.

Mit der Herstellung einer 200 m langen Behelfsbrücke begannen im April 1934 die Bauarbeiten. Durch intensive Bautätigkeit konnte die Brücke schon im November 1935 fertig gestellt werden.

Bei der Sprengung der Brücke im Jahr 1945 wurde der Stahlüberbau der Mittelöffnung am nördlichen Pfeiler getrennt und stürzte in die Spree, wo er die Schifffahrtsöffnung

Die Treskowbrücke von 1934/35

Die Wilhelm-Spindler-Brücke von 2002

blockierte. Die Rote Armee errichtete einen behelfsmäßigen Steg vom nördlichen Pfeiler auf die abgestürzte Fahrbahn des Mittelfeldes, sodass bereits wenige Tage nach Kriegsende eine Verbindung für Fußgänger bestand. Die Treskowbrücke wurde erst in den Jahren 1950/51 als eine der letzten Brücken gehoben. Ursache dafür waren u. a. die unverhältnismäßig großen Massen, die dabei zu bewegen waren. Das Heben der Treskowbrücke gehört zu den bemerkenswertesten Leistungen der Brückenbauer in dieser Zeit. Im März 1954 folgte dann die letzte Etappe der Brückenreparatur. Nach dem Ergänzen der beim Sprengen zerstörten Teile bzw. dem Richten der verformten Tragwerksteile und dem Einbau der Brückenlager wurde der Überbau in seine alte Lage gebracht. In den Jahren 1983/84 und 1999 bis 2001 kamen umfangreiche Reparaturen zur Durchführung.

Wilhelm-Spindler-Brücke

In den Jahren 2000 bis 2002 konnte die seit langem geplante westliche Umgehungsstraße zur Entlastung der Altstadt Köpenick in einem ersten Abschnitt zwischen der Straße An der Wuhlheide und der Oberspreestraße verwirklicht werden. Zu dem Projekt gehört auch eine neue Spreebrücke, die anlässlich der Verkehrsfreigabe den Namen Wilhelm-Spindler-Brücke erhielt. Damit wird an einen Unternehmer mit bemerkenswertem sozialen Engagement erinnert. Spindler verlegte seine Dampfwäscherei und Färberei im Jahre 1873 vom Spittelmarkt nach Köpenick. Hier, nördlich der Köllnischen Vorstadt, erwarb er 26 ha Fläche. Die Wohn-, Fabrik- und kommunalen Gebäude bildeten bald einen eigenständigen Vorort, der heute den Namen Spindlersfeld trägt. Über die sozialen Aktivitäten von Wilhelm Spindler schreibt das Köpenicker Tageblatt vom Oktober 1932: »Durch eine große Anzahl von Stiftungen, Schenkungen, Baulichkeiten, es sei nur an den Spindlerbrunnen, Spindlershof und den Müggelturm erinnert, hat sich Spindler stets in den Dienst der Allgemeinheit gestellt …«

Die 154,5 m lange und 25,0 m breite Brücke über drei Felder entstand als Spannbeton-Hohlkastenkonstruktion mit je Fahrtrichtung geteilten Überbauten. Die Hohlkästen mit geneigten Seitenflächen haben parabolisch gekrümmte Unterseiten mit einem Stich von 2,05 m im Mittelfeld. Widerlager, Stützen und Flügelwände sind mit Lausitzer Granit verblendet.

Dammbrücke und Lange Brücke

Schon lange vor der ersten urkundlichen Erwähnung von Köpenick im Jahre 1209 hatten sich Slawen auf der heutigen Schlossinsel angesiedelt und später eine Burg errichtet. Mit der Insellage, die dem Ort den Namen gab (von slaw. copanic, Inselort), ist auch die Entstehung der Brücken verbunden, die über die Spree und die Dahme führen und heute Dammbrücke und Lange Brücke heißen. Das Stadtrecht erhielt Köpenick 1239. Dem Schloss gegenüber, am rechten Ufer der Dahme, lag ein Fischerdorf, der Kietz zu Köpenick. Unter einem Schulzen bildete es schon 1355 eine geschlossene Gemeinde, erst 1898 wurde es nach Köpenick

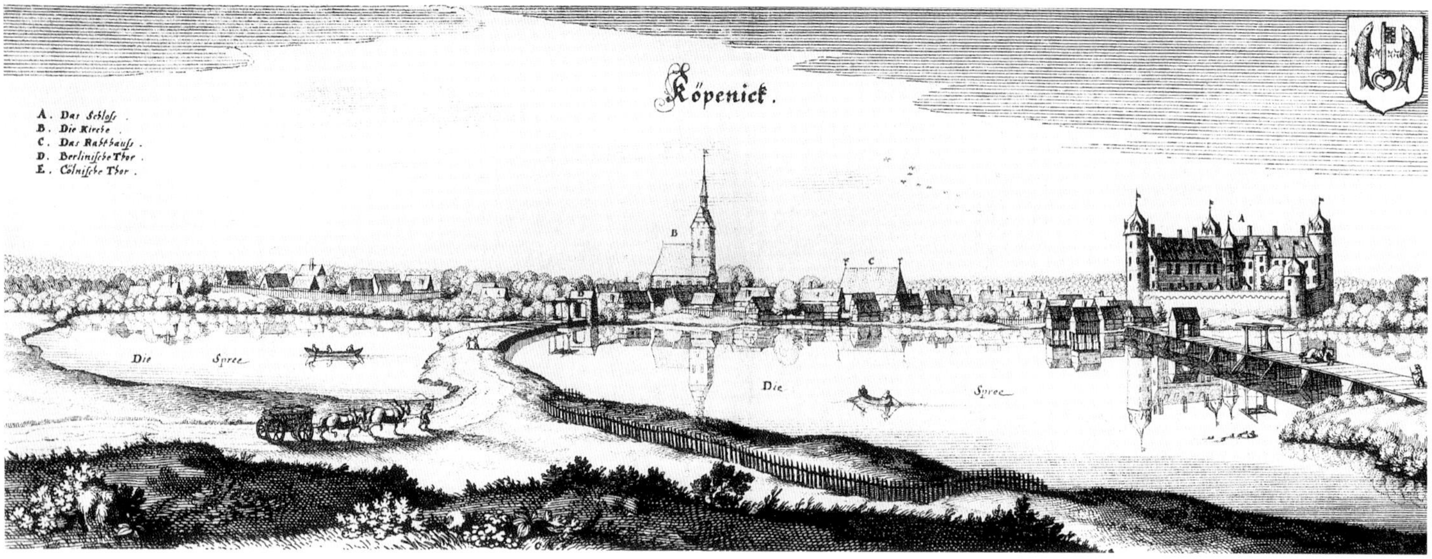

Alte Dammbrücke und Lange Brücke in Köpenick, Kupferstich von C. Merian, 1652

eingemeindet. Auf die große Armut der Köpenicker verweist eine Urkunde des Kurfürsten Friedrich I. aus dem Jahre 1424, mit der er der Stadt Köpenick das Marktrecht zuerkannte: »Im Betracht der Armut und der ›Unfestigkeit‹ an Brücken, Gräben usw., darin sich seine treuen Bürger zu Köpenick zur Zeit befänden, wolle er Fürsorge treffen, dass das Städtlein nicht in größere Armut und Baufälligkeit kommen möge.« Hieraus ist auch zu entnehmen, dass es bereits Brücken gab. Urkunden aus dem 16. Jahrhundert zeugen davon, dass die Köpenicker Brückengeld zu Wasser und zu Lande erhoben.

Die erste bildliche Darstellung von Köpenick mit dem im Jahre 1558 errichteten Renaissance-Schloss und den beiden Brücken fertigte 1652 der Kupferstecher C. Merian. Die Brücken, hölzerne Jochkonstruktionen ohne Geländer, hatten in den Mittelfeldern je eine Klappe mit Stand- und Hebebaum zum Durchlass der Segelschiffe sowie verschließbare Torgebäude. An der Dammbrücke sperrte zunächst ein langer Damm den breit ausufernden Spreelauf ab, bevor eine relativ kurze Brücke folgte. Die Lange Brücke dagegen war, wie der Name schon sagt, länger; sie endete kurz vor dem festungsartigen Schloss.

Schloss und Lange Brücke in Köpenick, nach W. Barth, um 1850

Am Anfang des 19. Jahrhunderts war Köpenick eine kleine Stadt mit weniger als 2000 Einwohnern, die mit dem 10 km entfernten Berlin durch eine wöchentlich zweimal verkehrende Fahrpost in Verbindung stand. Im Jahre 1842 eröffnete die Märkisch-Niederschlesische Eisenbahn den Bahnhof Köpenick, und ab 1866 fuhren Ausflugsdampfer von der Jannowitzbrücke in das Müggelseegebiet. Die Köpenicker Brücken wurden zunehmend zu Verkehrshindernissen, wobei über die Dammbrücke ab 1882 die erste Pferdebahn vom Schlossplatz zum Bahnhof verkehrte. W. Spatz schreibt dazu 1905 in »Der Teltower«: »Die fiskalische Lange Brücke über die Dahme und die städtische Dammbrücke über die Spree waren Jahrhunderte hindurch hölzerne Zugbrücken, die dem Landschaftsbild ein charakteristisches Gepräge gaben, aber schließlich wegen ihrer schmalen Durchfahrtsöffnungen bei den immer größer werdenden Schiffsgefäßen ein Verkehrshindernis bildeten für die Schifffahrt ebenso wie auch für den Landverkehr, infolge des häufigen Aufziehens der Brücken.«

Zur Verbesserung der Situation bewilligte man 1890 zunächst das Geld für den Neubau der staatlichen Langen Brücke. Der Neubau der städtischen Dammbrücke konnte dann mit Unterstützung der Wasserbauverwaltung im April 1891 beginnen. Zu den Brückenentwürfen schrieb G. Tolkmitt im Jahre 1892 in der »Zeitschrift für Bauwesen«: »Die erforderliche Durchflußbreite ergab sich für beide Brücken gleich groß, nämlich zu 54 m, und da auch die Wasserstände genau übereinstimmten, so konnten beide Bauwerke gleiche Größe und Form der Durchlaßöffnungen erhalten. Gewählt wurden je drei gleich große und gleich hohe Öffnungen, welche daher sämtlich für die Schiffahrt benutzbar sind. Dadurch ist dieser die große Erleichterung zu teil geworden, daß das frühere Warten und Drängen vor der Brücke aufgehört hat, und es sind sogar die Segelschiffer mit der neuen Lage durchaus zufrieden.«

Beide Brücken waren 72,6 m lang, doch während die Dammbrücke eine Breite von 12,0 m erhielt, wovon 8,0 m auf die Fahrbahn entfielen, betrug die Gesamtbreite der Langen Brücke nur 10,0 m, 6,0 m davon waren der Fahrbahn vorbehalten. Für die Entscheidung zugunsten massiver Gewölbebrücken sprach neben den geringen Unterhaltungskosten auch die erhoffte längere Nutzungsdauer. Etwa 100 Jahre später kann die Richtigkeit dieser Entscheidung bestätigt werden. Schwierigkeiten gab es bei der Herstellung der Brückengründungen, da tragfähiger Baugrund erst in größerer Tiefe anstand. Die Bögen wölbte man mit Klinkern von den Kämpfern aus gleichmäßig auf beiden Seiten und bei allen drei Öffnungen im gleichen Schritt. Diese Arbeiten dauerten an beiden Brücken nur jeweils 15 Tage.

Die Dammbrücke von 1892

Vor dem Neubau: Die Dammbrücke im Jahre 1985

Der Neubau der Dammbrücke vollzog sich östlich des alten Brückenzuges, sodass der Verkehr weiterlaufen konnte. Nachdem die Fahrbahn gepflastert war und die gusseisernen Geländer montiert waren, erfolgte im Sommer 1892 die Verkehrsfreigabe. Die Lange Brücke war bereits 1891 eingeweiht worden.

Während die Dammbrücke bis zum Ende des Zweiten Weltkriegs unverändert blieb, verbreiterte man die Lange Brücke in den Jahren 1933/34 mittels stählerner Gehbahnkonstruktionen um beiderseits je 3 m.

Im Frühjahr 1945 sprengten deutsche Truppen das nördliche Gewölbe der Dammbrücke. Nach der Befreiung Köpenicks am 23. April 1945 errichtete die Rote Armee eine Be-

Die Lange Brücke im Jahre 2002

helfsbrücke. Die Wiederherstellung des nördlichen Gewölbes begann im Juni 1949. Dabei verbreiterte man die Brücke beidseitig durch stählerne Gehbahnauskragungen auf 15 m. Am 30. Oktober 1950 konnte der Verkehr auf der reparierten Dammbrücke wieder fließen.

Schon wenige Jahre später nahm die Rissbildung insbesondere im Mittelgewölbe zu, und am 9. Dezember 1983 fasste der Magistrat von Ost-Berlin den Beschluss für einen Neubau. Auch hier waren die Forderungen des Schifffahrtsamtes – ein Schifffahrtsprofil von 4,5 m Höhe und 30,0 m Breite sowie eine Flussbreite von mindestens 40,0 m – entscheidend für die Planungen.

Die neue Trasse liegt – wie vor 1891 – westlich der vorigen Brücke. Da auch beiderseitige Uferwege zu überbrücken waren, ergab sich für die neue Dammbrücke eine lichte Weite von 46,7 m. Von mehreren Varianten erfüllte ein Spannbetonrahmen die genannten Anforderungen am besten. Wirkungsvolle Elemente der sparsamen Brückengestaltung sind die Verkleidung der Widerlagerflächen mit Betonwerkstein und die besondere Formgebung der Leuchten und der Geländer. Die Bauarbeiten erfolgten von Januar 1984 bis Ende 1985.

Anders als bei der Dammbrücke gestattete der bauliche Zustand der Langen Brücke, die als Bestandteil des Schlossensembles unter Denkmalschutz steht, eine Sanierung und damit ihre weitere Erhaltung. Bei der umfassenden Reparatur in den Jahren 1994 bis 1998 erhielt die Lange Brücke wieder ihr ursprüngliches Aussehen. Die neue Querschnittsbreite von 17,2 m wurde durch eine beiderseits auskragende Spannleichtbetonplatte hergestellt. Geländer und Beleuchtungsanlage wurden dem Gestaltungsziel entsprechend erneuert.

Katzengrabenbrücke und Salvador-Allende-Brücke

Stromaufwärts der Dammbrücke verbindet seit 2001 eine 109,2 m lange und 3,0 m breite Fußgängerbrücke das neu erbaute Wohngebiet »Krusenick« mit der Altstadt Köpenick. Das in Form einer Schrägseilbrücke für Fußgänger und Radfahrer errichtete Bauwerk erhielt den Namen Katzengrabenbrücke. Ein paar hundert Meter weiter dient die Salvador-Allende-

Die Salvador-Allende-Brücke von 1981

Die Katzengrabenbrücke von 2001

Brücke der östlichen Umfahrung der Altstadt Köpenick. Diese Spreebrücke entstand mit der gleichnamigen Straße in den Jahren 1979 bis 1981. Die 29,9 m breite und 136,0 m lange Spannbetonkonstruktion besteht aus zwei nebeneinander liegenden Durchlaufträgern und ist ein typischer nüchterner Zweckbau der 70er Jahre des 20. Jahrhunderts.

Triglawbrücke

Von der Salvador-Allende-Brücke bis zur östlichen Stadtgrenze gibt es mit dem Spreetunnel und der Triglawbrücke noch zwei feste Spreequerungen. Der Spreetunnel am Auslauf des Müggelsees im Ortsteil Friedrichshagen ist der einzige Spreetunnel für Fußgänger. Als Ersatz für die alte Kettenfähre war zunächst eine Brücke im Gespräch, die nach Forderung der Schifffahrt allerdings 14 m lichte Höhe aufweisen sollte. Man entschied sich deshalb im Jahre 1926 für einen etwa 120 m langen Tunnel aus Stahlbeton. Dabei kam erstmals in Deutschland die Senkkastenbauweise zur Anwendung. Die beiden Senkkästen, jeweils in halber Tunnellänge und mit den Lichtmaßen von 2,5 x 5,0 m über Wasser hergestellt, wurden mittels Druckluft abgesenkt und miteinander verbunden. Überdachte Treppenanlagen an den Eingängen ergänzen das Bauwerk, das am 25. Mai 1927 in Betrieb ging. Trotz schwerer Beschädigungen im Zweiten Weltkrieg dient der Tunnel bis heute als wichtige Verkehrsanlage insbesondere der Naherholung.

Die Triglawbrücke von 1912

Die letzte Berliner Straßenbrücke über die Spree verläuft kurz vor dem Dämeritzsee im Zuge der Triglawstraße und trägt deren Namen. Sie ist 5,6 m breit und 46,5 m lang und entstand 1912 im Rahmen der Herstellung eines neuen Spreedurchstichs.

Über den benachbarten alten Spreearm führt die 2001 erneuerte Fußgängerbrücke Hessenwinkel, auch Russenbrücke genannt.

Schmöckwitzer Brücke

Wo die Dahme den Zeuthener See verlässt und eine der vermutlich ältesten Siedlungen Berlins liegt, befindet sich die Schmöckwitzer Brücke. Schon im 9. Jahrhundert sollen sich hier slawische Stämme niedergelassen und ein Runddorf

Behelfskonstruktion an der Schmöckwitzer Brücke

gebaut haben. Urkundlich erwähnt wird »Smekewitz« erst im Landbuch Kaiser Karls IV. im Jahre 1375.

Einen Hinweis auf den ersten Brückenbau gibt W. Spatz in »Der Teltow« aus dem Jahre 1905: »Über die Havel führte von alters her bei Potsdam eine Brücke, desgleichen bei Cöpenick über die Spree. Ein Novum dagegen war es, daß man im Jahre 1602 den Bau der Brücke bei Schmöckwitz in Angriff nahm.«

Die Brücke über die Dahme war bis zum Anfang des 20. Jahrhunderts eine einfache Pfahljochkonstruktion mit Aufzügen für den Durchlass der Segelschiffe. Die jeweils nur kurzlebigen Konstruktionen wurden mehrfach erneuert, und im Jahre 1813 soll die Brücke auch einmal abgebrannt sein.

Nach dem Ausbau des Adlergestells im Jahre 1887 und dem Bau einer Brücke zwischen dem Schmöckwitzer Werder und Wernsdorf gab es Bestrebungen, eine dauerhafte Brücke über die Dahme zu bauen, denn Schmöckwitz war zu einem Wassersport- und Naherholungszentrum der Berliner geworden. Doch erst 1907 begann der Bau einer 45 m langen Stahlfachwerkbrücke mit einer anschließenden Schiffsklappe, die nach ihrer Fertigstellung 1908 auch Neue Brücke hieß. Sie lag 50 m südlich der bisherigen Brücke.

Wenige Minuten bevor die Rote Armee am 23. April 1945 in Schmöckwitz einzog, sprengten deutsche Truppen die Brücke. Nach dem Kriegsende bauten sowjetische Pioniere neben der gesprengten Brücke auf zwei quer stehenden Kähnen eine schwimmende Behelfsbrücke. Auf dieser schwimmenden Brücke kam es am 6. Juni 1946 zu einer Havarie: Nachts befuhr eine aus Wernsdorf kommende Zugmaschine mit zwei Hängern die unbeleuchtete Brücke und kippte wegen Überlast mit der Brücke in die Dahme.

Dieser Unfall gab Anlass, 1947 eine 80 m lange Behelfsbrücke zu bauen, die aber nur eine Übergangslösung darstellte. Obwohl erste Entwürfe für die Erneuerung schon im Jahre 1951 vorlagen, verzögerte sich der Baubeginn noch bis 1960. Zur Ausführung gelangte dabei eine Stahlträgerkonstruktion als Durchlaufträger über drei Öffnungen und verbundlos aufgelegter Stahlbetonfahrbahnplatte. Für die Wahl der Stützweiten war die teilweise Wiederverwendung der alten Widerlager und des Strompfeilers maßgebend. Durch den Einbau eines zweiten Strompfeilers und den Wegfall der Klappe ergaben sich die Überbaustützweiten von 9,0/36,0/9,0 m. Die insgesamt 72,4 m lange Brücke ist 22,8 m breit und wurde 1963 dem Verkehr übergeben.

Die Schmöckwitzer Brücke von 1963

Brücken über die Unterspree

In Folge des in der zweiten Hälfte des 19. Jahrhunderts einsetzenden Wirtschaftsaufschwungs und der dadurch ausgelösten Bevölkerungsexplosion wurde ab 1867 die Zollmauer der alten Residenzstadt abgerissen. Mit der Anlage von Kanälen und Eisenbahnlinien und der Eingemeindung von bereits bebauten Gebieten westlich der Stadtgrenze wie Moabit und Tiergarten entstand die Notwendigkeit, auch diesen Teil der Unterspree zu überbrücken. Wie die Brücken innerhalb der Doppelstadt waren auch diese Bauten zunächst einfache und vergängliche Holzkonstruktionen, die wegen der geringen Siedlungs- und Verkehrsdichte in großen Abständen über den Fluss führten.

Auch hier konnte die Spree – in diesem Bereich 50 m breit – erst nach der 1895 vollendeten Kanalisierung der Unterspree, die den Wasserstand im Mittel etwa um 0,75 m absenkte, und mit der durch den Einsatz der Stahlkonstruktionen ermöglichten Entwicklung des Brückenbaus mit festen Überbauten gekreuzt werden, ohne entweder die Schifffahrt durch zu geringe Lichträume allzu sehr einzuschränken oder eine – mit hohen Entschädigungen für die Anlieger verbundene – Anhebung der zuführenden Straßen vorauszusetzen. Denn erst die Stahlbauweise erlaubte eine tragende Konstruktion, die weitgehend über der Fahrbahn liegt und damit den Abstand zwischen Fahrbahnoberfläche und Bauwerksunterseite minimiert.

Moltkebrücke

Die Bauwerksgeschichte der Moltkebrücke begann Mitte des 19. Jahrhunderts mit der Errichtung der knapp 11 km langen eingleisigen Militärbahnlinie, welche die fünf Endbahnhöfe der die Stadt anlaufenden Eisenbahnlinien verband. Sie querte an zwei Stellen die Spree, davon einmal auf einer Holzbrücke etwa 70 m oberhalb des heutigen Bauwerks. Im Mittelteil war diese so genannte Unterspreebrücke mit einer eisernen Gitterkonstruktion ausgestattet, die für die Durchfahrt von Schiffen immer aus dem Weg gedreht werden musste. Die baufällig gewordene Holzbrücke wurde 1865 durch einen Neubau ersetzt, der wegen einer Neutrassierung der Verbindungsbahn nun genau an der Stelle der heutigen Brücke lag.

Dieser Ersatzbau – eine schmiedeeiserne Dreigelenkbogenkonstruktion – überbrückte mit insgesamt fünf Öffnungen die Spree und die beiden parallel zu den Ufern verlaufenden Ladestraßen. Inzwischen war nördlich der Spree der Stadtteil Moabit im Entstehen, sodass man in Erwartung wachsender Verkehrsbeziehungen von dort in den Süden und Südwesten der Stadt neben dem Bahngleis auch eine knapp 8 m breite Fahrbahn und zwei Gehwege anordnete. Die Durchfahrtshöhe für die Spreeschifffahrt maß im Bereich des Bogenscheitels bei Hochwasser 3,32 m, sodass die Segelschiffe nach Umlegen ihrer Masten unter der Brücke hindurchfahren konnten.

Der Dreigelenkbogenkonstruktion – der ersten ihrer Art in Deutschland – war keine lange Lebensdauer beschieden. Schon ein halbes Jahr nach der Inbetriebnahme traten schwere Schäden auf. »Nachdem bereits im Herbst 1884 die alte Moltkebrücke, bei welcher sich in Folge ungenügender Fundierung ein ausweichender Pfeiler und sehr bedenkliche Senkungen der Scheitel der den Überbau bildenden eisernen drei Gelenkträger gezeigt hatten, dem Lastfuhrwerk gänzlich entzogen war, ergab sich schließlich die Nothwendigkeit der vollständigen Beseitigung des alten Bauwerks …«, schreibt Stadtbauinspektor Pinkenburg am 26. November 1889 in einer »Zusammenstellung der Hauptthatsachen beim Bau der Moltkebrücke bis zur Einmauerung des diese Urkunde umschließenden Kastens«. Dieser Text wurde bei Sanierungsarbeiten am 11. Dezember 1984 zusammen mit weiteren technischen Unterlagen, Zeichnungen, Zeitungen, Adressbüchern, Münzen u.Ä. aus den Überresten des »umschließenden Kastens« im südlichen Pfeiler der Brücke geborgen.

Zunächst wurde nun nochmals eine provisorische Holzbrücke errichtet und 1886 in Dienst gestellt. Parallel dazu begann man einen Neubau für die Moltkebrücke – so hieß sie gemäß »allerhöchstem Kronerlaß« seit 1875 – zu planen. Nach den schlechten Erfahrungen mit Stahlkonstruktionen – auch die benachbarte Alsenbrücke war ein Problemkind – sollte ein massives Bauwerk, d. h. nach dem damaligen Stand der Technik eine Gewölbekonstruktion aus Mauerwerk, entstehen. Wegen der bereits vorhandenen Bebauung konnte die Fahrbahn nur geringfügig angehoben werden. Die gegenüber der alten Stahlbrücke größere Konstruktionshöhe des Neubaus wurde jedoch durch die inzwischen erfolgte

Die bis 1987 wiederhergestellte Moltkebrücke

Regulierung der Spree mehr als ausgeglichen, sodass der Schifffahrt in der Mittelöffnung eine um 60 cm vergrößerte Durchfahrtshöhe zur Verfügung stand. Bei der Anzahl der Öffnungen richtete man sich nach der Alsenbrücke und dem alten Bauwerk. Jedoch war die Überwölbung der Ladestraße am nördlichen Ufer durch die Anlage des bis unmittelbar an die Spree reichenden so genannten Packhofs überflüssig geworden und konnte durch ein nur der optischen Wirkung dienendes Scheingewölbe ersetzt werden.

Mit 26 m war die Brücke mehr als 10 m breiter als ihre Vorgängerin, wobei auf die Fahrbahn 15 m entfielen. Auch die Belastungsannahmen hatten sich erhöht. Anstelle der bei der Bemessung der Unterspreebrücke angesetzten Flächenlasten kamen – den heutigen Vorschriften ähnlich – Belastungsbilder in variabler Anordnung mit den seinerzeit üblichen Fahrzeugen zur Anwendung.

Die Gewölbe wurden nach einer Korbbogenlinie geformt und in Klinkermauerwerk mit Sandsteinverkleidung hergestellt. Ebenfalls aus rotem Mainsandstein gefertigt waren die Bekleidung der Stirnflächen der Treppenanlagen und die Brüstung nebst den Sockeln für den figürlichen Schmuck. Dieser fiel – vielleicht im Hinblick auf den prominenten Namenspatron, den im deutsch-französischen Krieg von 1870/71 siegreichen Generalstabschef Graf Moltke – sehr reichhaltig aus. Mehrere renommierte Bildhauer und Künstler schufen in Sandstein gehauene Trophäen und Kranzgehänge an den Pfeilerköpfen, aus dem gleichen Material modellierte Köpfe von Cäsar, Athene, Blücher, Derfflinger und Moltke an den Schlusssteinen der Gewölbe sowie vier Greife mit kupfernen wappenverzierten Schilden an den vier Enden der Brüstungen. Die Sockel der acht fast 7 m über die Bürgersteige emporragenden Gaskandelaber waren von zwei unterschiedlichen in Bronze getriebenen Kindergruppen umgeben, deren einzelne Figuren die »Heldentugenden des Kriegers« versinnbildlichen sollten.

Als Moltke im April 1891 überraschend starb, sollte der Trauerzug über die Brücke führen, die in Tag- und Nachtschichten so weit hergerichtet wurde, dass sie, »versehen mit allem Bildwerk, in düsteren Trauerschmuck gehüllt werden konnte, um die irdischen Überreste des großen Strategen über sie hinweg den letzten Weg nehmen zu lassen«.

In den Bauakten gibt es vom November 1942 eine lapidare Eintragung über die Entfernung der Bronzeplastiken. Weitere Mängel – insbesondere »verkehrsgefährlicher Art« – konnten bis 1943 nicht festgestellt werden; nach einer Lebensdauer von 50 Jahren eine erfreuliche Bilanz, die viel über die Robustheit der alten Bogenbrücken aussagt.

Sowohl der von den Nationalsozialisten ergangene Befehl zur Sprengung aller Brücken als auch die Kampfhandlungen im Brückenumfeld im April/Mai 1945 fügten der Moltkebrücke erhebliche Schäden zu. Etwa ein Drittel der Gewölbefläche der südlichen Spreeöffnung wurde keilförmig nach Westen herausgesprengt. Im östlichen Gehweg fand man 1958 eine Fünf-Zentner-Bombe, die offenbar bei der Sprengung nicht explodiert war, sodass die totale Verkehrsunterbrechung des Straßenzuges misslang. Dennoch wiesen die Straßenoberfläche, die gesamten Fassaden und die Bildwerke starke Beschädigungen auf. Ein Teil der Beleuchtungsmasten fehlte. Trotzdem lief der Fahr- und Fußgängerverkehr weiter – man war damals froh, überhaupt noch eine halbwegs intakte Verbindung über die Spree zu haben.

Erst 1946/47 konnte das beschädigte Gewölbe durch Einfügen einer Magerbetonplombe notdürftig geflickt und eine behelfsmäßige Mauerbrüstung erstellt werden. Für eine ordentliche Grundinstandsetzung fehlte das Geld, sodass – auch wegen übergeordneter Straßenplanungen – bis 1979 nur die allernötigsten Erhaltungsarbeiten durchgeführt wurden. Dabei nahm der Schwerlastverkehr ab Beginn der 60er Jahre ständig zu, und mit dem Mauerbau musste die Moltkebrücke den gesamten Nord-Süd-Verkehr der so genannten Entlastungsstraße durch den Tiergarten aufnehmen.

Nach der 1979 durchgeführten Hauptprüfung kamen ernste Bedenken hinsichtlich der Standsicherheit auf. Mit gezielten Untersuchungen stellte man fest, dass nicht nur die

Schlussstein von K. Begas

Qualität der Magerbetonplombe zu beanstanden war, sondern die Mauerwerksgewölbe auch horizontale Schalenrisse aufwiesen. Die Brücke musste sofort in ihrer zulässigen Belastung herabgestuft und eine grundlegende Sanierung in Angriff genommen werden.

Nach den bis Ende der 60er Jahre verfolgten Planungen sollte die Nordtangente der Stadtautobahn die Spree im Bauwerksbereich kreuzen, später die Westtangente sogar mit vier Brücken, einschließlich Ortsfahrbahnen und Rampen, an dieser Stelle über die Spree führen. Diese Vorstellungen ließen keinen Platz für die alte Brücke. Ihr Abbruch war wegen mangelnder Tragfähigkeit und Breite sowie der Behinderung der Schifffahrt bereits beschlossene Sache. Erst die langsame Abkehr von den von Kritikern als Schaffung einer autogerechten Stadt verurteilten Planungen und die Wiederentdeckung des historisch Erhaltenswerten auf allen Gebieten ermöglichten Überlegungen zur Einbeziehung der alten Bauwerkssubstanz. Als besonders schwierig erwies sich dabei die Berücksichtigung der Schifffahrtsbelange. Während die vorhandenen Gewölbe 4,5 m Durchfahrtshöhe nur auf 8,0 m Breite ermöglichten, forderte die Wasserbehörde für die ungehinderte Durchfahrt der 1000-t-Schiffe ein Schifffahrtsband von 12,0 m Breite und 4,5 m Höhe über dem höchsten schiffbaren Wasserstand.

Eine Erfüllung dieser Forderungen hätte den totalen Abbruch mindestens der Gewölbe, wenn nicht der gesamten Brücke erfordert und die unter Beibehaltung der vorhandenen Gewölbeform auf 25 Millionen DM geschätzten Baukosten um 25 bis 30 % gesteigert. Einem solchen Abbruch widersetzte sich der Landeskonservator mit großer Entschiedenheit. Er wollte so viel wie nur irgend möglich von dem vorhandenen Bauwerk sowie auch von den Spuren der Zeitgeschichte erhalten. Da der zum Planungszeitpunkt geltende Ausbauplan der Bundeswasserstraßen die Moltkebrücke nicht berührte, ließen sich die Verkehrseinschränkungen tolerieren.

Nachdem feststand, dass die Gewölbe zur Aufnahme der vollen Verkehrslast so nicht ausreichend tragfähig waren, wurden zwei Möglichkeiten der Sanierung erörtert: Gewölbeverstärkung aus Stahlbeton bei Verwendung der vorhandenen Bögen als Lehrgerüst oder Entlastung der Gewölbe im Fahrbahnbereich durch eine Stahlbrücke. Zur Ausführung gelangte die Stahllösung: ein Trägerrost mit quer orientierter orthotroper Fahrbahnplatte. Seine Bauhöhe musste so niedrig wie möglich gewählt werden, um die unvermeidliche Anhebung der Brückenoberfläche auf ein Minimum zu beschränken. Das Flächengewicht des Überbaus inklusive Fahrbahnbelag beträgt 490 kg/m^2. Der Vergleich dieses Wertes mit dem Gewicht der Unterspreebrücke aus dem Jahre 1865 von rund 1100 kg/m^2 bei weit geringerer Belastung wirft ein eindrucksvolles Schlaglicht auf die Entwicklung des Stahlbrückenbaus in 125 Jahren.

Auf Hilfsjochen wurden östlich der Brücke zwei getrennte Ersatzbauwerke errichtet: eine provisorische Fußgängerbrücke, die gleichzeitig auch der Aufnahme der Versorgungsleitungen diente, sowie der endgültige Stahlüberbau für den Straßenverkehr. Nach Abschluss der Sanierungsarbeiten an der hierzu gesperrten alten Brücke konnte der neue

Überbau durch Querverschub in seine endgültige Lage gebracht werden.

Bei den vorliegenden Verhältnissen waren die für Wartung und Erhaltung von Stahlbrücken üblicherweise zu stellenden Ansprüche nicht erfüllbar. Durch Einstiege im Bereich der Gehwege ist die – wenn auch nicht sehr komfortable – Zugänglichkeit der Unterseite der eingebauten Konstruktion gewährleistet. Größere Instandsetzungsarbeiten sind so allerdings nicht durchführbar. Im Bedarfsfall muss hierfür der gesamte Überbau um 50 cm angehoben werden.

Zur Aufnahme der Stahlkonstruktion wurden die alten Gewölbe von Auffüllung und Aufbeton befreit und im Kämpferbereich mit Auflagerbänken bzw. Widerlagern ergänzt. Zuvor musste das durch die Sprengung beschädigte südliche Spreegewölbe durch einen schlaff bewehrten Betonbogen mit neuer Klinkerverblendung ersetzt werden. Die Entlastung der Gewölbe in den nicht von Stahl überdeckten Bereichen der Geh- und Radwege wurde durch Leichtbeton erreicht, in den die Versorgungsleitungen und -kabel eingebettet sind.

Begünstigt durch die Planung eines Grünzuges am Nordufer der Spree war es sogar möglich, statt des Scheingewölbes als Abschluss der ehemaligen Ladestraße wieder einen Durchgang zu schaffen und damit den vor Anlage des Packhofes bestehenden Zustand mit fünf Öffnungen wiederherzustellen. An dieser Stelle wurde der Torso eines der im Kriege zerschossenen Greife mit einer entsprechenden Hinweistafel als Mahnmal aufgestellt, das leider im Zuge der Gestaltung des Parlaments- und Regierungsviertels überplant und entfernt wurde.

Die Verkehrsübergabe der Brücke erfolgte nach originalgetreuer Wiederherstellung des im Krieg verloren gegangenen Bronze- und Gusseisenschmucks in einer feierlichen Einweihung am 28. Januar 1987.

Alsensteg, Kanzleramtssteg und Magnus-Hirschfeld-Steg

Die Spree im Umfeld der Moltkebrücke war während der Hitler-Diktatur Gegenstand der von Hybris und Größenwahn bestimmten Planungen für eine Welthauptstadt Germania. Der Fluss sollte auf einer Länge von 400 m begradigt

Der Kanzleramtssteg von 2000

und um 20 m verbreitert werden. In Ufernähe wollte man als Schlusspunkt einer neu anzulegenden Nord-Süd-Achse für 180 000 Besucher die »Halle des Volkes« mit einer Seitenlänge von 315 m und einer Höhe von 290 m errichten. Die Baumaßnahmen hierfür sowie zur Untertunnelung der Spree für eine neue U-Bahnlinie und die bereits damals geplante Nord-Süd-Eisenbahnstrecke hatten bereits vor Ausbruch des Zweiten Weltkriegs begonnen. Als man nach der Wiedervereinigung in der zweiten Hälfte der 90er Jahre in ebendiesem Bereich mit dem Bau eines kombinierten Straßen-, U- und Fernbahntunnels begann, mussten die im Untergrund aufgefundenen Betonfundamente mit erheblichem zeitlichem und finanziellem Aufwand beseitigt werden.

Nachdem feststand, dass das Parlaments- und Regierungsviertel der wieder vereinigten Hauptstadt im Spreebogen seinen Platz finden sollte, wurde das städtebauliche Konzept in einem 1992/93 veranstalteten Wettbewerb mit 800 eingereichten Arbeiten festgelegt. Übergeordnete Planungsfigur des zur Ausführung gelangten Entwurfs ist das so genannte Band des Bundes, das Parlament und Regierung in einer den Spreebogen schneidenden Sekante verbindet.

Zum Gesamtkonzept gehören auch einige Fußgängerbrücken. Direkt auf den Tunnelanlagen der Bahn soll im Jahre 2004 der Alsensteg gebaut werden. Er führt vom Spreebogenpark, der zwischen Band und Fluss angelegt wird, zum südlichen Vorplatz des Lehrter Bahnhofs, des neuen Berliner Hauptbahnhofs am nördlichen Spreeufer. Der Name erinnert an die früher etwas stromaufwärts gelegene Alsenbrücke (→ Verschwundene Brücken). Die Brücke wird in Stahlbauweise als Vierendeeltragwerk errichtet. Die Gehbahn, die einen Holzbohlenbelag erhält, liegt zwischen den beiden Fachwerkhauptträgern und ist mit diesen biegesteif verbunden. Die dreifeldrige Durchlaufkonstruktion besitzt über der Spree eine Mittelöffnung von 66 m, während die Seitenöffnungen über den Uferwegen nur etwa 13 m messen. Die relativ kurzen Endfelder führen zu abhebenden Kräften an den Widerlagern, die durch Zuglager aufgenommen werden müssen.

Ebenfalls in Stahlbauweise gefertigt ist der der Öffentlichkeit nicht zugängliche Kanzleramtssteg. An der nördlichen Flanke vom Band des Bundes gelangen nur der Regierungschef, seine Mitarbeiter und Gäste vom Amtssitz über die Spree zum Kanzlerpark am Nordufer. Das Bauwerk hat eine Gesamtlänge von 116 m und kreuzt den Fluss unter einem Winkel von 40° mit einer Mittelöffnung von 80 m. Formgebung und statische Tragwirkung sind mehr als ungewöhnlich. Das Hauptfeld – mit Z-Querschnitt – besteht aus einer Mischung von Vierendeelträger und Stabbogen. Der untere Flansch mit einer nutzbaren Breite von 3,80 m wird als Fahrbahn genutzt, während der obere Flansch einen 2,95 m breiten Gehweg aufnimmt. Problematisch war bei dem vorliegenden offenen Querschnitt die Anfälligkeit für Torsionsschwingungen im Bereich der Erregerfrequenz. Um für die Nutzer nicht hinnehmbare horizontale Auslenkungen der Fahr- und Gehbahn zu vermeiden, musste eine Dämpfung durch den Einbau von Schwingungstilgern vorgenommen werden.

Die südliche Flanke vom Band des Bundes quert die Spree in Verlängerung der Paul-Löbe-Allee unter einem sehr spitzen Winkel. Hier soll der Magnus-Hirschfeld-Steg die »Wohnschlange«, eine Wohnanlage für Bundesbedienstete, mit dem linken Spreeufer am Haus der Kulturen der Welt, der ehemaligen Kongresshalle im Tiergarten, verbinden. Aus Kostengründen soll allerdings – abweichend von der Lage des Bandes – eine rechtwinklige Kreuzung, ein so genanntes Hol-Über, ausgeführt werden. Für eine Brücke an gleicher Stelle, zwischen Moabiter Werder und Kongresshalle, war bereits 1991 in einem Bauwettbewerb eine sehr filigrane Konstruktion mit zwei im Spreebett gegründeten Flusspfeilern zur Ausführung bestimmt worden. Geldmangel und die späteren übergreifenden Planungen verhinderten die Realisierung des prämierten Entwurfs.

Lutherbrücke

Gut einen Kilometer unterhalb der Moltkebrücke, nahe beim Schloss Bellevue, dem Amtssitz des Bundespräsidenten, liegt im Zuge der Paulstraße die Lutherbrücke. Sie verdankt ihr Entstehen der Entwicklung des Stadtteils Moabit – zwischen der Spree und dem Anfang der 80er Jahre nach

Die Lutherbrücke von 1892

Moabit verlegten Kriminalgericht hatte sich das dicht bebaute Bellevue-Viertel ausgebreitet. Gebaut in der damals für Spreebrücken typischen Gewölbeform und architektonischen Gestaltung, einem Historismus in barockem Stil, erfolgte die Fertigstellung das Bauwerks 1892, zunächst unter dem Namen Paul-Straßen-Brücke. Die drei nach der Stützlinie für Eigengewicht geformten Bögen bestehen aus unter dem Kreuzungswinkel von 71° schief eingewölbtem Klinkermauerwerk und sind in Bogendicke mit Alt-Warthauer Sandsteinquadern verblendet. Pfeiler und Brüstungen erhielten ebenfalls eine Sandsteinverblendung. Die Brückenköpfe werden durch steinerne Obelisken betont, die von einem vergoldeten Stern gekrönt sind. Mit Lichtweiten von 17,0 bis 18,0 m spannen sich die Bögen zwischen zwei 2,6 m dicken Mittelpfeilern, sodass das Bauwerk eine Gesamtlänge von 63,0 m aufweist. Für die Schifffahrt besteht auf einer Breite von 15,0 m eine Durchfahrtshöhe von 3,5 m über Mittelwasser. Die Fahrbahn, ursprünglich mit Holzpflaster befestigt, hat entsprechend dem damaligen Ausbauquerschnitt der Paulstraße eine Breite von 15,0 m, während auf die Gehwege jeweils 5,8 m entfallen.

Die Lutherbrücke, nach Kriegsende durch Sprengung des südlichen Gewölbes unpassierbar, wurde bereits im Sommer 1945 in die erste Dringlichkeitsstufe der wiederherzustellenden Brücken eingestuft und zunächst mit einer Behelfsbrücke wieder nutzbar gemacht. In den Jahren 1951 bis 1952 ergänzte man das herausgesprengte Gewölbe in Stahlbeton und nahm eine Oberflächenabdichtung vor, die im Rahmen von Sanierungsarbeiten 1974 erneuert werden musste. Sollten nicht Kriegsereignisse oder umwälzende Stadtplanungen dem entgegenstehen, wird sich das Bauwerk auch noch ein weiteres Jahrhundert den Verkehrsbelastungen gewachsen zeigen.

Gerickesteg

Selbst Fußgängerbrücken entgingen dem Wüten der Sprengkommandos nicht. So versank auch das südliche Ende des 400 m unterhalb der Lutherbrücke am S-Bahnhof Bellevue über die Spree führenden Gerickestegs 1945 in den Fluten. Glücklicherweise wurde die Konstruktion des Überbaus – zwei sichelförmige stählerne Zweigelenkbögen mit als Vierendeelträger ausgebildetem, strebenlosem Pfostenfachwerk und zwischengehängter Betongehbahn auf Stahlquerträgern – nicht allzu sehr beschädigt: Von den insgesamt 120 t Stahl mussten nur 8,6 t ausgewechselt werden. Die Brücke konnte schon 1947 wieder gehoben werden.

Bereits ab 1889 hatte es zwischen den Hauptträgern der dem Gerickesteg unmittelbar benachbarten Stadtbahnbrücke einen Übergang gegeben. Er hieß zunächst Bellevuesteg und wurde im Volksmund wegen des Lärms der darüber hinwegdonnernden Züge Bullerbrücke genannt. Als Ersatz dafür im Jahre 1914 als eigene Brücke neu errichtet, kann das heutige Bauwerk architektonisch der beginnenden Moderne mit Reminiszenzen an den Jugendstil zugeordnet werden. Es besitzt bei einer Nutzbreite von 5 m eine Stützweite von 52 m. Für die Schifffahrt besteht auf einer Breite von 45 m eine Durchfahrtshöhe von mindestens 4 m. Dies geht allerdings zu Lasten der Behinderten, da die Brücke nur über Treppenanlagen betreten werden kann. Diese wurden samt Aufbauten und dekorativem Schmuck im Krieg so stark beschädigt, dass auch nach der Wiederherstellung und trotz der in der Zwischenzeit durchgeführten Grundinstandsetzungen viel von der ursprünglichen Attraktivität verloren gegangen ist.

Der Gerickesteg von 1914

Moabiter Brücke

Die Moabiter Brücke liegt 200 m weiter stromabwärts im Zuge von Kirchstraße und Bartningallee. Sie bildete über viele Jahre die einzige Verbindung zwischen dem damaligen Vorort Moabit und Tiergarten sowie den südlich und westlich angrenzenden Stadtteilen. Eine Aktiengesellschaft errichtete kurze Zeit nach dem Bau der 1835 am Ende der Kirchstraße nach Entwürfen von Schinkel fertig gestellten St. Johanneskirche eine Holzbrücke mit Klappendurchlass, die später vom Staat übernommen wurde. Dieses 70 m lange Bauwerk mit einer Breite von 7,5 m, von denen die Fahrbahn 3,8 m einnahm, querte die Spree auf 14 Stützjochen.

Die Mittelöffnung wies eine Lichtweite von knapp 8 m auf. In den Jahren 1868/69 wurde der Klappendurchlass unter Anhebung des Überbaus und entsprechender Anrampung der Zufahrtsstraßen beseitigt und die Fahrbahn auf 5,3 m verbreitert. An den Ufern wurden massive Widerlager erstellt.

Wegen der raschen wirtschaftlichen Entwicklung in Moabit war auch diese Konstruktion bald am Ende ihrer Leistungsfähigkeit angelangt und wurde 1893/94 nach dem Muster der Lutherbrücke durch einen massiven Neubau ersetzt. Schiefe und Öffnungsweite der Bögen entsprechen genau den Werten des Vorbildes, nur die Brückenbreite ist mit 11 m für die Fahrbahn und 4 m für die Gehwege etwas geringer. Zur Verkleidung der Pfeiler und Stirnflächen sowie für die bogenartig durchbrochenen Brüstungen und Endpostamente wurde rheinische Basaltlava verwendet, die den romanischen Charakter der Architektur unterstreicht. Vier renommierte Bildhauer gestalteten vier »in Bronze gegossene gewaltige Bären in naturalistischer Auffassung als Ausdruck der Kraft und Größe des Berliner Gemeinwesens«, die zu dem im Volksmund geläufigen Namen »Bärenbrücke« führten.

Diese Tiere überlebten den letzten Krieg nicht und wurden 1981 durch weniger martialisch gestaltete und auch nur in Eisen gegossene Exemplare ersetzt. Die Brücke selbst büßte 1945 durch Sprengung ihr südliches Gewölbe ein – bis auf einen 3 m breiten Streifen unter dem östlichen Gehweg. Die Reparatur erfolgte 1948 bis 1950. Nach dem Einbau einer Abdichtung auf der gesamten Oberfläche 1975 sowie der in der Zwischenzeit durchgeführten Beseitigung der vielfach noch aus dem Krieg herrührenden Schäden an Mauerwerk und Verblendungen ist das Bauwerk weitgehend mängelfrei.

Lessingbrücke

Mit dem Bau des Hansaviertels in den Gründerjahren 1877 bis 1879 entstand der Wunsch nach einer direkten Verbindung zum jenseits der Spree gelegenen und bereits länger besiedelten Moabit. Eine private Baugesellschaft errichtete die Lessingbrücke, eine hölzerne Jochbrücke mit klappenlosem festem Überbau. Diese hatte nach 23 Jahren ausgedient und wurde 1901 bis 1903 durch einen Neubau ersetzt. Er hatte dem damaligen Verkehrsaufkommen entsprechend eine Gesamtbreite von 19 m bei 11 m Fahrbahnbreite. Die Spree wurde mit drei Öffnungen überbrückt, an die sich auf der Südseite eine weitere Öffnung für die Ladestraße am Holsteiner Ufer anschloss. Diese und die beiden Außenöffnungen über der Spree wurden in Mauerwerk als Korbbögen ausgeführt. Die Mittelöffnung bestand nach dem Muster der heute verschwundenen Alsenbrücke aus parallel angeordneten eisernen Zweigelenkbögen mit aufgeständerter Fahrbahn. Die lichte Weite von 29,6 m ermöglichte bei einer maximalen lichten Höhe von 4,3 m die gleichzeitige Passage von zwei der seinerzeit üblichen 600-t-Kähnen. Am Rande sei hier erwähnt, dass das Spreewasser um die Jahrhundertwende noch so sauber war, dass am Holsteiner Ufer östlich neben der Brücke eine so genannte Frauenbadeanstalt betrieben werden konnte – sicher ein erfreulicher Anblick für die die Brücke am Volant ihrer Fahrzeuge überquerenden Herrenfahrer.

Den Zweiten Weltkrieg überstand die Lessingbrücke zwar unzerstört, aber doch nicht unbeschädigt. Die Bronzereliefs mit Szenen aus Gotthold Ephraim Lessings Dramen, die die Pfeileraufbauten an den Enden der Hauptöffnung geschmückt hatten, waren eingeschmolzen worden, Brüstungen, Sandsteinfassade und Treppen teilweise nicht mehr vorhanden bzw. stark beschädigt. Schäden gab es ebenso an der

Die Moabiter Brücke von 1893/94

Die Lessingbrücke von 1903

Die 1983 erneuerte Lessingbrücke

Stahlkonstruktion und den Gewölben. Deshalb wurde eine Tragfähigkeitsbeschränkung auf Brückenklasse 30 angeordnet. Der Straßenzug Stromstraße–Lessingstraße sollte jedoch ausgebaut werden. Ausgehend vom Westhafen war eine Schwerlasttrasse für 240-t-Transporte geplant. Gravierender noch waren die Forderungen der Schifffahrt: Zwei 1000-t-Schiffe sollten sich begegnen können. Das erforderte unter Berücksichtigung der Lage der Brücke im Scheitel des Spreebogens und des Liegeplatzes eines benachbarten Mühlenbetriebes eine Breite des 4,5 m hohen Schifffahrtsbandes von 35 m. Die vorhandene Brücke wies jedoch nur eine nutzbare Durchfahrtsbreite von 13 m auf.

So begannen 1975 Neubauplanungen. Den konstruktiven, statischen und wirtschaftlichen Gegebenheiten folgend, lag es nahe, die Spree mit einer zeitgemäßen Konstruktion stützenfrei zu überbrücken. Aus einem Wettbewerb gingen ganz unterschiedliche Gestaltungsvorschläge für eine moderne Brücke hervor, Varianten mit Voutenträgern und Rahmenkonstruktionen. Keine der angebotenen Lösungen fand jedoch die Billigung des Landeskonservators. Die in den Rang eines Baudenkmals erhobene alte Brücke wurde für ihre »ausgezeichnete Sandsteinbearbeitung, die elegante Ausbildung der Stahlbogenkonstruktion und das harmonische Gesamtbild durch geglückte Zusammenfügung unterschiedlicher Baumaterialien« gelobt.

Es stellte sich die Aufgabe, unter weitgehender Berücksichtigung der alten Form- und Stilelemente den verkehrsbedingten Anforderungen Genüge zu tun. Um den Wünschen der Schifffahrt gerecht zu werden, musste das nördliche Gewölbe entfallen. Aus demselben Grund war eine Bogenkonstruktion nur unterhalb der Fahrbahn nicht möglich. Da die Bogenform jedoch unbedingt erhalten bleiben sollte, wurden zwei parallele Stahlbögen mit einer Stützweite von 52,5 m angeordnet, die den Überbau in der Geländerebene so durchdringen, dass sie überwiegend oberhalb der nunmehr weitgehend abgehängten Fahrbahn angeordnet sind. Eine Lösung mit durchgehend abgehängter Fahrbahn entfiel aus formalen Gründen. Die beiden südlichen Gewölbe behielten zwar ihre Form und Stützweite, wurden aber in Stahlbetonbauweise und zu Gunsten der Schifffahrt ca. 4 m nach Süden verschoben ausgeführt. Treppenabgänge, Brüstungen, Reliefs, Geländer und seitliche Ansichtsflächen ließen sich dem ursprünglichen Zustand weitgehend nachempfinden. Das Bauwerk mit einer Gesamtlänge von 85 m und einer Breite von 27 m, von denen 2 x 6 m zuzüglich 3 m für den Mittelstreifen auf die Fahrbahn entfallen, konnte 1983 erneut seiner Bestimmung übergeben werden.

Die Hansabrücke von 1910

Hansabrücke

Von der Lessingbrücke etwa 500 m stromabwärts führte die im Zuge der Altonaer und Levetzowstraße ebenfalls von privater Seite errichtete Altonaer Brücke ab dem Jahre 1892 als hölzerne Jochbrücke mit elf Öffnungen über die Spree und die Ladestraße am Schleswiger Ufer. Wegen des im Entstehen begriffenen Neuen Hansaviertels wurde sie schon bald in Hansabrücke umbenannt und 1910 durch einen Neubau ersetzt. Er entsprach der Lessingbrücke in Brückenbreite und Ausführung der Mittelöffnung, nur dass die Hansabrücke mit 50 m das gesamte Flussbett überspannte. Als eindrucksvoller architektonischer Blickpunkt diente zwischen dem die Ladestraße überspannenden Gewölbe und dem Ufer am östlichen Gehweg ein dreigeschossiges Brückenhaus mit an alte hanseatische Giebelhäuser erinnerndem Aufbau, das neben Lager- und Diensträumen dem Brückenwärter auch Wohnräume bot.

Mit dem Hansaviertel, das im Inferno des Zweiten Weltkriegs unterging – und eindrucksvoll zur Internationalen Bauausstellung 1957 neu entstand –, wurde auch die Brücke weitgehend zerstört. Bedauerlich ist, dass die zur Räumung der Wasserstraße nach Kriegsende durchgeführten Sprengungen dann auch das Brückenhaus und das Ladestraßengewölbe so beschädigten, dass beide 1950 abgerissen werden mussten.

Der Wiederaufbau geschah 1953 unter Verwendung der alten Widerlager und Fundamente mit den sparsamen Mitteln der unmittelbaren Nachkriegszeit. Die Flussöffnung wurde erneut mit einer Zweigelenkbogenkonstruktion geschlossen. Die längs und quer vorgespannte, 24 m breite Betonfahrbahnplatte ist auf acht Bogenträgern aufgeständert, von denen die inneren als Blech- und die beiden äußeren als geschweißte stählerne Kastenträger ausgebildet sind. Für die Schifffahrt steht auf einer Breite von 28,0 m eine Durchfahrtshöhe von mindestens 4,6 m zur Verfügung. Nach dem gleichzeitigen Neubau des Gewölbes über der Uferstraße in mit Sandstein verblendetem Stahlbeton erinnert an das Brückenhaus nur noch das ehemals über dem Eingang eingelassene Flachrelief einer Hansekogge, versteckt unter der Brücke am nördlichen Widerlager.

Im Rahmen einer Grundinstandsetzung wurden 1972 Übergangskonstruktionen nachgerüstet sowie Gewölbe und Stahlbetonplatte mit einer Abdichtung versehen. Die Stahlkonstruktion wurde verstärkt, sodass sich das Bauwerk bisher auch den gestiegenen Verkehrsbelastungen gewachsen gezeigt hat.

Wullenwebersteg

Ebenfalls noch innerhalb des Hansaviertels lag im Zuge der Straßen Siegmundshof und Wullenweberstraße die aus dem Jahre 1902 stammende Achenbachbrücke, eine Stahlbogenbrücke. Die beiden oberhalb der Fahrbahn angeordneten Fachwerkbögen führten seinerzeit zu beträchtlichen Ästhetik-Diskussionen, sodass sich die endgültige Fertigstellung bis in das Jahr 1907 verzögerte. Auch dieses Bauwerk war

Der Wullenwebersteg von 1957

1945 total zerstört; an seiner Stelle befindet sich seit 1957 der Wullenwebersteg, eine funktional gestaltete Spannbetonkonstruktion. Der elegante Zweigelenkrahmen besitzt eine Stützweite von 61,9 m, die für die Schifffahrt eine Durchfahrtshöhe von 5,0 m auf 24,0 m Breite gewährleistet. Der Querschnitt mit einer Nutzbreite von 5,8 m ist als Hohlkasten mit beiderseitigen Kragarmen ausgebildet. Die der unmittelbaren Nachkriegsarchitektur entsprechende spartanische Gestaltung wird durch die mit Ausnahme der scharrierten Gesimse gespitzte Betonoberfläche noch betont.

Gotzkowskybrücke

Die Gotzkowskybrücke, die letzte Brücke auf dem Gebiet des damaligen Berlin, wurde 1884 bis 1886 durch eine »Vereinigung von beteiligten Grundbesitzern« als hölzerne Jochbrücke mit festem Überbau errichtet. Sie führte von Berlin in das damals noch selbstständige Charlottenburg und brachte eine große Erleichterung für die Arbeiter, die von ihren Moabiter Wohnvierteln über die Gotzkowskystraße in die Fabriken in der südlich anschließenden Charlottenburger Franklinstraße kommen mussten und nun auf die zeitraubende Benutzung einer Fähre verzichten konnten. Dieses Bauwerk wurde 1911 als vorletzte hölzerne Spreebrücke durch einen Neubau ersetzt. Die Berliner Verwaltung hatte bereits 1904 mit der Entwurfsbearbeitung für eine dem Straßenzug folgende schiefwinklige Brücke begonnen, konnte diese Idee aber weder gegenüber der Wasserbehörde noch gegen die Bedenken der Charlottenburger durchsetzen.

Eine ausreichende Durchfahrtshöhe für die Schifffahrt wäre nur mit einer deutlichen Anhebung der Fahrbahn, die von Charlottenburg abgelehnt wurde, oder mit Bogen- bzw. Fachwerkträgern oberhalb der Straßenebene möglich gewesen. Hierzu konnte man sich jedoch aus ästhetischen Gründen nicht durchringen. Schließlich einigte man sich auf eine senkrechte Querung der Spree nach dem Muster der im Entstehen begriffenen Hansabrücke – jedoch ohne die hier nicht erforderliche Ladestraßenüberwölbung. Die 15 m breite Fahrbahn und 4,2 m breiten Gehwege wurden von 13 genieteten Zweigelenkbögen getragen. Die Widerlager erhielten eine Muschelkalkverblendung und Aufbauten mit Tierskulpturen bzw. eine Toranlage mit Treppen als Anschluss an die Uferpromenade auf Berliner Seite.

Nach der obligatorischen Sprengung 1945 waren zehn Bogenträger und die Fahrbahn stark beschädigt. Die Reparaturarbeiten wurden bereits im selben Jahr in Auftrag gegeben und konnten trotz Klagen, dass »Fahrzeugmangel, Ausfall des elektrischen Stromes und das Fehlen einer Bescheinigung für Acetylen und Sauerstoff den Baufortschritt verzögern«, im Jahre 1949 endgültig abgeschlossen werden. In einer Grundinstandsetzung erhielt die Brücke 1981 bis 1983 eine abgedichtete und zugunsten der Gehwege um 1,1 m verbreiterte neue Fahrbahnplatte. Gleichzeitig wurden die – hier wie an der Hansabrücke ursprünglich nicht vorgesehenen – Übergangskonstruktionen nachgerüstet.

Röntgenbrücke

Unterhalb der Einmündung von Charlottenburger Verbindungskanal und Landwehrkanal durchfließt die Spree den Bezirk Charlottenburg. Die erste Brücke in diesem Bezirk ist die Röntgenbrücke. 1897 musste von der nördlich gelegenen neuen Gasanstalt ein großes Versorgungsrohr nach Alt-Lietzow verlegt werden. Dafür baute man einen hölzernen Steg – bemerkenswert weitsichtig schon etwas seitlich der Straße, sodass er dem Neubau einer späteren festen Brücke nicht im Wege stehen würde.

Dieser Übergang, 1902 nach dem berühmten Physiker W. K. Röntgen benannt, wurde dann in den Jahren 1906 bis 1908 tatsächlich durch einen festen stählernen Neubau von 71 m Spannweite ersetzt. Ein sehr schlanker, fachwerkartig aufgelöster Zweigelenkbogen-Sichelträger stützte sich in den

Die Gotzkowskybrücke von 1911

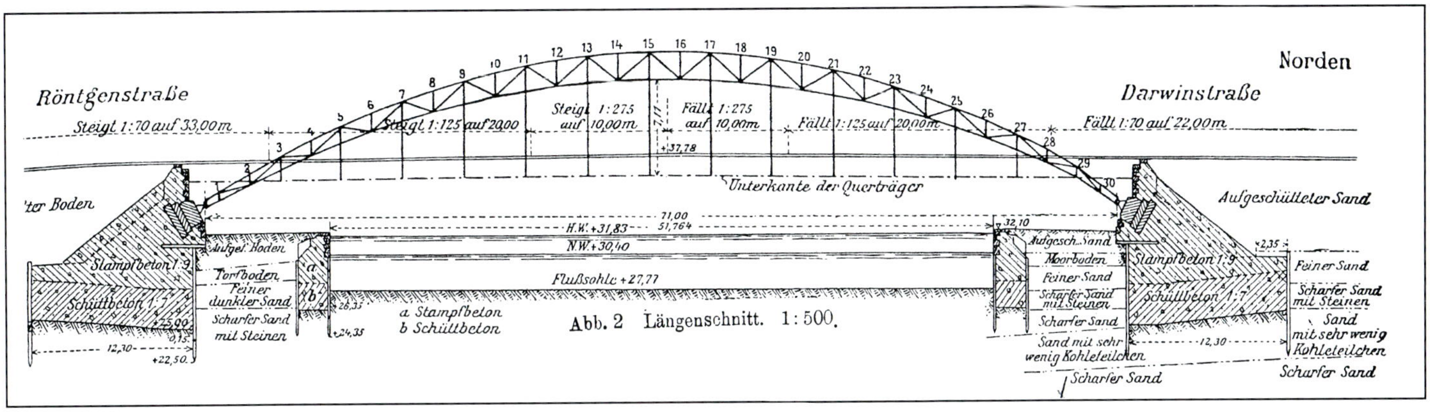

Die Röntgenbrücke von 1902

Ersatzbau der Röntgenbrücke von 1960

mit Sandstein verkleideten Widerlagern gegen massive Granitblöcke. Ebenfalls aus Sandstein waren die portalähnlichen Verzierungen der Bogenenden neben der Fahrbahn. Wegen des umliegenden Industriegeländes sparte man hier, anders als bei der weitaus herrschaftlicheren Schlossbrücke, mit weiteren Schmuckelementen. Der Überbau erlitt am Ende des Zweiten Weltkrieges das Schicksal fast aller Spreebrücken und konnte nicht wieder aufgebaut werden.

Für den Neubau von 1960 wurde ein sehr flacher Spannbetonrahmen mit einer Mittelöffnung von 69 m auf die alten Gründungen gesetzt. Die Konstruktion ist nur 12,3 m breit und kragt, von den Widerlagerflügeln verdeckt, zur Verringerung des Horizontalschubes auf die Fundamente jeweils 12 m hinter die Widerlagerwände bzw. Rahmenstiele.

Wie der erste Steg von 1897 trägt auch die dritte und bisher haltbarste Brücke an dieser Stelle die Gasleitungen und zusätzlich noch diverse Fernheizrohre.

Siemenssteg

Unmittelbar hinter der Röntgenbrücke und vor der Kulisse des großen Bewag-Kraftwerkes am rechten Ufer überspannt 77 m weit der Siemenssteg den Fluss. Die 1900 eröffnete, 3,5 m breite Fußgängerbrücke wurde für den bequemen Zugang der Beschäftigten zum gleichzeitig in Betrieb genommenen Elektrizitätswerk gebaut. Das erklärt auch die Benennung nach dem Nestor der Berliner Elektroindustrie Werner v. Siemens, der unweit, am heutigen Ernst-Reuter-Platz, seine Villa hatte.

Wegen seiner geringen strategischen Bedeutung wurde der Siemenssteg als einzige Spreebrücke in Charlottenburg

Der Siemenssteg von 1900

Die Caprivibrücke von 1955

nicht gesprengt und zählt so mit seinen gut hundert Jahren zu der Gruppe der ältesten noch vorhandenen Brückenkonstruktionen über der Berliner Spree. Nur hier ist noch die original erhaltene ornamentale Ausschmückung der Portalbereiche im Stil der Jahrhundertwende zu bewundern, auch wenn der Steg durch seitlich angefügte Rohrleitungspakete insgesamt etwas an Leichtigkeit verloren hat.

Caprivibrücke

Die unterhalb des Kraftwerkkomplexes gelegene elegante Caprivibrücke hat wie die Röntgenbrücke zwei Vorgängerbauten. Nur mit Hilfe des beträchtlichen Sponsorings seitens der Charlottenburger Bürgerschaft konnte um 1900 die damalige Spree- und heutige Wintersteinstraße über den Fluss verlängert werden. Damit wurde endlich der alten Charlottenburger Stadtplanung des Schlossbaumeisters Eosander Rechnung getragen, der die Spreestraße als bürgerliche Nord-Süd-Magistrale neben der Schlossstraße geplant hatte. Dieser ursprüngliche Plan ist noch immer an der ungewöhnlich großzügigen Straßenbreite abzulesen. Auf ihm aufbauend, wollte A. Speer dann 1940 die Prachtstraße bis über den Westhafenkanal nach Charlottenburg-Nord führen.

Die Bürgerspenden reichten 1900 nur für eine schlichte Holzbrücke, die um 1902 nach dem aus Charlottenburg stammenden Reichskanzler Graf von Caprivi benannt wurde. Die Holzkonstruktion musste immerhin 20 Jahre halten, bis der Neubau 1923 nach der Eingemeindung Charlottenburgs schließlich doch als eine der dringendsten Maßnahmen des nun zuständigen Berliner Brückenbauamtes in Angriff genommen wurde. Damit verschwand die letzte im Berliner Stadtraum noch vorhandene Holzbrücke über der Spree und wurde durch eine Stahlkonstruktion aus einem 55 m weit spannenden Stabbogen über dem Fluss und einfachen, 11 m langen Balkenkonstruktionen über den Ufer-Begleitstraßen ersetzt. Die beiden Bogenebenen befanden sich neben der 10-m-Fahrbahn, die je 6 m breiten Gehwege kragten aus.

Nach der Sprengung 1945 waren die Schäden so groß, dass eine Hebung und Wiederherstellung nicht möglich war. So wurde in dem nach der Blockade einsetzenden Brückenbauprogramm 1954/55 ein mit 24 m noch etwas breiterer Ersatzbau – diesmal aus Spannbeton – erstellt. Die bei dem stählernen Vorgängerbau durch den hohen oben liegenden Bogen überwundene Spannweite wurde nun mit einem extrem flachen Rahmentragwerk (1:8,6) mit Schrägstielen bewältigt. Die aus Kostengründen wieder verwandten alten Pfahlgründungen mussten für die nun auftretenden hohen Horizontalkräfte verstärkt werden. Die statische Konzeption erinnert etwas an die der Röntgenbrücke, präsentiert sich aber aufgrund der offenen Seitenfelder ganz anders und vermittelt in ihrer Eleganz den Wagemut der frühen Spannbetonkonstrukteure. Der doppelte Rahmen besteht aus torsionssteifen Hohlkästen, zwischen denen die Fahrbahnplatte mit den vielen untergehängten Leitungen spannt. Die Gehwege liegen auf den Plattenauskragungen. Die Ufer-Begleitwege werden mit den seitlichen Verlängerungen des Rahmenriegels überbrückt, die wie bei der Röntgenbrücke günstig auf die Horizontalbelastung der Gründung wirken, hier aber nicht durch Flügelwände verdeckt werden, wodurch sie leichter wirken und Platz zum Promenieren schaffen.

Schlossbrücke

Bevor die Spree vor dem Charlottenburger Schlosspark nach Norden abbiegt, unterfließt sie zum zweiten Mal in ihrem Lauf eine Schlossbrücke. Der Name verweist auf den zweiten bedeutenden Schlossbau der Hohenzollern auf heutigem Berliner Gebiet.

Mit dem Bau des Schlosses für die Kurfürsten- und Königsgattin Charlotte durch Nering und Eosander wurde erstmals

Die Schlossbrücke von 1901

Detail des Widerlagers der Schlossbrücke von 1901

ein Spreeübergang beim Schloss notwendig, zum nahen Dörfchen Lietzow hatte bis dato eine Fähre die Verbindung geschaffen. Da die Brücke von 1709 jedoch nicht als repräsentative Zufahrt diente, genügte eine einfache Bohlenkonstruktion auf hölzernen Jochen mit der obligaten Schiffsklappe wie bei der Berliner Hundebrücke. Auch dieser Charlottenburger Steg hieß damals noch nicht Schlossbrücke, sondern Berlinische Brücke, wohl weil er eine Verbindung zum rechten, zum Berliner Ufer schaffte.

Nach gut 100 Jahren wurde die leichte Konstruktion 1825 fast gleichzeitig mit Schinkels Schlossbrückenbau im Zentrum durch eine etwas stärkere, aber wiederum hölzerne Jochbrücke ersetzt. Der Neubau hatte eine komfortablere mittlere Schiffspassage, und endlich konnten auch schwerere Wagen passieren. Doch den neuen Namen Schlossbrücke sah man dem Bauwerk nicht an.

1871 wurde aus dem benachbarten Berlin eine Kaiser- und Reichshauptstadt, und davon profitierte durch die Ansiedlung lukrativer Industrie mit der Zeit auch Charlottenburg. Den erworbenen Wohlstand wollte man den Berlinern auch zeigen, und so protzte man um die Jahrhundertwende mit dem Entwurf für die Charlottenburger Brücke samt Tor über dem Landwehrkanal (→ Kanalbrücken). Da konnten Hof und Staat, die für den immer noch bestehenden 75 Jahre alten Holzbau neben dem Charlottenburger Schloss zuständig waren, nicht zurückstehen. Eine an der Schinkelschen Schlossbrücke orientierte massive Dreibogenbrücke scheiterte am Einspruch der Wasserbehörde, die an der Flussbiegung keine Pfeiler dulden wollte. Deshalb blieb als Alternative nur ein – städtebaulich nicht gewünschtes – oben liegendes Tragwerk, das aber, »um nicht unschön zu wirken, einer durchgehenden ornamenta-

Ersatzbau der Schlossbrücke von 1928

len Gliederung« bedurfte. Der Baurat Frey von der königlichen Ministerial Bau-Commission forderte weiter: »Die Nähe des Schlosses gebietet einfache, aber edle Barockformen.« Der vom Kaiser geförderte neue Architektenstar Ludwig Hoffmann sollte diese 58 m weit spannende Stabbogenkonstruktion nun der Bedeutung des Ortes entsprechend dekorieren; er hatte sich bei der kurz zuvor gebauten Alsenbrücke schon einschlägig bewährt. Der später für seine noch heute bewunderten wohlproportionierten Bauten berühmte Stadtbaurat sorgte hier wunschgemäß für Prachtentfaltung, die der 1899 eröffneten Kaiser-Wilhelm-Brücke am Stadtschloss nacheiferte. Die stählernen und sehr filigranen Überbaubögen wurden an den Enden von sandsteinernen Obelisken eingefasst und mit Greifen, Panthern, Wappen, Zieraufsätzen, Gittern und Kandelabern bestückt.

All die Pracht machte aber noch keine gute Konstruktion. Schon nach 24 Jahren »zeigten sich infolge schwerer konstruktiver Mängel derartige die Tragfähigkeit der Brücke in Frage stellende Veränderungen, daß sie im Dezember 1925 für den gesamten Verkehr plötzlich gesperrt werden mußte«. Das Brückenbauamt der Stadt Berlin übernahm nach längeren Verhandlungen die Baulast und erstellte 1926 bis 1928 unter Kostenbeteiligung des Staates eine neue und mit 27,5 m um 5,0 m breitere Brücke – diesmal ohne Schmuckelemente.

Dieser solide Stahlbau, auch wieder ein Stabbogen, lag am Ende des Krieges zwar zumindest halbseitig im Wasser, konnte aber mit Mühen gehoben und instand gesetzt werden und hat so überdauert.

Nonnendammbrücke

Hinter der großen Überführung der Ringbahn macht der Fluss wieder einen Schwenk nach Westen. Am rechten Ufer sieht man den Neubau der Westhafenkanalschleuse und die dort in 5,25 m Höhe das Unterwasser überspannende Nonnendammbrücke aus dem Jahre 2002.

Obwohl eines der jüngsten Bauwerke an der Spree, erinnert diese Brücke mit ihrem Namen an einen der ältesten Wege zwischen Spandau und Berlin, den Nonnendamm. Dem etwa gleichzeitig mit Berlin gegründeten Spandauer Benediktinerinnenkloster gehörten bis zur Reformation am rechten Ufer u. a. die Waldungen der riesigen Jungfernheide, die sich von Spandau bis in die Gegend des späteren Moabit erstreckten. In diesem Wald verliefen – soweit möglich nahe der Spree – der besagte Nonnendamm und weiter nördlich der Heerweg, später Königsdamm. Beide Wegeverbindungen sind durch die Kanal-, Straßen- und Industriebauten der letzten 150 Jahre fast völlig aus dem Stadtbild getilgt worden; nur ein kleiner Abschnitt des Nonnendamms fristete so auf der halben Strecke zwischen Spandau und Berlin, zwischen den Siemenswerken und der alten Schleuse unter der Autobahnbrücke, ein meist nur wenig beachtetes Original-Dasein. Der Schleusenneubau hat dieses Reststück nun noch einmal zerschnitten, doch mit der neuen Brücke hat die Wasserstraßenverwaltung Sorge getragen, dass die Verbindung bestehen blieb und das Überbleibsel dieser Uraltstraße erhöht und weithin sichtbar gemacht wurde.

Bedingt durch die beengten Platzverhältnisse weisen die Brückenzufahrten bergstraßensteile Rampen mit 8 % Steigung auf. Aus diesem Grund zeigt die Brücke eine vom kleinen Ausrundungsradius erzwungene Bogenform, die für eine einfache Balkenbrücke eher ungewöhnlich ist. Mit 55 m Spannweite hat diese mit allen Entwurfsparametern aus dem Rahmen der Berliner Straßenbrücken fallende Spannbetonkonstruktion nur eine Fahrbahnbreite von 3,5 m bei einer Gesamtbreite von 7,5 m.

Rohrdammbrücke

Unterhalb der über die Autobahn führenden Rudolf-Wissell-Brücke (→ Brücken an der Autobahn) liegt die einzige Spandauer Straßenbrücke über der Spree. Die Rohrdammbrücke

Die Nonnendammbrücke von 2002 vor der Rudolf-Wissell-Brücke von 1961

Die Rohrdammbrücke von 1953

überführt die gleichnamige Straße in Siemensstadt und verbindet sie mit dem Fürstenbrunner Weg auf dem linken Ufer.

Die elegante Brücke ist in vielerlei Hinsicht bemerkenswert. 1953 war sie der erste echte Neubau für eine Stadtstraße in Berlin nach dem Krieg; zuvor waren Reparaturen und Ersatzbauten für die zerstörten Verbindungen vordringlich gewesen. Die schlechte Nord-Süd-Verbindung zwischen Charlottenburg und den Industriegebieten in Siemensstadt verlangte nach einer direkten Straßenanbindung, die mittels kühner und dazu noch sehr schiefer Rahmen aus Spannbeton hergestellt wurde. Die auch statisch anspruchsvolle Konstruktion war darüber hinaus die erste Brücke in Berlin, bei der das neuartige Herstellungsverfahren des Freivorbaus zur Anwendung kam. Dabei kann auf ein störendes und teures Lehrgerüst verzichtet werden, indem man den Überbau von den Ufern aus in Teilstücken errichtet und diese Teile nach Aushärten des Betons mit Spanngliedern an den bereits fertig gestellten Überbauteil anschließt. Die Schalung für die Teilstücke wird ebenfalls dort befestigt. Die Lagerung der Rahmenstiele erfolgte wie später auch bei der Dischingerbrücke (→ Havelbrücken) auf Senkkastengründungen. Wegen der ausgeprägten Schiefe besteht die Brücke eigentlich aus zwei nebeneinander gestellten Rahmen, deren Deckplatten mit einer Koppelkonstruktion verbunden sind.

Obwohl erster Straßenbrückenneubau nach dem Krieg, hat die Brücke – zwar bescheidene, aber stadtgeschichtlich interessante – Vorgänger. Um die Jahrhundertwende verlegte Siemens seine Produktionsstätten aus Charlottenburg an das nördliche Spreeufer gegenüber dem Fürstenbrunn und kaufte große Teile der alten Jungfernheide, heute Siemensstadt. Das passte den Charlottenburgern nun gar nicht, denn dadurch verloren sie Einnahmen an Spandau und befürchteten überdies von der nun westlich gewanderten Industrie schlechte Luft für ihre vornehmen Wohnviertel. So wurden die Zuwegungen zu dem neuen Siemensstandort nicht gerade gefördert; der Nonnendamm vom Bahnhof Jungfernheide war nicht befestigt, und die Mitarbeiter von Siemens hatten täglich mit dem Schmutz zu kämpfen. Siemens bezahlte dann die Anlage des Bahn-Haltepunktes Fürstenbrunn und richtete für seine Mitarbeiter eine Fähre über die Spree ein. Das reichte schon bald nicht mehr, ein Fußgängersteg wurde erforderlich. Die Genehmigungsverfahren mit der Regierung in Potsdam, der Schifffahrtspolizei und den Städten Spandau und Charlottenburg – immer noch unwillig – zogen sich so lange hin, dass die Firma den 80 t schweren stählernen Fachwerkstabbogen bereits am Ufer fertig stellte und nach endlich erlangter Genehmigung 1905 die Konstruktion nachts in drei Stunden über den Fluss schob – ein Unterfangen, das in seiner Art wahrscheinlich auch erstmalig in Berlin war. Der sehr schlichte Steg wurde als Spreebrücke bezeichnet; 1913 musste ein zweiter Steg daneben gestellt werden. Der Doppelsteg erscheint im Stadtplan von 1913 etwas ungenau als Siemensbrücke, 1936 korrekter als Rohrdammsteg. 1945 lagen beide Stege im Wasser, und Siemens baute sofort einen hölzernen Behelf, der auch noch 1953 auf dem Baustellenfoto der großen neuen Straßenbrücke zu erkennen ist. Der Straßenbau des neu angelegten Rohrdammes wurde von Siemens mit Geländeschenkungen und Dammschüttungen unterstützt.

Die Brücke gehört verwaltungsmäßig schon zu Spandau, stadtgeschichtlich markiert sie jedoch die heutige Westausdehnung der Besiedlungsfläche des urbanen Berlin, bevor nach 4,5 km Spreelauf ohne Straßenbrücke – die einst geplante Spreebrücke im Zuge der Paulsternstraße wurde nie gebaut – der heutige Bezirk Spandau erreicht wird. Dieser relativ große Abstand zeigt die noch nicht ganz zugewachsene Nahtstelle zwischen den beiden Siedlungsgebieten, für deren oft nicht ganz problemloses Konkurrieren die Geschichte dieses Brückenstandortes bezeichnend ist.

Dieser mittlerweile auch schon 50 Jahre alte erste Zeuge des Berliner Brückenneubaus nach dem Krieg überspannt den Fluss für die mittlerweile gestiegenen Bedürfnisse der Schifffahrt zu flach. Wegen des empfindlichen Rahmentragwerks ist eine Anhebung nicht möglich, ein Ersatzbau also die einzige Lösung. Als Verkehrsbauwerke stehen Brücken stets unter Anpassungszwang.

Havelbrücken

Die in Nord-Süd-Richtung verlaufende Havel bildet im Spandauer Raum seenartige Ausbuchtungen, die früher von großen Sumpfgebieten umgeben waren. Solch eine Gegend war in alten Zeiten schwer zu durchqueren, nur an der Spreemündung verengte sich der Fluss und bildete eine Reihe von Sandinseln, die eine Übergangsmöglichkeit boten. So haben vermutlich schon vor über 1000 Jahren Heinrich I. und sein Sohn Otto d. Gr. bei ihren Slavenfeldzügen an dieser Stelle die Havel überschritten. Die spätere Anlage der Burg zeugt von der zunehmenden Bedeutung des hier vorbeiführenden West-Ost-Handelsweges. Die heute bestehenden Havelbrücken entstanden fast alle erst nach 1900. Bis auf drei liegen alle im jetzigen Bezirk Spandau.

Die Sandhauser Brücke von 1907

Obere Havel

Auf Reinickendorfer Gebiet befindet sich die nördlichste der an der Havel gelegenen Brücken: die **Sandhauser Brücke**. Zwischen östlichem Havelufer und dem Heiligensee überführt sie unbeachtet die Sandhauser Straße und ist mit fast 100 Jahren wohl die älteste Berliner Betonbogenbrücke.

Das nächste Bauwerk, etwas südlich der Sandhauser Brücke, aber am rechten Havelufer gelegen, ist die weithin sichtbare, 125 m lange, leichte und moderne Stahlkonstruktion des **Oberhavelstegs**, der mit langen Rampen das Schifffahrtsprofil des Hafens für das Kraftwerk Oberhavel überwindet und über Zügelgurte an zwei Pylonen aufgehängt ist. Entsprechend der Anlage des schönen Uferwanderwe-

Der Oberhavelsteg von 1991

ges sind die Rampen, im Grundriss mehrfach geknickt, an die vorhandene Vegetation angepasst und für einen guten Ausblick von der Brücke großzügig aufgeweitet worden. Die weiße Farbe der Pylone und der Abspannungen unterstreicht die Tragwirkung und korrespondiert mit den weißen Segeln auf der seenartigen Oberhavel.

Die folgenden beiden Brücken in Fließrichtung des Flusses sind nun auf Berliner Gebiet die ersten Brücken *über* der Havel, und zwar über der dort für einen Brückenstandort eher ungünstig breiten Havel. Es sind auch die jüngsten und größten Havelquerungen. Innerhalb von nur vier Jahren gebaut, verraten sie mit ihrer kurzen Entstehungszeit und ungewöhnlichen Lage den dahinter stehenden planerischen Impetus. Die ehemals industriell und als Tanklager genutzten Havelufer sollten in einer großen städtebaulichen Anstrengung zu bevorzugten Wohnquartieren ausgebaut und durch entsprechende neue und großzügige Verbindungen noch attraktiver werden.

So ist die 250 m lange **Wasserstadtbrücke** mit über 33 m Breite als Hauptverkehrsträger dieses Quartiers auch noch für die perspektivische Aufnahme einer Straßenbahn konzipiert. Zwei miteinander verbundene, torsionssteife stählerne Hauptträger liegen auf pyramidalen Stützen punktförmig auf, und eine Schar von filigranen Streben unter den breiten Kragarmen dient dazu, den flächenmäßig größten Brückenkörper aller Havelbrücken leichter und transparenter zu machen. Am Westufer findet die Stahlbrücke ihre Fortsetzung in einer Spannbetonbrücke, unter der sich neben einer kleinen Erschließungsstraße hauptsächlich ein Parkplatz befindet. Die zurückhaltend, aber effektiv gestaltete Geländerbeleuchtung und die Lampen in den offenen Stützpyramiden neben der Schifffahrtsöffnung geben der Brücke auch bei Dunkelheit ein elegantes Aussehen.

Die Wasserstadtbrücke von 2001

Die Spandauer See-Brücke von 1997

Die etwas weiter südlich gelegene **Spandauer See-Brücke** sollte nach den Intentionen der Stadtplaner mit 300 m Länge und nur 18 m Breite eine »langsame städtische Brücke mit Aufenthaltsqualität« werden. Der diesen Anforderungen entsprechende Entwurf wurde in einem mit 80 Teilnehmern ungewöhnlich großen Wettbewerb ermittelt. Die Ansicht des realisierten Entwurfs wird durch seitlich hoch gezogene massive Klinkerpfeiler dominiert, zwischen denen sich das stählerne Brückenband hindurchschiebt und auf denen es nur seitlich aufgelagert ist. Die lediglich 1,8 m hohe Stahlverbundkonstruktion ist für die 66 m weite Mittelöffnung extrem schlank und erforderte deshalb eine komplizierte schwingungsdämpfende Auflagertechnik, die in den massiven Pfeilern beiderseits der Schifffahrtsöffnung versteckt ist. Wegen des schlechten Baugrunds sind alle Pfeiler sehr tief gegründet. Die Pfeilerköpfe enden in Glasaufsätzen, von denen aus die Brücke nachts über Spiegelsysteme beleuchtet wird, eine bei Berliner Brücken bisher einmalige und eindrucksvolle Technik. Quasi in Fortsetzung dieser längsten Havelbrücke führt eine kleine Klappbrücke, der **Maselakesteg**, über den Havelarm, nur für Fußgänger.

Im Bereich der ehemaligen Festung Spandau

Südlich der Maselake wird die Havel noch breiter und umfließt die Insel Ei(ch)swerder. Bis in diesen Bereich nördlich der Zitadelle wurde noch im 19. Jahrhundert die für die Verteidigung Preußens und Berlins als wichtig erachtete Festung Spandau erweitert; auf das östlichen Ufer kamen die großen Pulvermühlen, auf Eiswerder etablierte sich die geheime Militärforschung, und in der Neustadt am Westufer befanden sich umfangreiche Garnisonsstandorte. Dieser Ufernutzung verdankt die Havel auch ihre heute älteste Brücke, die Kleine oder **Östliche Eiswerderbrücke** von 1891, über die sogar Züge auf die Insel der Militärforscher rollten. Zwölf Jahre später wurde dann als Ersatz für eine überlastete Fähre die – da ohne Eisenbahnnutzung – filigranere **Westliche Eiswerderbrücke** gebaut, die mit 208 m gut sechsmal länger als ihr Schwesterbauwerk ist und mit drei eleganten Fachwerkbögen die Schifffahrtsrinne überspannt. Die feingliedrige, genietete Konstruktion, die in diesem statischen System hier erstmals zur Ausführung kam, ist nach Kriegsschäden wieder in ihren alten Zustand versetzt worden und gilt als bewahrenswertes Beispiel für die Brückenbaukunst der Stahlbauer am Anfang des 20. Jahrhunderts. Die für die Erbauungszeit fast noch spektakuläreren 23 m tiefen Gründungspfeiler in Senkkastenbauweise sind zwar nicht sichtbar, sollen jedoch nicht unerwähnt bleiben.

Im Bereich der heutigen großen Zitadelle befand sich der alte Havelübergang, der – ähnlich wie später in Berlin der Spreeübergang – als Damm zum Antrieb von Mühlen genutzt wurde. Die alte Straße nach Osten, Richtung Barnim und Berlin, überquerte auf diesem Spandauer Mühlendamm die Havel, an einem Ufer gesichert durch das Spandauer Mühlentor, am anderen durch den Juliusturm. Durch den ständigen Ausbau der Burg zur weitläufigen Zitadelle wurden im Laufe der Zeit Straße und Übergang weiter nach Süden verschoben und damit vom Damm auf eine richtige Brücke über dem Unterwasser verlegt.

Seit 1723 befindet sich an der Stelle der alten Mühlenanlage die Spandauer Schleuse, die Fußgängern an diesem geschichtsträchtigen Ort bis zum Ende des Zweiten Weltkriegs das Queren der Havel auf dem **Spandauer Schleusensteg** erlaubte. Bei dem 2002 beendeten Umbau der Schleuse hat man auf die Wiederherstellung dieser alten Verbindung bislang verzichtet. Östlich der Bastion Königin wird der Abzugsgraben der Staustufe mit einem Wehr verschlossen und von einem kleinen **Wehrsteg** überbrückt, unterhalb dessen die Berliner Wildwasserkanuten bei offenem Wehr gute Trainingsmöglichkeiten haben. Der Abzugsgraben wird noch von der Zitadellenzufahrt mit der – nach den kriegerischen Kopfbedeckungen im Geländerschmuck benannten – **Mützenbrücke** überquert, bevor er sich unterhalb der Schleuse wieder mit der Haupthavel vereinigt.

Unmittelbar dort liegt heute die Nachfolgerin der Spandauer »Ur«brücke, die sich fortifikationsbedingt jahrhundertelang ca. 50 m weiter südlich befand, im späten Mittel-

Die Westliche Eiswerder Brücke von 1903

Die Juliusturmbrücke von 1941

Die Charlottenbrücke von 1928

alter die »Brücke vor dem Berliner Tor« hieß und erst seit dem Neubau von 1941 den Namen **Juliusturmbrücke** trägt. Die ersten urkundlichen Nachrichten über diese Brücke betreffen einen Neubau aus dem Jahr 1639. Die Brücke und ihre Nachfolgerinnen waren damals natürlich aus Holz und somit sehr oft zu erneuern. 1890 wollte man nun endlich eine Stahlbrücke bauen und entschied sich für eine Hubbrücke, die ab 1912 auch eine Straßenbahnlinie überführen musste. 1925 war diese Brücke jedoch so beschädigt, dass sie durch eine Notbrücke ersetzt werden musste, die dann noch lange 15 Jahre Dienst tat, bis sie schließlich 1941 durch den jetzt 50 m weiter nördlich liegenden Neubau ersetzt werden konnte. Dafür wurde eine neue Straße als breite Schneise durch die alte Bebauung geschlagen; die 112 m lange Juliusturmbrücke ist mit 34 m dreimal so breit wie die alte. Der geschweißte stählerne Neubau wurde bereits vier Jahre später durch Kriegseinwirkungen schwer beschädigt, konnte jedoch unter Erhalt der alten Stahlträger 1947 wieder »hingebogen« werden und ist heute noch mit originaler Substanz im Dienst.

Am zweitältesten Brückenstandort Spandaus liegt die **Charlottenbrücke,** vor 1722 Stresowbrücke. Früher wegen der damals breiteren Havel deutlich länger, verband sie Spandau mit der alten Vorstadt Stresow und dem weit entfernten Vorwerk Lietzow, dem späteren Charlottenburg. Die schöne Stabbogenkonstruktion von 1928 ersetzte eine alte Klappbrücke, die 1916 durch Schiffsstoß einstürzte. In den zwölf Jahren dazwischen mussten die Spandauer an dieser Stelle über eine von den hier stationierten Pionieren schnell errichtete Notbrücke gehen. Der 76 m lange und 21 m breite Neubau mit oben liegendem 60-m-Stabbogentragwerk und aufwändigen Widerlagern aus Granit und Muschelkalk war am Ende des Krieges der einzige noch benutzbare Havelübergang und somit ein Nadelöhr für die nach Westen fliehenden Berliner. Die Truppen des Marschalls Schukow waren allerdings schneller in Spandau, und so kamen auf der Brücke viele Flüchtlinge zu Tode. Im Zuge des vom Wasserstraßenamt geplanten Havelausbaus wird auch diese Brücke vom Umbau betroffen sein.

Untere Havel

Südlich des alten Spandau quert die Eisenbahn die Havel schon seit dem 19. Jahrhundert, zunächst mit einer Trasse auf Straßenniveau und verkehrsbehindernder Drehbrücke über der Havel, heute mit einer auffälligen wellenförmigen Konstruktion, natürlich in Hochlage. Daneben gab es früher noch eine zweite Bahnstrecke flussabwärts, an deren Stelle heute die beiden **Dischingerbrücken Nord und Süd** stehen. Sie waren schon in den 20er Jahren des 20. Jahrhunderts als südliche Umgehung der engen Altstadt geplant, man stritt sich aber mit der Schifffahrtsbehörde über die Entwurfsparameter, bis dann kriegsbedingt Geld und Material für den Brückenbau fehlten. So musste Spandau bis 1956 auf die Realisierung dieser alten Pläne warten. Die quasi als »erste Rate« gebaute Südbrücke war als Spannbetonrahmenkonstruktion in ihrer Schlankheit seinerzeit der in Deutschland kühnste Entwurf und wurde nach dem bekannten Spannbetonpionier Prof. Dischinger, Lehrender an der TU Berlin, benannt. Die Euphorie der Ingenieure der Spannbetongründerzeit war jedoch hier wie auch anderswo etwas zu groß, so musste die Brücke Anfang der 80er Jahre saniert und verstärkt werden, und der zeitgleich fällige Zwillingsbau fiel den weiter entwickelten Vorschriften entsprechend etwas weniger kühn aus. Das erklärt die leicht unterschiedlichen Fahrbahngradienten der sonst fast identischen Brücken. Die

Die Dischingerbrücke Süd von 1956

Rahmenstiele beider Brücken sind mit Senkkastenbauweise tief unter dem Wasserspiegel der Havel gegründet.

Die Bedeutung der Festung Spandau für den preußischen Staat wird aus dem Umstand ersichtlich, dass erst 1903 der Festungsstatus aufgegeben wurde. Erst danach konnten die Wälle und Bastionen fallen, die Havel wurde begradigt, der Südhafen angelegt, und so war auch Platz für eine Verbindung zwischen dem Stresow und der neuen Vorstadt Wilhelmstadt, die über die 1909 gebaute **Schulenburgbrücke** führt. Der aufgelöste Gitterbogenträger dieser gelungenen Brücke wirkt auch heute noch sehr transparent und sollte einem schifffahrtsbedingten Neubau möglichst als Vorbild dienen.

Die Schulenburgbrücke von 1909

Gleiches gilt auch für die **Freybrücke**, die 1910 fast gleichzeitig mit der Schulenburgbrücke, jedoch nicht von Spandau, sondern vom preußischen Heerstraßenbauamt Döberitz gebaut wurde. Die schnelle Verbindung für das Militär zwischen den Manövergebieten und der Hauptstadt war das Motiv für die Anlage der Heerstraße – fast geradlinig durch Feld und Wald und über Flüsse und Seen. Die Brücke wurde – recht ungewöhnlich – nach ihrem Chef-Erbauer benannt, und das sogar noch zu seinen Lebzeiten. Die Hebung der 1945 gesprengten Brücke war sehr schwierig, und so konnte erst 1951 wieder eine Straßenbahn von Berlin nach Spandau die Brücke befahren; bis dahin hatten zuerst Fähren und dann Behelfsbrücken den Verkehr notdürftig bedient.

Die sich südlich des Pichelssees stark aufweitende Havel trägt bis heute keine Überbrückungen. Drei kleine Brücken liegen im Zuge des schönen Uferwanderweges am Westufer, und die **Schwanenwerderbrücke** erschließt die gleichnamige Insel am Ostufer. Das schlichte Bauwerk wurde 1957 fertig gestellt und liegt nicht mehr in Spandau, sondern bereits in Zehlendorf.

Wo der Fluss die Großinsel Potsdam erreicht, wird der

Die Freybrücke von 1910

südliche Arm der Havel dann von der imposanten **Glienicker Brücke** überspannt, die je zur Hälfte in Berlin und Potsdam liegt. Ab 1660 gab es hier eine hölzerne Brücke, damals eine Tagesreise von Berlin entfernt. Der Verkehr nach Potsdam nahm jedoch erheblich zu, und so wurde 1834 nach einem Entwurf von Schinkel eine Backsteinbrücke mit Schiffsklappe gebaut. Diese Brücke entsprach nun auch dem unter den Hohenzollern von den genialen Gestaltern Schinkel und Lenné in der näheren und weiteren Umgebung angelegten anspruchsvollen Landschaftsambiente eines preußischen oder besser brandenburgischen Arkadiens. Der damalige Potsdamer Bischof beschrieb die Glienicker Brücke als »ebenso köstlich wie wohlgeraten. Sie gehört mit zu den vorzüglichsten Bauwerken unter seiner Majestät Regierung, und man betrachtet sie und die schöne Gegend, die sich vor ihr ausdehnt, mit Wohlgefallen.«

Nachdem der letzte regierende Hohenzoller, Kaiser Wilhelm II., 1906 den Teltowkanal eröffnet hatte, war der so geförderten Schifffahrt die alte Klappenkonstruktion nicht mehr zuzumuten. Auch dem Straßenverkehr und den häufigen Fahrten des Hofes zwischen Berlin und Potsdam wurde die Brücke nicht mehr gerecht, mit nur 6,45 m Fahrbahnbreite war sie viel zu schmal. So wurde sie allen Denkmalschützern und der Bedeutung ihres Erbauers zum Trotz abgerissen; die Straße wurde aufgeschüttet und eine damals sehr moderne, über 22 m breite und 128 m lange dreifeldrige hängebrückenartige Fachwerkkonstruktion gebaut, die den Schiffen eine 74 m breite Durchfahrt bot. Den Bauauftrag erhielt die Duisburger Firma des Stahlbrückenbaupioniers Harkort; die architektonische Gestaltung wurde einem Hofarchitekten übertragen, der die Brücke für die kaiserliche Benutzung reichlich verzierte, die Brückenköpfe mit Figurengruppen schmücken ließ und auf der Potsdamer Seite der modernen Eisenkonstruktion in Anlehnung an die Kolonnaden des Potsdamer Stadtschlosses ebensolche monumental anfügte. Die zierlichen Stahltürmchen, die ehemals die Pylonspitzen schmückten, hat man 1931 wegen des zu hohen Erhaltungsaufwandes entfernt. Offiziell wurde die neue Brücke nach Kaiser Friedrich getauft. Dieser Name hat sich allerdings nie durchgesetzt, es blieb bei Glienicker Brücke. Nach der Sprengung 1945 und vereinfachtem, aber sehr schwierigem Wiederaufbau 1947 wurde sie zur Brücke der Einheit, ein Name, der sich schon bald als reichlich unpassend erweisen sollte. Beim Wiederaufbau hat man zur Gewichtsreduzie-

Die Glienicker Brücke
von 1834, Schinkelzeichnung

Die Glienicker Brücke von 1907

rung die außerhalb der Trägerebene auskragenden Gehwege weggelassen.

Die Brücke wurde dann im Zuge der politischen Entwicklungen 1952 für den normalen Verkehr gesperrt, war fast 40 Jahre lang nur für die Militärmissionen der Siegermächte benutzbar und spielte im Kalten Krieg als Ort des Agentenaustausches eine berüchtigte Rolle. Seit 1990 heißt sie wieder und jetzt auch offiziell Glienicker Brücke. Das mittlerweile geschichtsträchtige Bauwerk, bei seiner Einweihung von Architekturkritikern als »plumpe Eisenkonstruktion« beschimpft, steht heute wie der Vorgängerbau unter Denkmalschutz und wehrt sich gegen eine grundlegende Änderung seines Erscheinungsbildes durch die Schifffahrtsforderungen nach größerer Durchfahrtshöhe. Dabei ist dies wohl die einzige Berliner Brücke, die schon einmal, 1926, von einem Flugzeug *unter*flogen wurde.

Neubarocke Kolonnaden auf Potsdamer Seite

Figurenschmuck der Berliner Überbauenden

Brücken an und über Seen, Teichen und Häfen

Die Eiszeit hat im Berliner Raum viele kleine Seen hinterlassen, manche Teiche wurden auch künstlich geschaffen, ebenso wie die Häfen am Tegeler See. Speziell die Straßenbrücken über den stehenden Gewässern haben eine eigene Charakteristik, die jeweils mit den sehr unterschiedlichen Umgebungen und den teilweise recht schwierigen Baugrundverhältnissen korrespondieren muss. Wegen der meist fehlenden strategischen Bedeutung haben die alten Seenbrücken auch größtenteils unbeschädigt den Krieg überstanden.

Der Mühlensteg von 1989

Im Nordwesten

Die nördlichste Seebrücke ist die schlichte Spannbetonkonstruktion der **Finsterwalder Brücke** über das Seggeluchbecken im 60er-Jahre-Neubaugebiet Märkisches Viertel. Die damals von der Stadtgestaltung geforderte massive Brüstung gibt ihr ein sehr minimalistisches – um nicht zu sagen plumpes – Aussehen.

An der Malchebucht des Tegeler Sees liegen zwei kleine Stege im Zuge des östlichen Uferwanderweges, von denen der eine als kleinste Berliner Klappbrücke unscheinbar über eine private Slippanlage führt. Nicht weit entfernt kann man im Tegeler Hafen den **Mühlensteg**, die mit einer Klappenlänge von 20 m größte bewegliche Brücke Berlins, bewundern. Sie gibt im Bedarfsfall die Bootszufahrt zum Mühlenhotel und zur benachbarten Werft frei.

Der ursprüngliche Hafen wurde in den 80er Jahren des letzten Jahrhunderts aufgeweitet, und man schuf eine von Flachwasser gebildete künstliche Insel. Das hier einst geplante Spaßbad wurde bis dato nicht gebaut, sodass die hierfür bereits errichteten und nach den Humboldts **Georgsteg**, **Alexandersteg** und **Wilhelmsteg** benannten drei stählernen Zugangsbrücken heute in eine mittlerweile gut entwickelte Spontanvegetation führen. Werden normalerweise die Geländer von den Brücken getragen, so tragen hier die fachwerkartig ausgebildeten Geländer die holzbelegten Geh- und Fahrwege.

Der Tegeler Hafensteg von 1908

Die Borsigdammbrücke von 1955

Den Abschluss des Hafens bildet der leuchtend rote, 64 m weit spannende und fast 100 Jahre alte filigrane Stabbogen des **Tegeler Hafenstegs**, die so genannte Sechserbrücke, die von den Humboldtschen Erben an Stelle einer alten Holzbrücke über das parallel verlaufende Tegeler Fließ gebaut wurde. Der Name Sechserbrücke erinnert hier noch an das früher von den Erbauern erhobene Brückengeld – bevor die Brücke 1921 an die Kommune überging.

Weiter südlich überspannt die **Borsigdammbrücke** die Einfahrt zum ehemaligem Borsighafen. Für den flüchtigen Betrachter wirkt sie wie ein gut in die Umgebung eingepasster massiver Bogen, dahinter verbirgt sich jedoch ein stark gevouteter Stahlbetonplattenbalken.

Das alte Tegeler Gaswerk gibt es nicht mehr, der heute recht zugewachsene Hafen und die mittlerweile schon 100 Jahre alte **Gaswerkbrücke** mit einem 25 m langen Überbau aus Walzträgern in Beton existieren dagegen immer noch. Eine kleine Brücke am Tegeler Wasserwerk ist aus Holz und dient nur dem Uferwanderweg.

Die ehemalige große Kiesgrube südlich der Haftanstalt Tegel ist heute der als Badegelegenheit beliebte Flughafensee. Zur besseren Zugänglichkeit der Badestelle von der Seidelstraße aus wurde die zur Regenwassereinleitung angelegte nordöstliche Ausbuchtung des Sees mit dem 47 m langen **Flughafenseesteg** überbrückt. Der Brückenkörper ist im Grundriss geknickt, da seine Stützung im See aus wasserbautechnischen Gründen nur an einer Stelle möglich war. Der Knickpunkt ist der Umgebung entsprechend zur Aussichtsplattform ausgeweitet und mit einem großen Schutzdach überspannt. Der weißgelbe Anstrich soll den sommerlichen Charakter des Bauwerks unterstreichen.

Im zentralen Stadtgebiet

Im Gegensatz zu den schlichten und mehrheitlich modernen Bauwerken im Bezirk Reinickendorf zeigen die älteren Brücken in den zentralen Bereichen der Stadt den mit ehemaligem Wohlstand unterfütterten Repräsentationswillen des späten Kaiserreiches. Anlass zum Brückenbau gaben die eiszeitlichen Rinnen in Charlottenburg und Wilmersdorf-Schöneberg mit oft schwierigem, morastigem Baugrund.

Der Flughafenseesteg von 1989

Die Lietzenseebrücke von 1904

Der Lietzensee ist der nördlichste noch vorhandene See dieser Kette und wird seit 1905 von dem eindrucksvollen Jugendstilportal der **Lietzenseebrücke** für die damals tatsächlich neue Neue Kantstraße überspannt. Unter diesem alten Gewölbe sorgt eine schlichte Winkelstahlkonstruktion seit 1956 auch für den Durchgang der Parkbesucher unter der viel befahrenen hoch liegenden Straße.

Das südlich des Halensees gelegene Seenquartett von Diana-, Königs-, Hertha- und Hubertussee wird von drei Brücken gequert. Davon ist die 1891 gebaute **Bismarckbrücke** das älteste und bei weitem prächtigste Bauwerk. Eine für die Bauzeit recht moderne Stahlbalkenkonstruktion ruht auf natursteinverkleideten Bögen und betont oben auf der überführten Bismarckallee mit üppigen Sphingen und sonstigem ägyptisch-barocken Zierrat die Bedeutung der damals neuen Millionärskolonie Grunewald.

Zurückhaltend sind dagegen die hübschen namensgebenden Skulpturen auf der für den Fahrzeugverkehr gesperrten **Hasensprungbrücke** zwischen Diana- und Königssee; der hölzerne Vorgänger aus der Gründerzeit war noch von martialischen Löwen bewacht.

Das Wilmersdorf-Schöneberger Talfenn war ursprünglich ein großer, lang gezogener See – Wilmersdorf hat früher einmal als Seebad für sich geworben. Der U-Bahnbau für die heutigen Linien 1 und 4 durchschnitt diese eiszeitliche, in West-Ost-Richtung verlaufende Rinne, was zwangsläufig zu erheblichen baulichen Problemen führte. In Schöneberg

Die Carl-Zuckmayer-Brücke von 1910

Die Barbrücke, damals noch Seeparkbrücke, im Originalzustand von 1912

waren die Schlammablagerungen nicht ganz so tief, und so konnte man den Bahnhof am Rathaus mit einer Spundwandgründung standfest machen. Dadurch hat die **Carl-Zuckmayer-Brücke** mit dem unter ihr integrierten U-Bahnhof ihr Aussehen bis heute unverändert bewahrt; nicht so das Schwesterbauwerk für die Linie 1, die **Barbrücke.** Hier wurde – ebenfalls als Begleiter für die U-Bahn – eine sehr pompöse Natursteinarchitektur neben und unter der Straße erstellt. Leider ist an diesem Standort fester Baugrund erst in 20 m Tiefe anzutreffen, weshalb man eine Pfahlgründung wählte, die jedoch für diese schweren Überbauten nicht ausreichend dimensioniert war. Wegen der bald auftretenden starken Setzungen und Risse musste die ganze Pracht in den 30er Jahren abgebaut und durch möglichst leichte Stahlbetonkonstruktionen ersetzt werden. Damit sind auch die einstigen arkadengeschmückten Überwegungen für die Parkbenutzer verschwunden.

Aus der gleichen Zeit stammen die mit wuchtigen Natursteinen verkleideten Bögen der **Parkringbrücke** im Zuge der Boelckestraße in Tempelhof. Der überbrückte See ist hier nur noch teilweise vorhanden.

In einer Siedlung an der Arnulfstaße in Schöneberg spiegelt sich eine kleine, mittelalterlich geformte **Weiherbrücke** beiderseits in einer gepflegten Teichanlage.

Im Südwesten

Die Seenbrücken im Südwesten sind wieder sehr naturbezogen und meist auch jüngeren Datums. Eine Ausnahme stellt dabei die **Stößenseebrücke** dar, und zwar in mehrfacher Hinsicht. Der zwischen Havel und Stößensee gelegene Pichelswerder war schon in der zweiten Hälfte des 19. Jahrhunderts ein beliebtes Ausflugsziel der Berliner. Für die Besuchermassen der Gaststätten baute man eine Pontonbrücke. Sie war 150 m lang und lag wegen des schlechten Baugrundes auf 17 Pontons, wurde 1882 in Betrieb genommen und erst 1910 wieder beseitigt. Dieser für Berlin einzigartige Brückenschlag erhielt 1909 eine nördlich gelegene Konkurrenz, die sich völlig anders, aber ebenfalls als ein Berliner Unikat präsentierte. Die Stößenseebrücke wurde 1909 zusammen mit der benachbarten Freybrücke über der Havel (→ Havelbrücken) von K. Bernhardt entworfen, ist aber der unterschiedlichen Topographie wegen eine ganz andere Konstruktion. Auf der Ostseite des Stößensees war durch einen Moränenrücken ein natürliches Hochufer gegeben, das westliche Widerlager wurde auf einen für die Straße hoch aufgeschütteten Damm gelegt und war für große Brückenlasten wenig tragfähig. Deshalb wurde ein 100 m langes und fast 4 m hohes Stahlfachwerk über zwei Felder entworfen, das zur Konzentration der Lasten über dem Mittelauf-

Die Stößenseebrücke von 1909

Systemskizze der Stößensee-brücke

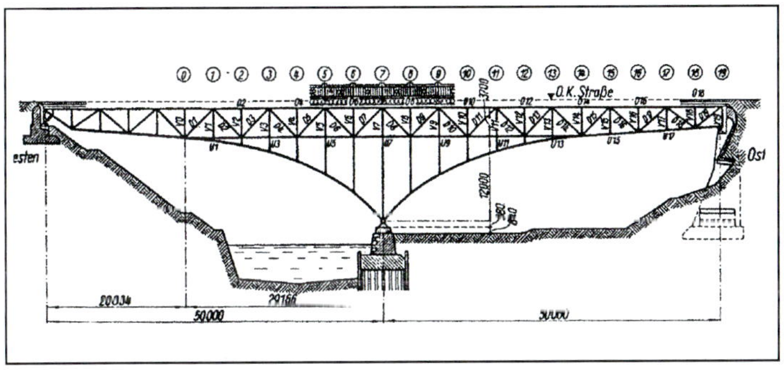

Die Wannseebrücke von 1955

lager weitere 12 m angevoutet wurde. So entstand die mit 18 m höchste Berliner Brücke, deren ungewöhnliche Konstruktion – ihre gute Einpassung in die Landschaft und das gewaltige Ostwiderlager mit zyklopenhafter Natursteinverkleidung – wir noch heute bewundern können. An der künstlichen Felswand üben Berliner Bergsteiger, und auf der Heerstraße weisen große Natursteinportale zu den beiden breiten Böschungstreppen.

Am Grunewaldsee und an der Krummen Lanke werden die Uferwanderwege durch kleine Konstruktionen über das die Seen verbindende Luch geführt. Bei der 42 m langen **Waldseebrücke** von 1910 kam der Stahlbetonbalken zum Einsatz, was zumindest um 1910 im Brückenbau eine recht moderne Bauweise darstellte.

Eine ähnliche Anwendung moderner Bautechniken vollzog sich bei der 1955 fertig gestellten **Wannseebrücke**, die im damals jungen Baustoff Spannbeton als durchlaufender, 76 m langer und 30 m breiter Überbau auf zweigelenkrahmenartigen Stielen entworfen wurde. Die für die 50er Jahre typische elegante Konstruktion war aber für heutige Verhältnisse nicht ausreichend bemessen, sodass 30 Jahre später mit Zusatzspanngliedern kräftig nachzubessern war. Die Wannseebrücke ist übrigens die einzige der Seenbrücken, deren Vorgängerin 1945 von vermeintlich strategischer Bedeutung war und deshalb gesprengt wurde, was aber die sowjetische Eroberung der Insel Wannsee nicht nachhaltig verhindern konnte.

Brücken über Fließe und Gräben

Neben den Hauptgewässern Spree und Havel waren im Laufe der Zeit auch ihre natürlichen und künstlichen Zuflüsse im sich ausbreitenden Stadtgebiet und den umliegenden Gemeinden Anlass für eine große Zahl von meist kleineren Brückenschlägen. Diese Flüsschen befinden sich hauptsächlich nördlich der Spree und werden im Folgenden von West nach Ost betrachtet. Die wegen der geringen Spannweiten so genannten Kleinbrücken sind im Allgemeinen technisch unspektakulär, aber für das Leben und Umfeld der Anwohner nicht weniger von Bedeutung als andere Brücken – ein Umstand, der bei der Gestaltung stets bedacht werden sollte.

Spandauer Stadtgraben, Pulvermühle und Tiefwerder

Der Spandauer Stadtgraben heißt Mühlengraben, weil er im Mittelalter nicht nur Verteidigungszwecken diente, sondern auch der Ablaufgraben der durch den Havelwasserstau getriebenen Mühlen war (→ Havelbrücken). Die älteste erhaltene der sieben Brücken ist die massive Bogenkonstruktion der **Moritzbrücke** von 1895.

Am östlichen Havelufer sind in den letzten Jahren mit dem neuen Wohnquartier Pulvermühle sieben moderne Straßen- und Fußgängerbrücken über dem Hauptabzugsgraben entstanden. Südlich der Spreemündung sind im Bereich der alten Havelarme noch die **Tiefwerderbrücke** und einige schöne Fußgängerstege erwähnenswert.

Tegeler Fließ, Nordgraben und Panke

Das Tegeler Fließ entwässert die Gegend zwischen Lübars und dem Tegeler See und wird von 17 Brücken und Stegen überspannt. Die meisten sind Fußgängerbrücken, die wie

Der Egidysteg von 1963

Der St.-Joseph-Steg von 1968

Die Schönwalder Straßenbrücke von 1883

z. B. der Waidmannsluster **Egidysteg** gut in die idyllische Umgebung des Landschaftsschutzgebietes eingepasst sind. Herauszuheben ist die mit rund 200 m wohl längste Holzstegkonstruktion Berlins, der **Eichwerder Steg**, der in Lübars ein wertvolles Feuchtbiotop überbrückt und zusätzlich als Lehrpfad ausgestaltet ist. Kurz vor der Mündung in den Tegeler See befindet sich westlich des Egidysteges der **St.-Joseph-Steg**, für dessen 26 m langes Tragwerk 1968 erstmals in Berlin vorgespannter Leichtbeton im Brückenbau eingesetzt wurde.

Der südlich parallel zum Tegeler Fließ verlaufende Nordgraben ist ein künstlicher Entwässerungsgraben, der in Blankenburg eine Verbindung zur Panke hat und auch zur Regulierung der Rieselfelderabflüsse bei Buch diente. Für die Reinigung dieses die Wasserqualität des Tegeler Sees bedrohenden Abwassers wurde Anfang der 80er Jahre vor dem Tegeler Hafen eine große Phosphateleminationsanlage gebaut, in deren Umfeld auch im Tegeler Fließ eine Ministaustufe mit einer **Wehrbrücke** entstand. Der Nordgraben mit seinen Nebenarmen Packereigraben und Fasaneriegraben ist immerhin Grund für rund 40 kleinere Brücken und Stege von meist schlichter Machart.

Bevor der Oberlauf der Panke durch den Nordgraben wasserbautechnisch entlastet werden konnte, hat dieser bedeutendste Berliner Nebenfluss der Spree oftmals für gefährliches Hochwasser gesorgt und im Laufe der Jahrhunderte mehrfach Häuser und Mühlen zerstört. Der von Friedrich I. veranlasste Schönhauser Graben (→ Kanalbrücken) sorgte dann für eine erhebliche Reduzierung der Wasserfracht im Panke-Unterlauf und damit zur Trockenlegung des alten Sumpfgebietes im Bereich des Schiffbauer Damms. Auf ihrem Weg durch die Bezirke Pankow, Wedding und Mitte wird die Panke von rund 50 Brücken überspannt, die 16 Brücken in den Schlossparkanlagen von Buch (→ Parkbrücken) und Niederschönhausen sowie im Bürgerpark noch nicht mitgezählt.

Die älteste noch erhaltene Brücke ist die **Soldiner Brücke** von 1876 mit einem schönen Mauerwerksbogen, leider versehen mit einem modernen Geländer. Schöne alte Geländer sind dagegen auf den schlichten Balkentragwerken der **Badstraßenbrücke**, der **Schönstedtbrücke**, der **Walter-Röber-Brücke** und der **Gerichtstraßenbrücke** erhalten. Die **Schönwalder Straßenbrücke** von 1883 zeigt als einzige den alten Mauerbogen-Unterbau noch zusammen mit dem Geländer aus der Zeit.

Die modernsten Pankebrücken sind der **Heubuder Steg** in Wedding – ein der Talform angepasstes hölzernes Sprengwerk – und die beiden minimalistischen Kurzbrücken neben dem Neubau des Verkehrsministeriums nahe der Invaliden-

Geländer der Schönstedtbrücke

Der Heubuder Steg von 1995

Mündung der Restpanke am Schiffbauer Damm

straße, die für Zu- und Abfahrt das spärliche Bächlein überspannen, das hier südlich des Wasserabzuges durch den Schönhauser Graben noch im Bett der alten Panke verblieben ist. Nach einer längeren Rohrstrecke mündet das Rinnsal südlich des Berliner Ensembles unter der kaum als Brücke zu erkennenden **Uferstraßenbrücke** ebenso unscheinbar in die Spree.

Der Schnellmontagesteg über der Wuhle in Hellersdorf, 1989

Wuhle, Köpenicker Stadtgraben, Erpe, Fredersdorfer Mühlenflies und Neu-Venedig

Die Wuhle fließt von Marzahn nach Köpenick und wird 25-mal von Straßen und Wegen gekreuzt. Brückenbautechnisch bemerkenswert sind dabei die standhaften Schnellmontagekonstruktionen einiger Fußgängerüberwege, vermutlich aus Pionierbeständen, und die für die Bauzeit 1953 ungewöhnlich massiven Bauwerke **Heesestraßenbrücke** und **Hoppendorfer Brücke**. Zur gleichen Zeit wurde die Wuhle im südlichen Bereich mit mehreren grazilen Fußgängerstegen in Stahl ausgestattet.

Der Köpenicker Stadtgraben heißt wegen des benachbarten Fischerkietzes Kietzgraben und hat im Unterschied zu seinem Pendant in Spandau nur drei Brücken, die alle neueren Datums sind; der Berliner Stadtgraben und seine Brücken sind ja bekanntlich schon seit 120 Jahren verschwunden. Die

Die Heesestraßenbrücke von 1953

Die Hoppendorfer Brücke von 1953

kleine Zugangsbrücke zum Köpenicker Schloss wurde im Jahr 2001 als traditionelle Holzbrücke erneuert.

Östlich der Köpenicker Altstadt mündet die kleine Erpe, auch Neuenhagener Mühlenfließ genannt, in die Spree und wird auf ihrem relativ kurzen Verlauf innerhalb der Stadtgrenzen doch immerhin 13-mal überbrückt – meist durch kleine Einfeldkonstruktionen.

In das östliche Ende – oder besser: den Anfang – des Müggelsees mündet das Fredersdorfer Mühlenfließ mit fünf Kleinbrücken auf 3 km Länge.

Südlich von Wilhelmshagen liegt das Siedlungsgebiet Neu-Venedig, ein in Berlin einmaliges Wassergrundstücksparadies. Ein umfangreiches Grabensystem mit Spreeanschluss macht aus fast jedem Siedler einen potentiellen Freizeitkapitän. Aber nicht alles lässt sich wie im richtigen Venedig über die Kanäle be- und entsorgen, und so ermöglichen auch 15 Brücken die bequeme Zufahrt für Anwohner, Müllabfuhr und Feuerwehr. 1992 wurden vier Brücken für die erforderlichen Verkehrslasten durch schlanke, 10 m weit spannende Stahlverbundkonstruktionen erneuert, deren ornithologischer Geländerschmuck jeweils Bezug auf die namensgebenden Wege nimmt.

Die Finkenwegbrücke in Neu-Venedig von 1994

Parkbrücken

Es gibt nur wenige Großstädte, die hinsichtlich der Anzahl und Fläche ihrer öffentlichen Grün- und Erholungsanlagen mit Berlin konkurrieren können. Grünzüge, Park- und Gartenanlagen in unterschiedlicher Größe und Gestaltung aus verschiedenen Zeitepochen sowie große Wald- und Wasserflächen bilden für Einheimische und Besucher eine willkommene Auflockerung des Häusermeers. Mehr als 2500 öffentliche Grün- und Erholungsanlagen mit einer Gesamtfläche von über 5500 ha – das entspricht 6,1 % der Gesamtfläche Berlins – werden intensiv zur Naherholung genutzt und tragen zur Verbesserung des Kleinklimas bei. Neben diesem künstlich geschaffenen Grün bedecken Flüsse, Seen und Wälder ein Drittel des Stadtgebiets. Seit Mitte des 19. Jahrhunderts entstanden künstlich angelegte Garten- und Parkanlagen mit Ausnahme des der Öffentlichkeit zugänglichen Großen Tiergartens zunächst im Umfeld von Schlossanlagen und blieben den hochherrschaftlichen Besitzern und ihren Gästen vorbehalten. Erst nach 1870 wurden in größerem Umfang städtische Parks und Grünanlagen angelegt.

Von Beginn an gehörten Fußgängerbrücken als Orte besonderer Verweilqualität zu den markanten Gestaltungsmerkmalen. Überbrückt werden künstlich angelegte Schluchten, kleine Teiche oder Wasserläufe. Fußgängerbrücken sind für den Brückenbauer seit jeher in besonderem Maße Anreiz und Herausforderung, Konstruktives mit ansprechender Gestaltung zu verbinden. Anders als im Großbrückenbau sind auch ungewöhnliche Lösungen aus Wirtschaftlichkeitsgründen nicht von vornherein zum Scheitern verurteilt. Die geringen Verkehrslasten und Stützweiten ermöglichen die Anwendung aller Bauweisen und Baumaterialien sowie Konstruktionen, die aufgrund der topografischen Gegebenheiten des Berliner Raums sonst nicht zur Anwendung kommen können. So sind unter den etwa 200 Fußgängerbrücken der Stadt, von denen die überwiegende Anzahl in Grünanlagen liegt oder diese miteinander verbindet, viele originelle Bauwerke. Einige sollen im Folgenden näher betrachtet werden.

In fürstlichen Gärten

Mit der Fertigstellung der ersten gusseisernen Brücke über den Severn bei Coalbrookdale in England begann im Jahr 1781 die Epoche der Eisen- und späteren Stahlbrücken. Diese Brücke ließ der Fürst von Dessau als stark verkleinerte schmiedeeiserne Kopie 1791 im Wörlitzer Park nachbauen. Die erste gusseiserne Brücke auf deutschem Boden wurde 1794 bis 1796 bei Laasan in Schlesien errichtet. Schon 1797 folgte in Berlin die Eiserne Brücke über den Kupfergraben an der Museumsinsel. All diese Bauwerke waren als Bogenbrücken in Formgebung und konstruktiver Durchbildung noch sehr stark an ihre Vorgänger aus Mauerwerk und Holz angelehnt.

Dies galt auch für die ab 1800 für den Schlosspark Charlottenburg geplanten anspruchsvollen Fußgängerbrücken. Eine von ihnen, die **Hohe Brücke**, führt über den nördlichen Abfluss des Karpfenteichs. Nach Aufstellung von mehreren Entwürfen und Anfertigung von Modellen wurde das Bauwerk, dessen Eisenteile in der königlichen Eisengießerei in Malapane/Schlesien gegossen wurden, im August 1802 fertig gestellt. Vier eingespannte Bögen erstrecken sich mit einer Gesamtlänge von 17,1 m zwischen den Widerlagern aus Naturstein und Ziegelmauerwerk. Die Nutzbreite zwischen den Geländern beträgt 3,6 m. Die Hohe Brücke ist mit mehr als 200 Jahren die am längsten in unveränderter Form genutzte Brücke Berlins, wozu natürlich auch die im Vergleich zu Straßenbrücken geringen und unveränderten Verkehrslasten beigetragen haben.

Die Hohe Brücke von 1802

Die Löwenbrücke von 1838

Der »Thiergarten«, erstmals 1527 urkundlich erwähnt, diente ursprünglich dem Jagdvergnügen des Hofes, rückte aber durch die Ausdehnung Berlins und seiner Trabantenstädte von seiner Randlage vor den Toren der Stadt immer mehr in das Zentrum der Ansiedlungen. Bereits im Jahre 1740 ließ Friedrich der Große den die Anlage umgebenden Plankenzaun abbrechen und durch Knobelsdorf einen Landschaftspark anlegen. Rund 100 Jahre später erhielt das Gelände durch den im Auftrag Friedrich Wilhelm III. tätigen Gartenbauingenieur Lenné in etwa seine heutige Gestalt. Im Zuge dieser Arbeiten wurde 1838 die **Löwenbrücke** als echte Hängebrücke errichtet, wenn sie auch mit einer Gesamtlänge von weniger als 18 m weit unterhalb des Bereiches blieb, in dem derartige Konstruktionen üblicherweise liegen. Die der Seilverankerung dienenden Löwen, nach dem Entwurf eines Schülers von Christian Daniel Rauch bei August Borsig gegossen, überstanden den Zweiten Weltkrieg im Gegensatz zum übrigen Bauwerk weitgehend unbeschädigt. Beim Wiederaufbau im Jahre 1957 ersetzte man die ursprünglich aus 140 parallelen Einzeldrähten bestehenden Tragseile durch verschlossene Stahlseile. Gleichzeitig wurde die Brücke zum Vorteil der Bootsfahrer etwas höher gelegt und zur Reduzierung der Schwingungsanfälligkeit konstruktiv verstärkt. Sie ist, da der Borsigsteg über der Spree und die Hugo-Preuss-Brücke am Humboldthafen den Zweiten Weltkrieg nicht überstanden haben, heute die einzige Hängebrücke Berlins.

Eine ungewöhnliche Geschichte hat die so genannte **Teufelsbrücke** im Volkspark Klein-Glienicke, der zwar auf Berliner Stadtgebiet liegt, aber im Kontext der Potsdamer Gartenlandschaft zu sehen ist. Im Jahre 1838 schuf Ludwig Persius, ein Schüler und Mitarbeiter Schinkels, im Auftrag des Prinzen Karl von Preußen am Steilufer der Havel die Anlagen für eine künstliche Kaskade. Er entwarf eine wildromantisch gestaltete Schlucht, überspannt von einer auf hohen Pfeilern stehenden Bogenbrücke mit drei Öffnungen. Dem Zeitgeschmack entsprechend wurde das Bauwerk als künstliche Ruine aus grob behauenen Kalksteinen mit Gewölbebögen und Brüstungen aus Ziegelmauerwerk nur zu etwas mehr als der Hälfte ausgeführt und durch eine primitive Holzkonstruktion ergänzt.

Dieser »verfallene« Zustand missfiel 100 Jahre später den zuständigen Stellen im Dritten Reich. Kurzerhand wurde der »provisorische Holzsteg« entfernt und durch Mauerbögen nach Art der vorhandenen ersetzt. Das Ausbessern künstlicher Schäden im Brüstungsmauerwerk vollendete die »Sanierung«, nach der das Bauwerk fast völlig seines romantischen Charakters beraubt war. An diesem Zustand änderte sich über 50 Jahre nichts. Erst in den 90er Jahren des 20. Jahr-

Die Teufelsbrücke von 1838

hunderts wurde auf Initiative des damaligen Bausenators Nagel der ursprüngliche Zustand mit nicht unerheblichem finanziellem und technischem Aufwand wiederhergestellt. Da es sich bei der Brücke inzwischen um ein in einer öffentlichen Grünanlage liegendes Bauwerk handelte, musste der Verkehrssicherungspflicht Genüge getan werden. So konnte der ergänzte Bogenteil nicht entfernt werden, bevor der verbleibende Rest durch den Einbau von Spanngliedern in seiner Stabilität gesichert war. Nicht veränderbar war allerdings das mit 23 % für Berliner Verhältnisse und Komfortansprüche ungewöhnliche Längsgefälle des Bauwerks, sodass die Benutzung der bei einer Nutzbreite von 1,32 m insgesamt 14,80 m langen Brücke nicht bei jeder Witterung ganz unproblematisch ist.

Ruhwaldparkbrücke von 1964

In städtischen Parks

Vermutlich bereits im 16. Jahrhundert in Teilen angelegt war der im heutigen Bezirk Pankow liegende Schlosspark Buch. Zunächst in Privatbesitz, ging er 1898 in das Eigentum Berlins über. Wegen des vernachlässigten Zustands war nach 1950 eine generelle Umgestaltung erforderlich. In den Jahren 1956/57 wurden insgesamt zehn **Schlossparkbrücken** neu gebaut, die mit Ausnahme einer Stahlbetonbrücke als einfache Holzkonstruktionen nach 20 Jahren am Ende ihrer Lebensdauer angelangt waren. Bei der Suche nach langlebigeren und in der Unterhaltung weniger aufwändigen Konstruktionen beschritt man auch hier neue Wege. Von 1975 bis 1980 wurden neben sechs Stahlbetonfertigteilbrücken über die Panke drei Bauwerke über den Teichgraben aus Leichtmetall hergestellt. Der hier erstmals im Berliner Brückenbau verwendete Baustoff Aluminium wird im Allgemeinen nur für untergeordnete Bauteile wie Geländer benutzt. Die 12 m langen Brücken mit einer Nutzbreite von 2,5 m bestehen aus zwei überhöhten Blechträgern, die durch eine mit Hohlrippen verstärkte Gehbahntafel verbunden sind. Im Schlosspark Buch befindet sich auch die kürzeste Berli-

Leichtmetallbrücke im Schlosspark Buch von 1980

ner Brücke, eine Stahlkonstruktion von 1,46 m Länge und 1,56 m Breite.

Der für Fußgängerbrücken in Grünanlagen besonders bei geringeren Stützweiten am häufigsten verwendete, älteste, aber auch vergänglichste Baustoff ist das Holz, das sich besonders gut in die umgebende Landschaft einfügen lässt. Beispiele konventioneller Zimmermannskunst sind die beiden Sprengwerke im Charlottenburger Ruhwaldpark, die die in Kiefernholz geformte Variante der massiven und stählernen Bogenbrücken zeigen. Beide **Ruhwaldparkbrücken** wurden erstmals 1950 errichtet, mussten jedoch wegen witterungsbedingter Schäden bereits 1964 bzw. 1969 durch Neubauten ersetzt werden. Trotz des Einsatzes neuartiger Holzschutzmittel war auch für sie bereits 1988 eine totale Grunderneuerung fällig. Die Bauwerke haben jeweils eine Nutzbreite von 2,82 m und eine Gesamtlänge von 22,60 m.

In der Nähe des im Grunewald liegenden Teufelssees erstreckt sich ein durch die Deponie von etwa 25 Millionen Kubikmetern Trümmerschutt entstandenes hügeliges Erholungs- und Wintersportgelände, das neben anderen Anlagen auch eine Rodelbahn aufweist. Diese wird auf halber Höhe von einem Rundwanderweg gekreuzt. Eine im Baujahr 1973 sehr innovative Holzkonstruktion, die **Rodelbahnbrücke**, ermöglicht den Spaziergängern im Winter das gefahrlose Überqueren der Bahn und in der übrigen Zeit eine schöne Aussicht. Die für eine Holzbrücke beträchtliche Hauptstützweite von 33 m wurde durch die Verwendung von verleimten Brettschichtträgern, die so genannte Hetzerbauweise, erreicht. Wegen der im Vergleich zu Beton und Stahl wesentlich geringeren Festigkeit des verwendeten Nadelholzes ergab sich für die insgesamt 46,50 m lange Brücke eine mit 1,67 m recht beträchtliche Konstruktionshöhe, die jedoch bei den gegebenen Geländeverhältnissen nicht störend wirkt. Der von kräftigen Geländern eingerahmte Gehweg verfügt über eine Nutzbreite von 2,82 m.

Die Rodelbahnbrücke von 1973

Anlässlich der Bundesgartenschau legte man 1985 den heute unter dem Namen Britzer Garten bekannten Erholungs- und Freizeitpark an. Auf dem gärtnerisch gestalteten Gelände gibt es auch ein gutes Dutzend Fußgängerstege. Sie führen im Zuge der Parkwege über künstlich geschaffene Täler und Wasserläufe, erschließen, auf Pfählen gegründet, die Uferzone des Sees, Kernstück des Geländes, oder reichen, auf Pontons schwimmend, mitten hinein.

Die Stege ordnen sich der umgebenden Parklandschaft ohne besondere eigene Akzentsetzung unter – bis auf eine Ausnahme: die zentral gelegene **Rhizomatische Brücke**, die an ein Wurzelgeflecht, Rhrizom, erinnern soll. Der optische Effekt wird durch 15 hoch aufragende, teils paarweise, teils einzeln stehende pylonartige Pfahlbockkonstruktionen erzielt. Die Stiele der drei- oder vierteiligen Böcke bestehen aus Basralocus, einem tropischen Hartholz, das ebenso wie das für den Gehbahnbelag verwendete – gleichfalls aus den Tropen stammende – Bongossiholz auch ohne spezielle Holzschutzmaßnahmen eine besonders gute Haltbarkeit aufweist. In Höhe der Gehbahn sind die Pylonenstiele durch stählerne Rahmen gefasst, zwischen denen sich – ebenfalls in Stahlbauweise – die 1,25 m bzw. 3,50 m breiten verbindenden Stegelemente spannen. Die in der vorliegenden Form sehr ungewöhnliche Kombination der Baustoffe Stahl und Holz war schon während der Montage nicht ganz unproblematisch, da sich die Abstände zwischen den einzelnen Böcken bereits innerhalb eines Tages durch das Arbeiten des Holzes um mehrere cm veränderten. Abgerundet wird das Gesamtbild der Brücke durch die grünen Kupferhauben der Pylonspitzen sowie die kräftigen, aus Rundstählen zusammengesetzten Geländer.

Erwähnenswert sind auch die aus Eichenholz gefertigten drei **Stege über den Wiesenbach**. Die Rund- und Halbrundquerschnitte der Stützen und Längsbalken haben einen maximalen Durchmesser von 50 cm. Bei Entwurf und Her-

Steg über den Wiesenbach im Britzer Garten von 1984

stellung wurde konsequent darauf geachtet, statt der oft wenig schönen stählernen Verbindungsmittel hölzerne Steck- und Klemmverbindungen zu verwenden bzw. notwendige Stahlverbindungen unsichtbar in das Holz einzulassen, was diesen Stegen ihre besondere Note verleiht.

Nicht nur Fußgängern, sondern auch der »Eisenbahn« dient die **Brücke zum Café am See**, die bei einer Nutzbreite von 4,9 m auch die Gleise der Ausstellungsbahn überführt. Sie erinnert an die alten zimmermannsmäßig konstruierten Sprengwerke, ist jedoch mit Mitteln des modernen Ingenieurholzbaus berechnet und ausgeführt worden. Wegen des starken Längsgefälles und der schiefen Kreuzung entstand ein räumlich kompliziertes Bauwerk, das große Anforderungen an die handwerkliche Kunst der Zimmerleute stellte. Die hohe Verkehrsbelastung erforderte bei den vorliegenden Stützweiten von über 6 m und einer Gesamtlänge von 22 m sehr massive Balkenquerschnitte. Da aus architektonischen Gründen die Stützenjoche nur unter den Randträgern angeordnet werden sollten, wurden die Lasten aus den Mittellängsträgern über Zangen nach außen geleitet. Durch die Abdeckung der Widerlager und Fundamente mit Rotlavagestein und die Verwendung von handgeschälten Längsbalken für die Außenansichten fügt sich das Bauwerk harmonisch in seine Umgebung ein.

Eine ganz andere Gestaltungsphilosophie kann man im Erholungspark Marzahn erleben. Im Rahmen der Städtepartnerschaft Berlin–Peking entstand hier im Stil klassischer chinesischer Gelehrtengärten in den Jahren 1997 bis 2000 der »Garten des wieder gewonnenen Mondes«, der die Freude über die neu errungene nationale Einheit symbolisieren soll. Von chinesischen Experten wurden mit aus China importierten Materialien Gebäude, Brücken und Mauern in eine reich bepflanzte Hügellandschaft mit einem 4500 m² großen See im Mittelpunkt integriert. Die Brücken – ob als **Steinbogenbrücke**, über die man »auf dem Mond wandert«, oder als flach über den See führender Steg – sind durch nichts hervorgehoben und damit ein unauffälliger Teil der Gesamtkomposition.

Die Steinbogenbrücke im Chinesischen Garten von 2000

Kanalbrücken

Die natürliche Wasserlage der Stadt an Spree und Havel, die im Mittelalter sogar die Mitgliedschaft Berlins in der Hanse begründete, wurde speziell im 19. Jahrhundert für eine rege Kanalbautätigkeit genutzt. Damit wuchs Berlin im 20. Jahrhundert zu einer der größten Binnenschifffahrtshäfen Deutschlands heran. Leider dienten diese Kanäle im Zweiten Weltkrieg als Verteidigungslinien der »Festung Berlin«, was die Zerstörung fast aller Brücken zur Folge hatte. Der Verlust der teilweise sehr aufwändig gestalteten Repräsentationsbauten konnte nach 1945 durch den Zwang zum schnellen Wiederaufbau nicht in allen Fällen gestalterisch adäquat ausgeglichen werden.

Die drei Berliner Kanalsysteme zeigen trotz allem eine enorme Vielfalt an sie überspannenden Brückenformen; insgesamt sind es über 100 Straßen- und Wegebrücken, die hier über Kanäle führen.

Landwehrkanal und Neuköllner Schifffahrtskanal

Im Bereich von Alt-Berlin und Alt-Cölln fließt die Spree am nördlichen (Barnimer) Rand des Urstromtales. Die Wiesen und Felder im Süden von Alt-Cölln wurden von einem Graben entwässert, der am westlichen Rand des heutigen Tiergartens in die Spree mündete. Nahe der Stadt hieß dieses Gewässer Landwehrgraben, weil er die Grenze – die »Landwere« – der Cöllnischen Feldmark zu den auf dem Teltow residierenden Tempelhofer Tempelrittern darstellte, weiter westlich hieß es einfach Schafgraben. Die auf Berlin zuführenden Handelsstraßen kreuzten diesen Bach im Südwesten mit der Schafsbrücke, auf dem südlichen Weg nach Tempelhof mit der – vermutlich nicht aus Stein gebauten – Steinernen Brücke und mit einer weiteren Brücke für den Weg nach Südosten. An diesen Stellen stehen heute die **Potsdamer Brücke** als Trägerin der Bundesstraße 1, die schöne **Hallesche Tor-Brücke** und die **Kottbusser Brücke**.

Der Landwehr-Schaf-Graben wurde vom ersten preußischen König 1705 in seinem Oberlauf mit dem Oberwasser der Spree verbunden und zu einem Floßgraben für den südlich des Halleschen Tores gelegenen Holzplatz ausgebaut. Dadurch musste die parallel zur Spree verlaufende Straße nach Schlesien überführt werden, die hölzernen Vorläufer der **Schlesischen Brücke** und der **Treptower Brücke** entstanden.

Die Hallesches Tor-Brücke, die durch Hochbahn und Krieg gestalterisch reduzierte Belle-Alliance-Brücke von 1876

Die Treptower Brücke von 1852

Die Baerwaldbrücke von 1878

Die Admiralbrücke von 1882

Dieser Floßgraben rückte dann gut hundert Jahre später wieder in das Blickfeld der Stadtplaner, hatten sich doch die barocke Stadterweiterung und die Akzisemauer nahe an seine Ufer herangeschoben. Der Graben sollte nun zum Kanal ausgebaut werden und die Ansiedlung von Gewerbe fördern. Lenné integrierte diese Pläne 1842 in seine Entwürfe für die Besiedlung des Köpenicker Feldes, der Luisenstadt, und die Gestaltung des Tiergartens. Die Mündung des Kanals in die Spree wurde bei dieser Gelegenheit weiter westwärts verschoben. Damit sich der Grundwasserstand im Tiergarten nicht ungünstig veränderte, sah Lenné zwei Schleusen vor, die den 1850 fertig gestellten Kanal allerdings für die Schifffahrt nicht eben attraktiv machten. 1852 wurde als Arbeitsbeschaffungsmaßnahme ein nördlicher Abzweig, der Luisenstädtische Kanal, angefügt – 1926 wurde er ebenfalls als Arbeitsbeschaffungsmaßnahme wieder zugeschüttet – und an der Akzisemauer mit einem Wassertor versehen (Wassertorplatz). Die Mauer wurde dann aber bereits 1867 wieder abgerissen – heute fährt auf diesem ehemaligen Mauerstreifen die U-Bahn in Hochlage – und damit der Landwehrkanal in das Stadtgebiet eingefügt, was den Bau vieler Straßenbrücken erforderte.

Diese waren anfangs größtenteils aus Holz, doch im Zuge der großen Spreeregulierung wurde in den Jahren 1883 bis 1890 auch der Landwehrkanal verbreitert, mit massiven Ufermauern eingefasst und mit »festen« Brückenkonstruktionen geschmückt, die man sich nach 1871 als kaiserliche Hauptstadt endlich leisten konnte. Durch die Zerstörungen 1945 sind leider nur wenige dieser Bauten originalähnlich erhalten. Die ältesten sind die Ziegelbogenkonstruktionen der **Treptower Brücke** von 1852 – nach der Schlossbrücke die älteste erhaltene Brücke dieser Art – und der **Baerwaldbrücke** von 1878 sowie der 1882 gebaute filigrane Stahlbogen der **Admiralbrücke**.

Die **Hallesche Tor-Brücke** wurde schon 1876 als Belle-Alliance-Brücke noch vom preußischen Staat errichtet, bevor die Zuständigkeit für Brücken im gleichen Jahr auf die Stadt übertragen wurde. Sie übertraf damals mit über 34 m die bis dahin breiteste Berliner Brücke, die Schlossbrücke, um 3 m. Mit 22 m war sie allerdings viel kürzer, dafür konkurriert sie auch heute noch mit der Schwester von der Spree, und zwar mit dem – leider nur noch teilweise erhaltenen – Skulpturenschmuck. Die Thematik ist hier allerdings sehr zivil; die ursprünglich vier Gruppen wurden nach dem die städtebauliche Situation erheblich verändernden Bau der Hochbahn auf zwei Standorte reduziert, und so wachen heute nur noch »Schifffahrt« und »Fischhandel« auf den Postamenten.

An der bislang jüngsten Landwehrkanalbrücke, dem **Anhalter Steg** von 2001, zählt der von der Spree hierher verpflanzte 120 Jahre alte Marschallbrücken-Mittelbogen zumindest als Brückenteil zu den Veteranen.

Original zum alten Landwehrkanal gehören die baugeschichtlich interessanten, weil frühen Blechträgerkonstruktionen aus Flusseisen der **Schlesischen Brücke** von 1896 und

Der Anhalter Steg von 2001 mit dem wieder verwendeten Mittelteil der Marschallbrücke von 1888 in der Trasse der alten Anhalter Bahn

der **Oberen Freiarchenbrücke** von 1894, deren große Widerlagerwände mit schönen Terrakotten geschmückt sind.

Das westliche Ende des Landwehrkanals war beim Ausbau noch nicht in den hauptstädtischen Brückenbau integriert, weil es jwd (janz weit draußen) lag, in der Nachbarstadt Charlottenburg. Dort gab es noch bis 1900 Brücken aus Holz, die dann aber von der durch Industrie reich gewordenen Gemeinde pompös erneuert wurden. Der aufwändigste Neubau war damals zweifellos die **Charlottenburger Brücke**, die 1908 mit imposanten Schmuckaufbauten als Tor nach Berlin errichtet wurde. Leider wurde die Brücke 1938 beim gigantischen Ausbau der Ost-West-Achse abgerissen und das Bogentragwerk durch eine Platte ersetzt, wobei sogar das Schifffahrtsprofil eingeschränkt wurde, nur um die Straßengradiente nach der Speerschen Planung um 1,5 m abzusenken. Auch die Proportionen der Aufbauten wurden durch die Verbreiterung der Straße verändert – die Brücke war nun mit 75 m die breiteste Straßenbrücke Deutschlands – und wichtige Schmuckbestandteile ganz entfernt.

Noch original erhalten sind die schönen massiven, natursteinverkleideten Bögen der **Dovebrücke** von 1909 und der **Marchbrücke** von 1912. Dagegen erfolgte der schnelle Wiederaufbau der 1945 zerstörten Konstruktionen aus Geldmangel meist recht schlicht in Stahlbeton.

Zwei Brückenneubauten von 1987, die **Lichtensteinbrücken** und der **Hiroshimasteg**, zeigen jedoch die gestalterischen Möglichkeiten beim heutigen Bau von Fußgängerbrücken, wobei das traditionelle Stahlbogenmotiv aufgenommen

Die Charlottenburger Brücke nach dem Umbau 1938

Der Hiroshimasteg von 1987

Die Georg-C-Marshall-Brücke von 1999

Die Lohmühlenbrücke von 1920

wurde. Bei der jüngsten Straßenbrücke, der **George-C-Marshall-Brücke** von 1999 an der südlichen Ausfahrt des Tiergartentunnels, wird die traditionelle Bogenform der Landwehrkanalbrücken modern in Stahlbeton interpretiert. Unmittelbar östlich davon sieht man die Widerlager der nicht mehr vorhandenen **Augustabrücke**, die sogar noch bis 1938 mit Klappen betrieben wurde.

Im Zusammenhang mit dem Landwehrkanal ist nicht zu vergessen, dass durch das Zuschütten des Luisenstädtischen Kanals zehn zum Teil sehr interessante Brücken beseitigt wurden – nur von der **Waldemarbrücke** sind noch Reste zu sehen – und 1963 bei der Verkleinerung des Urbanhafens auch die einzige Berliner Hubbrücke verschrottet wurde.

Als Verbindung von Landwehr- und Teltowkanal wurde 1902 bis 1914 der Neuköllner Schifffahrtskanal mit heute zehn Straßen- und Wegebrücken gebaut. Davon wurden allerdings nur die **Teupitzer** und die **Neuköllnische Brücke** noch vor 1914 errichtet, die anderen – wie die **Lohmühlenbrücke** – erst nach dem Krieg; der **Britzer Hafensteg** war schon bei der Anlage des Hafens für den Teltowkanal 1904 gebaut worden. Nördlich dieser alten Stahlfachwerkkonstruktion überspannen jetzt die 100 Jahre später gebauten sechs Brücken des Autobahndreieckes Neukölln den Kanal (→ Brücken an der Autobahn).

Berlin-Spandauer-Schifffahrtskanal (BSK, Hohenzollernkanal) mit Charlottenburger Verbindungskanal (CVK) und Westhafenkanal

Dem Prunk liebenden ersten preußischen König beliebte es, zu Schiff auch zu seinem neuen Schönhauser Schlösschen zu gelangen. Deshalb ließ er 1695 bis 1704 von seinem Schlossbaumeister Eosander von Göthe einen schiffbaren Graben anlegen, der außerhalb der Fortifikationen und unter Umgehung der sumpfigen Pankemündung in Höhe der jetzigen Parlamentsbauten von der Spree nordwärts abzweigte bzw. dort mündete, um sich dann nach einem Ostschwenk in Wedding mit der von (Nieder-)Schönhausen kommenden Panke zu vereinigen. So wurde neben der Möglichkeit für königliche Lustfahrten auch eine willkommene Hochwasserentlastung der Pankemündung geschaffen.

Doch nicht nur der fürstliche, auch der gemeine Schiffsverkehr nahm zu, speziell nach Spandau. Mitte des 19. Jahrhunderts waren in Berlin ca. 5000 größere Binnenschiffe registriert, und der gewundene Unterlauf der Spree und die Spandauer Schleuse waren stark überlastet. 1848 bis 1859 wurde deshalb der Berlin-Spandauer-Schifffahrtskanal gebaut. Dazu nutzte man den nordwärts gerichteten Teil des alten Schönhauser Grabens, mittlerweile Charitégraben genannt. Der südlichste Teil mit der Spreeanbindung wurde zugeschüttet und weiter nordwestlich in den neu geschaffenen Humboldthafen verlegt, allerdings mit einer schifffahrtstechnisch viel zu engen Kurve. Am damals ebenfalls neu angelegten Nordhafen erinnert heute noch die Einmündung des Pankearms, des Schönhauser Grabens, an den alten Verlauf der kurfürstlichen Wasserstraße.

Den neuen Kanal schmückten vorerst nur vier Brücken: die **Sandkrugbrücke**, die schon 1780 als Steinerne Brücke den Schönhauser Graben überspannt hatte und als solche bei Friedrich Nicolai Erwähnung fand, die **Fennbrücke** und die **Torfstraßenbrücke**, alle drei nur mit einer kleinen Spannweite von gut 7 m. Auf den Plänen der Zeit kann man auch noch eine Brücke erkennen, die in der optischen Achse von Schloss Charlottenburg nach Schloss Schönhausen liegt, die von Hobrecht später für die Seestraßenplanung benutzt wurde.

Der wachsende Verkehr machte dann schon 1872 bis 1875 die Anlage des Charlottenburger Verbindungskanals erforderlich, der eine unmittelbare Verbindung mit dem Land-

Die Kaiserin-Augusta-Brücke: Widerlager von 1875, Überbau von 1936

wehrkanal herstellte. Der BSK musste dafür erheblich erweitert und ausgebaut werden; alle Brücken wurden abgerissen und durch größere ersetzt, die Fennbrücke zeigt in dem schmucklosen Ersatzbau von 1952 noch heute die ungefähren damaligen Proportionen. Über dem neuen CVK gab es eine Vorgängerin der jetzigen **Sickingenbrücke**, die noch in der einst wohl geplanten, aber dort nie realisierten Seestraßenachse lag, außerdem die **Kaiserin-Augusta-Brücke** mit heute noch ursprünglicher kleiner Spannweite und den Brückenschlag der ehemaligen **Königsdammbrücke** in der Gegend der jetzigen Ludwig-Hoffmann-Brücke, der durch die Kanalverlegung nach dem Zweiten Weltkrieg beseitigt wurde.

Noch vor dem Ersten Weltkrieg wurde der Ausbau der Wasserstraßenverbindung Berlin–Stettin für die Großschifffahrt in Angriff genommen. Mit dem Bau des Finowkanals begannen auch die Arbeiten für den für ihn vorgesehenen Endpunkt, den Westhafen. Dafür war auch der Abschnitt des BSK zwischen Westhafen und Spandau nochmals zu verbreitern und zu begradigen – und natürlich zeitgemäß kaisertreu in Hohenzollernkanal umzutaufen. Für die Westhafeneinfahrt benötigte man eine neue Unterquerung der Seestraße, die **Südliche Seestraßenbrücke**. Sie zeigt als einzige Brücke dieser Wasserstraße noch ihr altes Aussehen von 1912; der schiefe Dreigelenk-Stahlbetonbogen, ein Brückenbauereignis der damaligen Zeit, kann mittlerweile also fast 100-jährige Bewährung aufweisen. Gleichzeitig wurde auch

Die Südliche Seestraßenbrücke von 1912

Der Goerdeler Steg von 1974

Die Föhrer Brücke von 1951

die Putlitzstraße erstmals mit der **Föhrer Brücke** über den BSK geführt. Die Arbeiten am Kanalausbau zogen sich wegen des Krieges bis in die 20er Jahre hin. Mitte der 30er war dann mit dem Westhafenkanal schon wieder eine Erweiterung geplant: Die direkte Anbindung des Westhafens an die Spree sollte die Schifffahrtswege wesentlich verkürzen, und so blieben die kleinen Brückenspannweiten im jetzt unbedeutend gewordenen CVK erhalten.

Doch wieder kam ein Krieg dazwischen, und so konnten der Westhafenkanal und damit auch die Spannbetonkonstruktionen der **Mörschbrücke** und der **Ludwig-Hoffmann-Brücke** erst 1954 bis 1956 fertig gestellt werden.

Der **Goerdelersteg** wurde im Zuge des Stadtautobahnbaus als die längste Fußgängerbrücke des damaligen West-Berlin gebaut. Der für eine Spannbetonkonstruktion etwas hoch wirkende Überbau ist durch eine Unmenge an überführten Leitungen und Fernheizrohren bedingt. Er liegt übrigens an der Stelle einer von A. Speer geplanten großen Straßenbrücke in Verlängerung des breiten Straßenzuges von der Richard-Wagner- bis zur Lise-Meitner-Straße, der das Neubaugebiet Charlottenburg-Nord anbinden sollte.

Das Ende des Zweiten Weltkrieges bedeutete auch hier die Zerstörung fast aller Brücken – ausgenommen die Südliche Seestraßen- und die Kaiserin-Augusta-Brücke –, sodass die nächstältesten bestehenden Überbauten von 1951 stammen: der Ostteil der **Nördlichen Seestraßenbrücke** mit einem schönen Stahlbogen als Ersatz für einen der südlichen Brücke ähnlichen Stahlbetonbogen und die **Föhrer Brücke**, bei der 1951 der ehemalige Stahlbogen durch die erste echte Spannbetonrahmenkonstruktion im Berliner Brückenbau ersetzt wurde. Die Anbindung der Seestraße an die Stadtautobahn und ihre damit einhergehende Verbreiterung bedingten drei zusätzliche Brücken in diesem Bereich; außerdem brachte der Mauerbau von 1961 die Entlastungsstraße durch den Tiergarten und machte damit die **Nordhafenbrücke** erforderlich. Auch die unwirtschaftliche Lage – über einem Hafen – und die enorme Länge – 140 m – dieser ersten großen Stahlbrücke nach dem Krieg waren politisch bedingt: Zwischen der zu entlastenden alten Fennbrücke und der Sektorengrenze war nur über dem Hafen Platz für eine zusätzliche leistungsfähige Brücke, da das südliche Hafenende schon zum Ostsektor gehörte.

Die Nordhafenbrücke von 1970

Die Hinckeldeybrücke von 1975, im Hintergrund die 1974 gebaute General-Ganeval-Brücke

Für den Ausbau des Flughafens Tegel baute man 1974 mit der 110 m langen **General-Ganeval-Brücke** eine zweifeldrige Zufahrt über den BSK. Sie wurde gestalterisch an den gleichzeitig notwendig gewordenen Ersatzbau der schadhaften Spannbetonkonstruktion der **Hinckeldeybrücke** von 1955 angepasst.

Nach 1990 konnten endlich auch wieder die zwangsläufig lange vernachlässigten Grenzbrücken **Kieler Steg** und **Sandkrugbrücke** erneuert werden, beide in Stahl. Während der Kieler Steg als Fußgängerbrücke mit einem leichten Bogentragwerk die jetzt aufgeweitete südliche Hafeneinfahrt überspannt, musste sich der Ersatzbau der ehrwürdigen Sandkrugbrücke als weitgehend versteckter Stahlrahmen möglichst schlank zwischen Straße und Schifffahrt einordnen und zusätzlich noch jede Menge Leitungen überführen.

Der BSK mündet dann südlich des Humboldthafens, der früher mal ein Weinberg war, in die Spree. Hier stand vor 1925 die Alsenbrücke (→ Verschwundene Brücken) und später dann die nur noch die Hafeneinfahrt überbrückende markante Hängekonstruktion der **Hugo-Preuss-Brücke**, später Admiral-Scheer-Brücke. Diese 170 m lange Dreifeldbrücke wurde nach der Zerstörung im Krieg wegen der dann bald eintretenden Grenzlage nicht wieder aufgebaut. Mit dem Neubau des Lehrter Bahnhofs hat sich die städtebauliche Situation erheblich verändert, und so wird nach fast 60 Jahren ein Ersatzbau die neue Spreeuferstraße, dem Spreebogen folgend, gekrümmt überführen. Die Vorgängerkonstruktion war wegen der Tunnelanlagen der Bahn technisch nicht wiederholbar bzw. gründbar und auch städtebaulich nicht mehr gewünscht. So präsentiert sich die jüngste Berliner Großbrücke als schlichter 95 m langer Einfeldbalken.

Teltowkanal mit Prinz-Friedrich-Leopold-Kanal (PFLK) und Britzer Verbindungskanal (BVK)

In der Gründerzeit hatte sich die von Berlin ausgehende Bebauung speziell nach Süden in den Kreis Teltow ausgeweitet. Für die Entwässerung der neuen Siedlungen wurde dringend ein Vorfluter benötigt, und so reaktivierte Ende des 19. Jahrhunderts der Teltower Landrat Stubenrauch die schon älteren Pläne für einen leistungsfähigen Kanal weit südlich des Landwehrkanals, für den dem zuständigen Staat bisher immer das Geld gefehlt hatte. Das durch den Speckgürtel gut gefüllte Steuersäckel des Landkreises machte es dann möglich, dieses große Bauvorhaben allein aus eigenen Mitteln zu finanzieren. Das war der entscheidende Grund für die »Allerhöchste Genehmigung« und den Erfolg des rührigen Landrates, der den Bau ab 1900 in nur sechs Jahren vollenden ließ und nach dem nicht umsonst im Süden Berlins vier Straßen und zwei Brücken benannt sind.

Der seit der Eingemeindung 1920 zum größten Teil auf Berliner Gebiet verlaufende Teltowkanal folgt in seinem westlichen Teil dem ehemaligen Lauf des Flüsschens Bäke, um dann östlich von Lichterfelde die Hochfläche des Teltow zu durchschneiden. Im Westen werden Wannsee und Stölpchensee durch den Prinz-Friedrich-Leopold-Kanal an den über den Griebnitzsee bei der Glienicker Laake in die Havel

Die Bäkebrücke von 1901

Die Colditzbrücke von 1958

Die Germelmannbrücke von 1990

Die Späthbrücke von 1906

mündenden Teltowkanal angeschlossen. Im Osten teilt sich der Kanal in den östlich verlaufenden Britzer Verbindungskanal Richtung Spree und Osthafen und in den Südostarm des Teltowkanals Richtung Dahme.

Diese geographischen Gegebenheiten bestimmen auch den Charakter bzw. die Konstruktion der kreuzenden Brücken. In den sechs Jahren, in denen der Kanal fertig gestellt wurde, entstanden auch 54 Brücken, fast alle aus Stahl gebaut. Im Bereich des bis 18 m tiefen Einschnittes in die Teltowhochebene kamen die in Berlin bei größeren Spannweiten sonst unüblichen Brückenformen wie aufgeständerte Stahlbögen und unter der Fahrbahn liegende hohe Fachwerke zum Einsatz. Sie sind in der sonst flachen Berliner Gegend wegen der notwendigen großen Anrampungen nicht praktikabel. Leider waren gerade die Brücken des Teltowkanals durch die Sprengungen am Kriegsende besonders betroffen, sodass heute nur noch einige Bauwerke an ihr Aussehen von 1906 erinnern.

Am PFLK wurde 1997 die **Alsenbrücke** auf den alten Pfeilern mit einem breiteren neuen Überbau versehen, die ursprünglichen Geländer blieben. Die **Bäkebrücke** wie auch die **Rungiusbrücke** zeigen mit ihren schönen unten liegenden, genieteten Fachwerken die durch das Gelände gegebene Möglichkeit einer größeren Bauhöhe. Die **Prinzregent-Ludwig-Brücke**, ein Neubau von 2000, ersetzt eine alte Bogenkonstruktion. Es gibt aber auch konstruktive Ausnahmen wie den 52 m langen **Gaswerk-Steg** nach Mariendorf mit einem oben liegendem Bogen, dahinter erkennt man jedoch schon wieder die alte Regelform bei der **Teubertbrücke**. Die erwähnten Stahlbögen mit oben liegender Fahrbahn sind leider nicht mehr im Original erhalten: Die **Colditzbrücke** zeigt eine schöne Nachkriegsrekonstruktion in Stahlbeton, während die **Germelmannbrücke** von 1990 die alten Formen neuzeitlich elegant in Stahl wieder aufnimmt.

Der Teltowkanal war seinerzeit eine der modernsten Kanalanlagen der Welt, nicht zuletzt wegen seiner das Kanalbett und die Ufer schonenden Treidelanlage mit elektrischen Lokomotiven, eine davon steht heute noch unter Glas an der **Emil-Schulz-Brücke**. Das System war übrigens Vorbild für den Panamakanal. Diese Treidelbahn bedingte allerdings an den Hafeneinfahrten große Sonderbrücken aus Stahlfachwerk, die jedoch seit 1945 zusammen mit der Treidelei verschwunden sind.

Der BVK und der lange Süd-Ost-Arm des Teltowkanals liegen dann wieder in der flachen Landschaft der Spreeaue, und damit werden auch die Brückenkonstruktionen wieder flachlandtypisch. Das zeigt sich an den alten – und denkmal-

Die Südostalleebrücke von 2000

Die Stelling-Janitzky-Brücke von 1965

geschützten – oben liegenden Fachwerken der **Späthbrücke** und der **Baumschulenbrücke** und dem modernen und bunten, 81 m weit spannenden Stabbogen-Neubau der **Südostalleebrücke**. Die erste Brücke nach der Spree am BVK, die 74 m lange **Marggraffbrücke** von 1966, ist der früheste Spannbetonbrückenbau im damaligen Ost-Berlin. Die 66 m lange **Stelling-Janitzky-Brücke**, ein Nachkriegsbau von 1963, erreicht ihre notwendige Schlankheit durch ein stählernes Rahmentragwerk. Der Ersatzbau der **Grünauer Brücke** von 2000 ist eine geschickt integrierte Trogkonstruktion, die den extrem schlank wirkenden, 57 m weit und stützenlos spannenden Überbau zusätzlich auch noch Lasten aus dem Straßenbahnverkehr tragen lässt.

Überhaupt werden sich die Formen der Teltowkanalbrücken in Zukunft unter allen Berliner Brücken am schnellsten verändern: Unmittelbar bevorstehend oder bereits im Bau sind die Neubauten der Brücken, die wegen der Autobahn A 113 nötig werden. Dazu zählt nicht nur die große Überbrückung des BVK, sondern auch der Ersatz der Brücken über dem südöstlichen Arm des Teltowkanals, die wegen der Höhenlage der parallel verlaufenden Autobahn und der Kanalausbaupläne angehoben und verlängert werden müssen (→ Brücken an der Autobahn). Das wird in einem einheitlichen Design mit je zwei bis vier Stabbögen geschehen, das schon jetzt bei der **Neuen Späthbrücke** nördlich der alten, denkmalgeschützten Brücke zu besichtigen ist.

Die Ausbauplanung im Rahmen des »Projektes Deutsche Einheit Nr. 17«, der Wasserstraße Hannover–Berlin, für die Ost-West-Strecke des Teltowkanals zeigt die Bedeutung dieses für die Schifffahrt wichtigsten Berliner Kanals. Besonders die notwendig gewordene Mindestdurchfahrtshöhe von 5,25 m für die modernen Containerschiffe wird viele Brückenüberbauten verändern. Das kann sehr aufwändig werden wie bei der **Stubenrauchbrücke**, wo unter der Straße auch noch eine U-Bahn überführt wird, die ebenfalls angehoben werden müsste.

Hier wird einmal mehr deutlich, dass Brücken als Zweckbauten bei notwendigen Veränderungen der kreuzenden Verkehrswege umgestaltet werden müssen, und zwar unabhängig davon, wie ästhetisch gelungen sie auch sein mögen. Dies entlässt die Brückenbauer jedoch nicht aus der Verantwortung, für gute neue Formen und die verträgliche Anpassung des Neubaus an das gewachsene Stadtbild zu sorgen. Abschließend bleibt noch festzustellen, dass bei all den vielen Neu- und Umbauplänen auch fast 60 Jahre nach Kriegsende immer noch nicht alle zerstörten Brücken des Teltowkanals wieder aufgebaut sind.

Die Grünauer Brücke von 2000

Brücken über Bahnanlagen

Bis zur Mitte des 19. Jahrhunderts führten alle Brücken Berlins über Wasserläufe. Der ersten Eisenbahnstrecke Potsdam–Berlin im Jahre 1838 folgten bis 1846 zwar die Anhalter, die Stettiner, die Hamburger und die Bahn Berlin–Frankfurt/Oder, doch sie verliefen alle in der Straßenebene. Die außerhalb der Kernstadt liegenden Bahnhöfe verknüpfte ab 1851 eine ebenfalls ebenerdig verlaufende Bahnhofsverbindungsbahn. Bis 1887 ergänzten die Ost-, die Görlitzer, die Lehrter, die Dresdener und die Nordbahn die in Berlin endenden Bahnstrecken.

Mit dem Abbruch der Stadtmauer ab 1867 begannen umfangreiche Umbauten an den Bahnanlagen. So hob man die Gleise allmählich über das Straßenniveau und errichtete bis 1871 die Ringbahn, »die Strecke ohne Ende«, über die im Jahre 1877 bereits 15 Straßenbrücken führten. In »Berlin und seine Bauten« von 1877 wird zur Linienführung der Ringbahn ausgeführt: Sie »zieht sodann unter der Schwedter Straße und der Schönhauser Allee und mitten durch die künftigen Stadtviertel unter der Pappelallee und der Prenzlauer Chaussee hindurch und ersteigt die zur Überführung der Chaussee vor dem Königstore erforderliche Höhe, um sodann gegen Süden sich wendend, unter dem verlorenen Wege, der Küstriner Chaussee, dem Lichtenberger Grenzwege und dem Weidenwege hindurch, aus dem Einschnitt heraus zu dem Übergange über die Frankfurter Chaussee zu führen«. Wegen des rasch zunehmenden Verkehrs baute man die Ringbahn in den Jahren 1887 bis 1896 viergleisig aus, was wiederum regen Brückenbau einschloss.

Die Spaltung der Stadt führte ab 1961 zur Unterbrechung des Bahnverkehrs und zum Verfall zahlreicher über den Bahnanlagen verlaufender Brücken. Erst nach 1990 wurden viele wieder belebt oder ganz neu gebaut. Von den heute mehr als 160 Straßenbrücken über Berlins weit verzweigten Bahnanlagen werden hier einige bemerkenswerte Bauwerke stellvertretend vorgestellt – die über Bahnanlagen führenden Autobahnbrücken werden im nächsten Kapitel beschrieben.

Der Berliner Innenring an der Greifenhagener Brücke 1983

Der Schwedter Steg von 1999

Schwedter Steg und Behmstraßenbrücke

Zu den Neubauten über Bahnanlagen gehört u. a. die interessante Konstruktionskombination des 1997 bis 1999 errichteten Schwedter Stegs, der mit 209 m Länge in der Nähe des Gesundbrunnens die Behm- mit der Gleimstraße verbindet. Zusammen mit der ebenfalls neu gebauten und 172 m langen Stahlverbundkonstruktion der Behmstraßenbrücke überspannt der Steg die große Fläche des neu gestalteten Nordkreuzes der Bahn.

Swinemünder Brücke

Die Swinemünder Brücke, die, ebenfalls nahe dem Gesundbrunnen, über die Bahnanlagen hinweg die Swinemünder mit der Bellermannstraße verbindet, ist ein schönes Zeugnis der stählernen Nietkonstruktionen vom Anfang des 20. Jahrhunderts. Das 228 m lange und 18,6 m breite Bauwerk wird wegen seiner zahlreichen Niete und weil es mehr als eine Million Goldmark kostete, im Volksmund auch »Millionenbrücke« genannt. Das fachwerkartige Haupttragwerk verläuft über drei Felder und hat die Form einer Hängebrücke. Das Mittelfeld ist als Gerberträger ausgebildet; die Seitenfelder bilden zum Mittelfeld hin 30 m lange Kragarme, die einen 48 m langen Schwebeträger tragen. Diese eigenwillige Konstruktion, unterstrichen durch eine dreigurtige Ausbildung in den Stützenbereichen, wurde u. a. gewählt, um einen oberen Windverband entbehrlich zu machen, der bei vorliegender Brückenschiefe sehr unschön gewirkt hätte. Die Entscheidungen bezüglich der Gestaltung wurden durch die Herstellung maßstäblicher Modelle herbeigeführt, und zwar sowohl betreffs der Massenwirkung insgesamt als auch für die Festlegung und Form der Ornamente, die u. a. die »Härten der schiefen Anschlüsse und an den Trägerenden beseitigen und den Übergang der Beleuchtungskörper zur Nüchternheit des Eisenwerkes vermitteln« sollten. Die künstlerische Ausschmückung übernahm der Architekt Bruno Möhring, ein Spezialist der Eisenarchitektur, der u. a. an der Wuppertaler Schwebebahn und der Berliner Hochbahn mitwirkte. Zu den »Architekturgliedern« gehörten die Spitzsäulen auf den Pylonen, bandartige Verzierungen an den Anschlusspunkten der Hängegurte sowie die Beleuch-

Im Jahre 1910: Blick auf die Swinemünder Brücke

Die Swinemünder Brücke von 1905

tungskörper. Die Pfeiler und Widerlager wurden mittels gelber Klinker und mit Sandsteinabdeckung gestaltet. Die Bauarbeiten begannen im Herbst 1902 und endeten nach Probebelastung mit einer 15 t schweren Dampfwalze im Jahr 1905. Wiederholte Reparaturen, u.a. zur Beseitigung der Kriegsschäden, dienten der Erhaltung dieser in ihrer Art in Berlin einmaligen Brücke, schlossen jedoch den Ersatz des einstigen Zierrats nicht ein.

Bösebrücke

Die Bösebrücke im Zuge der Bornholmer Straße, seit 1948 nach Wilhelm Böse, einem antifaschistischen Widerstandskämpfer, benannt, hieß nach ihrer Fertigstellung im Jahre 1916 zunächst Hindenburgbrücke. Ein gewaltiges hölzernes Lehrgerüst musste man errichten, um die stählerne Nietkonstruktion in Einzelteilen montieren und zu einem Ganzen verbinden zu können. Bis zu diesem Zeitpunkt hatten die Anlagen der Stettiner und der Nordbahn den breiten, von Hobrecht geplanten und von Plötzensee bis Lichtenberg führenden ringförmigen Straßenzug unterbrochen. Um die Wirkung der 138 m langen und 31 m breiten Brücke im Stadtbild beurteilen zu können, erarbeitete man mehrere Entwürfe und stellte Modelle her, bis dann eine stählerne Auslegerkonstruktion den Vorzug erhielt. Die beiden Hauptträger der Brücke haben im Mittelfeld die Form von Korbbögen. Um den Kräfteverlauf zu verdeutlichen, verstärkt man die Gurte optisch durch eine geeignete konstruk-

Die Bösebrücke von 1916

tive Gestaltung. Außerdem führte man den Untergurt so, dass die Längenausdehnung gegenüber der Höhenabmessung betont wurde. Mit der gleichen Sorgfalt erfolgte die Gestaltung der Geländer, der aussteifenden Elemente und der Widerlager, während man anders als bei der ca. zehn Jahre zuvor gebauten Swinemünder Brücke auf das sonst übliche »schmückende Beiwerk« verzichtete.

Im Juli 1913 begannen die Bauarbeiten. Um den Bahnverkehr nicht zu stören, baute man die Stahlkonstruktion im Mittelfeld in ca. 1,5 m erhöhter Lage und senkte sie später ab. Am 11. September 1916 konnte der Verkehr freigegeben werden. Den Zweiten Weltkrieg überstand die Brücke mit leichten Schäden. Nach dem Mauerbau im Jahre 1961 diente sie als Grenzübergangsstelle zwischen Ost- und West-Berlin und stand insbesondere am 9. November 1989 im Mittelpunkt der politischen Ereignisse.

Warschauer Brücke

Die Niederschlesisch-Märkische Eisenbahn und die Ostbahn kreuzten die Warschauer Straße mit fast 30 Gleisen niveaugleich, bis man sich 1872 zum Bau einer Brücke entschloss. Ein Brückenzug von insgesamt 217 m Länge und 16,8 m Breite führte nun über die Eisenbahnanlagen. Die Warschauer Brücke ging 1875 in Betrieb. An die Südrampe anschließend, überbrückte ein massives Gewölbe die ersten drei Gleise, bevor sich eine genietete Eisenträgerkonstruktion anschloss, von massiven Pfeilern in drei Abschnitte geteilt und über insgesamt 14 Öffnungen verlaufend. Zwei weitere Gewölbe bildeten den abschließenden Nordteil der Brücke. Stadtbekannt wurde sie am 18. Februar 1902, als auf der hier endenden Hochbahnstrecke der »Gesellschaft für elektrische Hoch- und Untergrundbahnen in Berlin« der Fahrbetrieb aufgenommen wurde.

In den Folgejahren verursachte der starke Rangierverkehr unter der Brücke zunehmende Korrosionsschäden. Da außerdem die Brückenbreite der als Ringstraße konzipierten Warschauer Straße nicht mehr genügte, begann 1938 der Bau einer neuen, etwa 230 m langen und 25 m breiten Stahlträgerbrücke über zehn Öffnungen. Der Überbau be-

Kriegsschäden an der Warschauer Brücke 1945

steht aus drei hintereinander liegenden Konstruktionen, die durch massive Pfeiler getrennt sind. Material- und Arbeitskräftemangel erzwangen 1941 die Einstellung der Bauarbeiten. Das noch unfertige Bauwerk – das südliche Gewölbe des alten Brückenzugs war noch nicht beseitigt – erlitt bei Luftangriffen schwere Schäden. Bombentreffer rissen die nordwestliche Geh- und Radbahn weg und brachten den gesamten Überbau am ersten und dritten Pfeiler zum Einsturz.

Ende 1945 waren die Überbauten bereits so weit gehoben, dass Fußgänger die Brücke passieren konnten. Weitere Reparaturarbeiten sicherten dann die generelle Verkehrsfreigabe bei eingeschränkter Fahrbahnbreite ab 1948. Wegen Materialmangels blieb die Brücke bis 1953 ein Provisorium, bevor sie dem Verkehr wieder vollständig zur Verfügung stand.

Die Folgen der Kriegsschäden und unterbliebene Bauwerksinstandhaltung bedingten 1965 eine Lastbeschränkung der Brücke auf 6-t-Fahrzeuge bei gleichzeitiger Sperrung des Straßenbahnverkehrs. Die sofortige Generalreparatur war unabdingbar. Als in den 70er Jahren die Weiterführung der Straßenbahn in der Mühlenstraße entfiel, wurden die Gleisanlagen auch auf der Warschauer Brücke überflüssig.

Kennzeichnend für die Geschichte der Warschauer Brücke ist, dass dieses wichtige Verkehrsbauwerk nie ganz fertig wurde. In den Jahren 1994 bis 1998 kam es zu neuerlichen Umbauten, die wiederum den Einbau von Straßenbahngleisen beinhalteten und die Brücke in einen verkehrsgerechten Zustand versetzten.

Lichtenberger Brücke

Die Lichtenberger Brücke im Zuge der Frankfurter Allee am Bahnhof Lichtenberg bildete den Schwerpunkt eines umfangreichen Bauvorhabens in den 70er Jahren des 20. Jahrhunderts. Neben der anschließenden Brücke über die Skandinavische Straße, dem die westliche Brückenrampe kreuzenden Fußgängertunnel und der zwischen Hubertusstraße und Brückenanfang gelegenen tunnelartigen Überbauung des vorhandenen U-Bahnkörpers gehörten u. a. auch der Straßentunnel am Knoten Rhinstraße/Straße der Befreiung, die Straßenbrücke am S-Bahnhof Friedrichsfelde-Ost und die Fußgängerbrücke im Zuge der Robert-Uhrig-Straße zu den Ingenieurbauwerken dieser komplexen Verkehrserschließung.

Als die alte Lichtenberger Brücke 100 Jahre zuvor zwecks kreuzungsfreier Führung der Frankfurter Allee über den Gleisanlagen der Ostbahn und des Rangierbahnhofs Lichtenberg entstand, lag dieses Gebiet noch weit vor den Toren der Stadt Berlin. Wie an vielen anderen Stellen hatte es auch hier einige Jahrzehnte einen niveaugleichen Bahnübergang gegeben. Die erste Brücke bestand aus zwei eisernen Fachwerküberbauten mit je 22,7 m Stützweite und 15,8 m Gesamtbreite. Der Bau der zweigleisigen S-Bahn östlich der Brücke und die Erweiterung der Gleisanlage am stadtseitigen Brückenende erforderten später Brückenverlängerungen in beide Richtungen durch Stahlträgerkonstruktionen bzw. Ziegelgewölbe.

Trotz der im Jahre 1913 durchgeführten Gehbahnverbreiterung und der Verstärkungen im Jahre 1931 wurde die Lich-

Die Warschauer Brücke im Jahre 2001

Neubau der Lichtenberger Brücke von 1975

tenberger Brücke wegen ihrer beschränkten Tragfähigkeit und ihrer nur 11 m betragenden Fahrbahnbreite immer mehr zu einem Schwachpunkt im Zuge der Frankfurter Allee. Im Jahre 1968 begannen deshalb Planungsarbeiten für eine Erneuerung. Die Straßenbegradigung im Bahnhofsbereich ermöglichte den Brückenneubau südlich der alten Brücke und somit die Aufrechterhaltung des Verkehrs während der Bauzeit. Bei der Brückengradiente galt es, die geplante Elektrifizierung des Eisenbahnbetriebs zu berücksichtigen. Nach der Wertung aller wesentlichen Einflüsse erhielt ein moderner Stahlüberbau den Vorzug gegenüber einer Massivbrücke. Die Gesamtbreite der neuen Brücke von 42,0 m umfasst die in beiden Richtungen vierstreifigen Fahr- und die je 4,7 m breiten Gehbahnen. Im Querschnitt besteht jede der beiden nebeneinander liegenden Überbauhälften aus fünf geschlossenen Hohlkästen und einer stählernen Leichtfahrbahnkonstruktion. Das Stahltragwerk führt über zwei Felder ungleicher Stützweiten. Da die Widerlager die Brückenachse mit unterschiedlicher Schiefe schneiden, sind die beiden Überbauten unterschiedlich, im Mittel 143 m bzw. 130 m lang. Besondere Schwierigkeiten bereitete der Bau des westlichen Widerlagers, das teilweise den U-Bahnhof der ehemaligen Linie E überbrückt. Ein auf Bohrpfählen ruhender Abfangbalken von etwa 30 m Stützweite verhindert die Übertragung der Brückenlasten auf den U-Bahnkörper. Auch die Fundamente der Mittelstützen erhielten wegen des nahen U-Bahntunnels eine Bohrpfahlgründung.

Die Neubauarbeiten begannen 1972 mit der Überbauung der U-Bahn. Bis Ende 1975 waren das Einrollen des südlichen Überbaus und dessen Komplettierung so weit abgeschlossen, dass am 19. Dezember der Verkehr über die halbe neue Brücke geführt werden und die Montage des nördlichen Überbaus folgen konnte. Nach der Gesamtfertigstellung des Neubaus im Oktober 1977 wurde die alte Brücke abgebrochen.

Putlitzbrücke

Spätestens ab 1887, als die Ringbahn viergleisig erweitert wurde, bildeten die Gleisanlagen zwischen der Föhrer und der Quitzowstraße ein deutliches Hindernis für den rasch zunehmenden städtischen Verkehr. Ende des 19. Jahrhunderts baute man zunächst einen 4 m breiten und 245 m langen hölzernen Steg über die Bahnanlagen, der 1901 nach dem preußischen Adelsgeschlecht Gans Edle zu Putlitz den Na-

Die Putlitzbrücke von 1912

Die Putlitzbrücke von 1976

men Putlitzsteg erhielt. Die städtische Verwaltung beschloss dann im Jahre 1907, diesen Steg durch eine Straßenbrücke, die Putlitzbrücke, zu ersetzen.

Zunächst war eine 225 m lange Stahlbrücke vorgesehen. Um das Ausmaß der Gleisveränderungen zu verringern, vergrößerte man die Stützenabstände. Schließlich kam es zum Bau einer 242,2 m langen und 19,0 m breiten Stahlbrücke über nur 11 Felder, die im Süden an eine achtfeldrige Gewölbereihe und im Norden an den Straßendamm anschloss. Die genietete Konstruktion bestand aus in Längsrichtung auskragenden Trägern sowie zwischengeschalteten Einhänge-, so genannten Gerberträgern. Die Brückenbreite musste im Rampenbereich wegen der weiterlaufenden Putlitzstraße auf 14,5 m eingeengt werden. Am südlichen Brückenkopf wurden Treppen angelegt. Treppenhäuser und Brücke erhielten nur bescheidene Gestaltungselemente. So verwendete man bei den massiven Bauteilen Granit und Muschelkalk, und als Abschluss des Rampenfußes kam das Wappentier derer von Putlitz, die Gans, als plastischer Schmuck zur Aufstellung. Die Bauarbeiten fanden in den Jahren 1909 bis 1912 statt.

Bereits wenige Jahre nach der Verkehrsfreigabe führten die für diese fugenreiche Konstruktion typischen Undichtigkeiten zu einer Vielzahl von Folgeschäden. Zusätzliche Kriegseinwirkungen und die zu geringe Tragfähigkeit begründeten Anfang der 70er Jahre den Beschluss, die Brücke zu erneuern. Man entwarf eine 26,5 m breite, jetzt nur noch über neun Felder führende Stahlbrücke, deren Überbau aus zwei durch eine Mittelfuge getrennten und jeweils zweizelligen Hohlkästen besteht. Eine stählerne Leichtfahrbahn komplettierte das moderne und querfugenlose Tragwerk.

Drei Stahlbetontunnel mit ca. 3 m Innendurchmesser nahmen nun die zahlreichen Versorgungsleitungen auf, was die Brückenkonstruktion entscheidend vereinfachte. Die stählernen Stützen der neuen Brücke stehen auf Bohrpfählen. Die alten Widerlager mussten zur Auflagerung des neuen Überbaus umgebaut werden. Auch die Treppenhäuser galt es anzupassen. Sie wurden z.T. in verschobener Lage neu errichtet und ermöglichen nun neben dem S-Bahn- auch den direkten U-Bahnzugang. Die umfangreichen Brückenbauarbeiten kamen in den Jahren 1973 bis 1976 in zwei Bauabschnitten zur Ausführung.

Langenscheidtbrücke

Die Langenscheidtbrücke kreuzt seit 1899 die Wannseebahn zwischen der Kolonnen- und der Yorkstraße. Als Siegfriedbrücke erbaut, führte sie zunächst als dreifeldrige stählerne Fachwerkbrücke mit einer Breite von 16 m zwischen den Geländern über den 100 m breiten Einschnitt der Bahn. Trotz mehrfacher Umbauten und Reparaturen musste sie wegen starker Bauschäden 1974 auf 9 t Tragfähigkeit eingeschränkt werden. Wiederholt geplant, begann der Neubau endlich im Jahre 1987. Langwierige Verhandlungen zwischen der Bauverwaltung und der Denkmalpflege bezüglich der Erhaltung des Bauwerks waren vorausgegangen. Der schließlich gefundene Kompromiss, 50 % der alten Brückenkonstruktion wieder zu verwenden, war wegen des erst später erkennbaren Schadensumfangs nicht ausführbar. So

Neubau der Langenscheidtbrücke von 1989

entstand schließlich ein an die Besonderheit der alten Brücke optisch angeglichener Neubau, eine 86 m lange Fachwerkbrücke mit einer Stahlleichtfahrbahn über vier Felder. Das Brückenportal sollte das »Tor zur von der Bahn eingeschlossenen Schöneberger Insel« symbolisieren. Mit der 17 t schweren Skulptur »Bahndamm«, aufgestellt am nordwestlichen Widerlager, hat G. Seibert versucht, eine Beziehung zwischen Wohngebiet und Bahnanlagen zu schaffen.

Margaretensteg

Wie der Schwedter Steg am Nordkreuz ist auch der Margaretensteg in Malchow eine reine Fußgängerüberführung. Beim mit dem Ausbau der Bahn einhergehenden Ersatzbau von 1992 tragen zwei Pylone an Zügelgurten befestigte Fachwerktröge, zwischen die ein gleichartiges Mittelfeld eingehängt ist. Die nachträglich angebrachten Schutzgitter beeinträchtigen etwas die Grazilität des 66 m langen und 2,5 m breiten Brückenschlages.

Seehofstraßenbrücke

Ein neuzeitlicher Ersatzbau für eine der vielen kleinen Straßenbrücken über Bahnanlagen ist z. B. die 1991 gebaute Seehofstraßenbrücke. Der Ersatz der über 100 Jahre alten Vorgängerbrücke war wegen der sehr geringen zulässigen Bauhöhe nur mit einem oben liegenden, 25 m weit gespannten Bogentragwerk möglich, an dem eine extrem dünne Stahlfahrbahn hangt. Außerdem galt es u. a. zwei Wasserrohre zu überführen. Sie wurden in die Zugbänderkörper der Bögen verlegt, sodass sich in dieser kleinen Brücke ein kompliziertes Innenleben verbirgt.

Der Margaretensteg von 1992

Die Seehofstraßenbrücke von 1991

Brücken an der Autobahn

Nach den natürlichen Verkehrswegen der Seen und Flüsse, nach den Straßen und später der Eisenbahn ist die kreuzungsfrei geführte Stadtautobahn das vierte und jüngste Verkehrssystem in Berlin, dessen Überschneidungen mit den anderen Systemen Überbrückungen nötig machten.

Stadtautobahnen sind durch ihre Anbaufreiheit und Ausrichtung nur auf den Kfz-Verkehr eigentlich keine urbanen Straßen im klassischen Sinn. Stringente Dimensionierungsregeln, die geschwindigkeitsbedingten Entwurfsparameter und nicht zuletzt die Beschilderung erzeugen einen ganz

Schnellstraßenplan von A. Speer 1942

2. Generalstraßenplan von 1956

Fernstraßenausbauplan von 1968

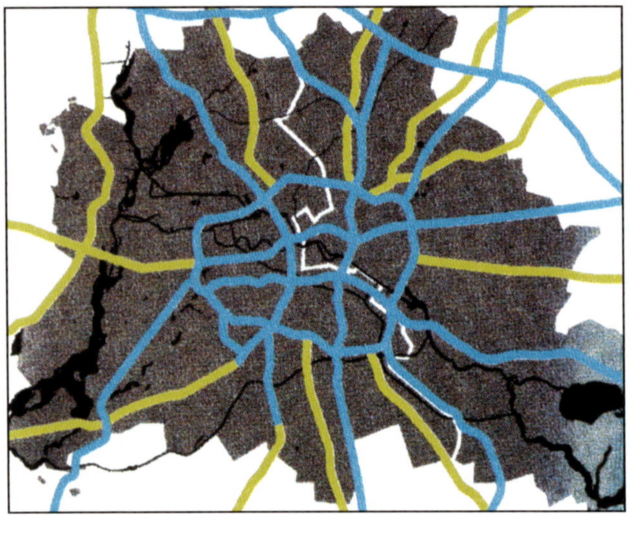

Ausbauplan von 2003

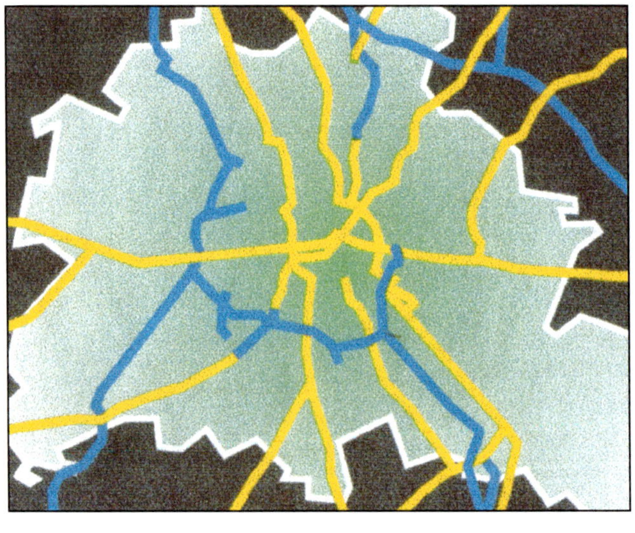

eigenen Straßen- und Brückentyp, ähnlich wie bei den Eisenbahnbrücken. Wie diese haben auch die Brücken *unter* der Autobahn – bis auf zwei Ausnahmen – in Berlin keine Namen.

Stadtautobahnen sind recht zugige Orte mit minimaler bzw. verbotener Aufenthaltsqualität; die einst an Teilen der Stadtautobahn gebauten Bushaltestellen sind heute außer Betrieb. Wenn niemand – außer bei Stau – die kreuzenden Brücken von unten in Ruhe betrachten kann, beeinflusst das natürlich auch die Bauwerksgestaltung der nicht den Schnellstraßengrundsätzen unterworfenen Stadtstraßenbrücken *über* der Autobahn, wobei die Aufmerksamkeit des Schnellstraßenbenutzers zudem möglichst nicht durch auffällige Formen oder Farben beeinträchtigt werden soll.

Sind Autobahnbrücken und Brücken über Autobahnen aus ästhetischer Sicht deshalb auch meist wenig ergiebig, so sind sie doch stadtgestalterisch nicht zu übersehende Großformen und setzten oftmals wichtige bautechnische Akzente. Sie werden im Folgenden in etwa an ihrer Entstehungsgeschichte orientiert dargestellt.

Planungsgeschichte

Nach den frühen, privaten Anfängen der AVUS am Beginn des 20. Jahrhunderts wurde 1942 unter der Ägide von A. Speer ein Schnellstraßenplan für Groß-Berlin aufgestellt, bei dem ein Achsenkreuz den Mittelpunkt von fünf bis sechs Ringen bildete. Der Plan wurde – bis auf die Ost-West-Achse mit kreuzenden Tunnelstücken, Großteile des Außenringes und Ansätze an den Ringen – kriegsbedingt nicht realisiert.

Nach 1945 wurden verschiedene neue Pläne entwickelt, die schließlich 1955, fast gleichzeitig mit der Pariser Entscheidung für einen Boulevard Périphérique, zum Beschluss für den Bau eines innerstädtischen Autobahnrings führten. Er sollte sich im Bereich des S-Bahn-Rings um ein jetzt doppeltes Achsenkreuz von Innenstadttangenten legen und mit ihnen verbunden sein. Dieser Plan wurde in den 60er Jahren weiterentwickelt und mit Planungen für gigantische Kreuzungsbauwerke konkretisiert. In den 70ern nahm die Begeisterung für die autogerechte Stadt allerdings merklich ab, und so wurde die Planung politisch immer weiter abgeschmolzen; der Name Stadtring ist jedoch auch für den nun im Norden offenen Torso – die A 100 ist nicht länger als vollständiger Ring geplant – erhalten geblieben.

AVUS – A 115

Die AVUS ist die Urmutter aller deutschen Autobahnen. Schon 1907 kam der Gedanke einer nur den Automobilen vorbehaltenen Schnellstraße auf, der 1909 zur Gründung einer »Automobil-Verkehrs- und Übungs-Straßen GmbH« führte. Für die neue Straße nutzte man den alten Königsweg von Charlottenburg nach Potsdam zwischen Halensee und Nikolassee und überbrückte alle kreuzenden Wege mit nur einer Zufahrtsmöglichkeit am Großen Stern. Dort sollte auch eine »große Waldwirtschaft mit Terrasse« entstehen, »von wo aus der Blick auf den lebhaften, anregenden Kraftwagenverkehr fallen kann«, wie der Geheime Baurat Frey 1915 schrieb. Jener Frey hatte schon die Döberitzer Heerstraße gebaut, die bis dato bei Bedarf als Rennstrecke benutzt wurde.

Von den für die AVUS bis 1915 gebauten Brücken ist keine mehr im Original erhalten. 1938 wurde die AVUS von der Reichsautobahn übernommen, ausgebaut und verlängert. So ist die mit 56 m sehr breite Brücke von 1936, mit der die B 1 im **Zehlendorfer Kleeblatt** überführt wird, eines der

Überführung der B 1 im Zehlendorfer Kleeblatt von 1936

Die Königswegbrücke von 2000

ältesten Bauwerke an der Strecke. Die jüngste Brücke über die A 115 ist die an der Berlin-Brandenburgischen Grenze entreeartig gestaltete **Königswegbrücke** von 2000. Eine für die Brücken Berlins insgesamt ungewöhnliche Konstruktion ist die **Hangbrücke am Nikolassee**, die 250 m lang über den morastigen Uferbereich führt. Die populärste Brücke über der AVUS ist die Überführung der Spanischen Allee, die als traditioneller Treffpunkt und Laufsteg der Motorradfreaks unter dem Namen **Spinnerbrücke** bekannt ist.

Für den aufgefächerten Anschluss an den Stadtring wurden Anfang der 70er Jahre in **Eichkamp** Richtungsfahrbahnen der AVUS auf neue Brücken gesetzt, die meisten davon sind aus Spannbeton, die südliche Ausfahrt Richtung Norden über der Bahn wird jedoch mit einer Stahlbrücke überführt.

Stadtring A 100 West mit Abzweig Steglitz A 104

Im Jahre 1956 begann der 1955 beschlossene Stadtautobahnbau mit den Arbeiten zur Untertunnelung des Rathenauplatzes und der Durchpressung des großen Ost-West-Bahndamms für die seitliche Verlegung der Halenseestraße. Zuerst wurde der Abschnitt von der AVUS bis zur Mecklenburgischen Straße hergestellt und gleichzeitig an der Verlängerung nach Norden gebaut. Dort war die breite Spreeaue mit der **Rudolf-Wissell-Brücke**, der mit 906 m bis heute längsten Einzelbrücke Berlins, zu überspannen. Die 1958 begonnene Ausführung über zwölf Felder beruht auf einem Firmenentwurf in Spannbeton im Freivorbau; die Konstruktion musste später wegen beginnender Brückenschäden etwas verstärkt werden, noch heute sieht man die Verankerungsstellen der zusätzlich angebrachten senkrechten Spannglieder im Stützenbereich.

Eine zu schwache Querbewehrung in der geschwungenen östlichen Stadtautobahn-Fahrbahnbrücke über den Bahnanlagen südlich des Bahnhofs **Westend** machte ebenfalls noch heute sichtbare Verstärkungen notwendig. Die alten Bahnüberführungen der **Knobelsdorffstraße** und des **Kaiserdamms** mussten für die beidseitig geführten Richtungsfahrbahnen durch jeweils zwei Brücken verlängert werden, die **Ostpreußenbrücke** im Zuge der Neuen Kantstraße entstand komplett neu.

An den vielfältigen Spannbetonbrücken des komplizierten **Dreiecks Funkturm**, im Planer-Slang Spagettilösung genannt, wurde bis 1976 gebaut, die größten sind die Ringbahnbrücke mit 250 m und die Zufahrt von der AVUS mit 200 m Länge. Sie haben bisher alle gut gehalten, leider nicht die Überführung des **Hohenzollerndamms**, wo Materialprobleme und Dichtungsschäden 1999 zur Abrissentscheidung führten. Der Neubau ist als Stahlverbund-

Hangbrücke am Nikolassee von 1976

Die Rudolf-Wissell-Brücke von 1961

bau unter weitgehender Aufrechterhaltung des Verkehrs sowohl auf dem Stadtring als auch auf dem ebenfalls stark befahrenen Hohenzollerndamm im Jahr 2003 fertig gestellt worden.

Einen besonderen optischen Akzent setzt südlich davon der 56 m hohe Pylon der 126 m langen **Schrägseil-Fußgängerbrücke** zum Stadion Wilmersdorf. Die Brücke steht unmittelbar vor den hohen Schornsteinen des Kraftwerks Wilmersdorf, wo der Anschluss des Autobahnabzweigs A 104 nach Steglitz den bereits hoch liegenden Stadtring und die kreuzenden Verbindungsbrücken mit zwei eleganten, 270 m langen Spannbeton-Fischbauchtragwerken auf 12 m hohen

Das Autobahndreieck Funkturm, erbaut von 1962 bis 1976

Überbauung der Schlangenbader Straße von 1980

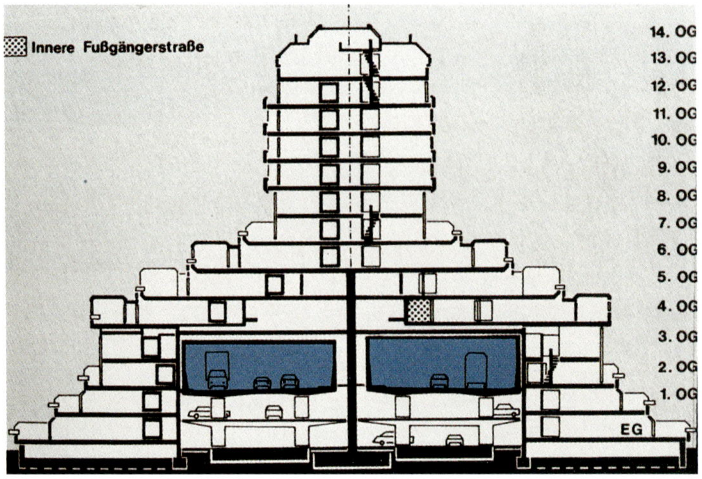

Querschnitt der Überbauung der Schlangenbader Straße

Stützen überspannt. Diese Brücken bilden die dritte Ebene über den die Basis darstellenden Bahnanlagen.

Die Verbindung vom Wilmersdorfer Kreuz in Richtung Steglitz sollte ursprünglich bis zum Anschluss an den Abzweig Zehlendorf A 103 südlich der Schlossstraße führen, endet aber heute mit einem Stummel hinter dem Breitenbachplatz. Dazwischen liegt eine in Deutschland einmalige Brückenkonstruktion: Um die Lärmemissionen auf das umliegende Wohngebiet zu minimieren und gleichzeitig neue Wohnungen zu schaffen, wurde die Autobahn parallel zur **Schlangenbader Straße** mit einem Wohnkomplex überbaut. Die Autobahn wird darin in röhrenartigen Brücken geführt, deren Stützenbereiche für die Parkebenen der darüber liegenden Wohnungen genutzt werden. Nur bei der Querung der **Wiesbadener Straße** wird die Autobahnbrücke sichtbar, ist aber wegen der völligen Einhausung als solche nicht erkennbar; auch der Autofahrer wähnt sich in einem durchgehenden Tunnel. Südlich davon überquert das heutige Ende dieses Autobahnabzweigs den **Breitenbachplatz** mit einer Brücke, an der die städtebauliche Problematik von Autobahnhochlagen dicht an gewachsenen Wohngebieten deutlich wird.

Hochstraße Jakob-Kaiser-Platz von 1963

Stadtring A 100 Nord mit Abzweig Hamburg A 111

Unmittelbar hinter dem nördlichen Widerlager der Rudolf-Wissell-Brücke beginnt der kleine Nordabschnitt des Stadtrings mit den großen Brücken des **Dreiecks Charlottenburg**. Der Bereich des Jakob-Kaiser-Platzes und einige Auf- und Abfahrten werden von einer 584 m langen und 28 m breiten Hochstraße überspannt. In der relativ anbaufreien Umgebung mit den weit zurückgesetzten Häusern des Neubaugebietes Charlottenburg-Nord und dem Westhafenkanal im Süden hat diese Brücke trotz ihrer Größe eine angemessene städtebauliche Proportionalität. Der Vergleich mit der ganz anderen Wirkung der Breitenbachplatz-Überbauung macht die Bedeutung des jeweiligen städtebaulichen Kontexts offensichtlich. Inzwischen überflüssig sind die großen Treppenhausanlagen am Tegeler Weg, die den ehemaligen Bushaltestellen auf der Brücke dienten.

Die 1955 getroffene Entscheidung, den Stadtring eng an die schon vorhandene Verkehrsschneise der Ringbahn anzuschmiegen, war städtebaulich von großer Bedeutung. Sie erzeugte zwar viele aufwändige Überschneidungen und zu Mauerzeiten auch manche politischen Querelen mit den

»östlichen« Bahnbetriebsrechten, minimierte jedoch die zusätzliche Zerschneidung der Berliner Stadtstruktur.

Auch der weitere Verlauf des Nordabschnitts längs des Westhafenkanals war wegen der Anbaufreiheit planerisch so problemlos, dass die Autobahn hier anstelle des ehemaligen Goerdeler Damms auf langer Strecke ebenerdig gebaut werden konnte. Der mit Rampen 230 m lange **Goerdelersteg** überführt in einer geschwungenen Spannbetonkonstruktion nicht nur Fußgänger und Radfahrer, sondern auch viele und große Versorgungsleitungen über Autobahn und Kanal (→ Kanalbrücken). Bei der Kreuzung mit der Beusselstraße wird die Trasse noch einmal unterführt, um dann über den Westhafen- und Hohenzollernkanalbrücken von der Autobahn zur Stadtstraße zu werden.

Nördlich des Autobahndreiecks Charlottenburg führt der Abzweig Hamburg (A 111) nach Wittenau von der Hochlage über dem Jakob-Kaiser-Platz in die Tieflage unter dem kreuzenden Heckerdamm. Die **Weltlingerbrücke** wie auch der damit verbundene Trog mussten unter vollem Verkehr auf dem beidseitig nach außen verlegten Kurt-Schumacher-Damm hergestellt werden. So war an den Brückenenden kein Platz für Spannpressen, weswegen hier zum ersten Mal bei einer Berliner Straßenbrücke Walzträger in Beton eingesetzt wurden. Diese Bauweise war wegen ihrer Robustheit bei der Eisenbahn schon länger beliebt und wurde bei Straßenbrücken mit dem billiger werdenden Stahl in steigendem Maße für kleinere Spannweiten einsetzbar.

Nördlich des Heckerdamms überführt eine schwungvolle, 174 m lange **Fly-over-Brücke** die Ausfahrt zum Flughafen Tegel, bevor die **Hinckeldeybrücke** (→ Kanalbrücken) über den Hohenzollernkanal führt. Vor dem Kasernengelände taucht die Autobahn wieder ab, wird durch die Kasernenzufahrten überbrückt und verschwindet im Tunnel unter dem Flughafen. Hinter dem Flughafen ist der Tunnel an die eigentliche Autobahn nach Hamburg angeschlossen, als deren Fortsetzung in die Stadt ursprünglich die Westtangente vorgesehen war. Das wird auch am **Dreieck Reinickendorf** sichtbar, bei dem vier Straßenebenen übereinander liegen. Auf der obersten Ebene schwebt die weit geschwungene Zufahrt von der Antonienstraße in Richtung Westtangente, ein Aufwand, der nur in der ursprünglichen Planung Sinn machte. Den Bereich Tegel durchfährt die Autobahn wieder in Nachbarschaft der S-Bahn und teilweise in einem Tunnel, um dann nördlich des Waidmannsluster Damms unter partieller Nutzung alter Bahndämme in den Tegeler Forst einzutauchen.

Die Umweltschutzauflagen der 80er Jahre waren so streng, dass die Autobahn hier lediglich als Bundesstraße gebaut werden durfte – und auch diese nur mit einem durchgehenden Schallschutz, hauptsächlich für den Tegeler Forst und

Unterfahrung des Heckerdamms von 1979 mit Weltlingerbrücke

Zufahrt von der Antonienstraße zur Westtangente am Dreieck Reinickendorf von 1973

seine Bewohner. So wird auch die Form der Brücke über dem **Waidmannsluster Damm** erklärlich: Weitab von jeglicher Bebauung, trägt sie beidseitig absorbierende Schallschutzwände, die das Aussehen des Bauwerks nicht gerade verschlanken. Der Autofahrer selbst merkt der durchgehenden Wände wegen gar nichts von der Brückenüberfahrt. Nicht nur die nicht autobahngerechte Trassierung, sondern auch die einzige Berliner **Grünbrücke** für Tiere, Fußgänger und Reiter, die das Diakoniezentrum mit dem Tegeler Forst verbindet, sind in Hinblick auf das – in den konkreten Forderungen nicht immer für alle nachvollziehbare – Umweltschutzbemühen entstanden.

Stadtring A 100 Süd-West mit Abzweig Zehlendorf A 103

Südlich des Kreuzes Wilmersdorf überquert die Autobahn auf 230 m Länge schleifend die Bahngleise und steigt dann auf weiteren 350 m über die Mecklenburgische Straße. Das große Spannbetonbauwerk über der Bahn, die so genannte **Schmargendorfer Brücke**, war die erste Brücke im Zuge der Stadtautobahn. Sie musste 1982 nach nur 22 Jahren wegen Baufälligkeit ersetzt werden.

Die folgende Anschlussstelle ist wegen der engen Platzverhältnisse sehr lang gezogen und erstreckt sich bis zur Blissestraße. Die Überbrückung der **Bundesallee** ist als eine sehr große orthotrope Stahlplatte ausgeführt – eine Ausnahme unter den vielen Spannbetonkonstruktionen des Stadtrings.

Eine der kompliziertesten Baustellen des Rings war die Untertunnelung des **Innsbrucker Platzes** mit dem vorsorglichen Zusatzbau eines U-Bahntunnels und dem Ersatz des ehemaligen Bahndamms durch die jetzt alles überspannende Eisenbahnbrücke.

In Bezug auf die hier interessierenden Straßenbrücken ist erst wieder der Bereich des weitläufigen **Schöneberger Kreuzes** interessant: Das eigentliche Kreuzungsbauwerk ist die einzige große Brücke des Rings, die vollständig aus Spannbetonfertigteilen gebaut wurde. In der Nachbarschaft ist die **Priesterwegbrücke** aus Spannleichtbeton als größte Brücke dieser Art in Berlin bemerkenswert. Sie wurde am Boden betoniert und dann mit Kränen montiert.

Eigentlich ist das riesige Schöneberger Kreuz mit seiner Kleeblattstruktur sowohl atypisch für eine Stadtautobahn als auch vom Namen her irreführend, denn es ist heute eigentlich nur ein Autobahndreieck. Die ursprüngliche Planung einer Kreuzung von Ring und Westtangente ist noch erkennbar an dem überwachsenen Straßenstummel der Westtangente Richtung Sachsendamm und Gasometer, der von der **Friedrich-Gerlach-Brücke** überspannt wird. Auch das südlich der Kreuzung gelegene **Grazer Dreieck** ist ein Relikt der Planungen aus der Bauzeit, es sollte die B 101 anschließen. Die Weiterführung der ursprünglichen Planungen ist heute obsolet, obwohl das Land Brandenburg den Ausbau der B 101 bis zur Stadtgrenze führte.

Als südliche Fortsetzung der alten Westtangente mündet die A 103 am Steglitzer Kreisel in die B 1. Bis dahin folgt sie nach bewährtem städteplanerischem Muster der Trasse der Wannseebahn, die sie an der Feuerbachstraße unterirdisch kreuzt. Die querenden und in Hochlage geführten **Saar- und Schildhornstraße** sind über Rampen angeschlossen. In Steglitz schwebt der Autobahnabzweig zwischen **Kieler und Albrechtstraße** als ein langer und breiter Deckel über Parkplatz und Düppelmarkt, bevor er am Steglitzer Kreisel an die B 1, die Straße Unter den Eichen, angeschlossen wird.

Die Friedrich-Gerlach-Brücke von 1975

Stadtring A 100 Süd-Ost mit Abzweig Neukölln A 102

Zu Mauerzeiten war die östlich des Schöneberger Kreuzes geplante Unterfahrung der reichsbahnverwalteten Trasse der Anhalter und Dresdener Bahn nach Lichterfelde und eines Postgleises ein durch den Ost-West-Konflikt immer wieder verhindertes Vorhaben. So konnten der Stadtring und der neu trassierte **Sachsendamm** hier erst nach 1990 unterführt werden. Neben der breiten Bahnbrücke liegt auch eine **Fußgängerüberführung** über der Autobahn zwischen Sachsendamm und der Grüntrasse Richtung Priesterweg. Ihre Zugangsrampen setzen einen für Bauten an der Autobahn ungewohnten gestalterischen Akzent. Der zum Stadtring parallel verlaufende Sachsendamm kreuzt ihn dann mit der sehr schiefen **August-Druckenmüller-Brücke**. Hier überspannt oben in der dritten Ebene ein Gleis der Bahn die Straßenüberwerfung. Die dann kreuzenden Straßen Manteuffelstraße und Tempelhofer Damm werden vom Stadtring unspektakulär überbrückt, ebenso die Oberlandstraße. Danach kommt der Brückenfreund am **Dreieck Tempelhof** wieder auf seine Kosten, wo der als Rest der ehemals geplanten Osttangente nur kurze Abzweig Neukölln (A 102) auf 435 m Länge die Teilestraße, den Teltowkanal, die Bahn und die Gottlieb-Dunkel-Straße überbrückt. Die notwendigen Überschneidungen führen zu sehr hoch geführten Fahrbahnen und damit zu Proportionen, die im Zuge einer Stadtautobahn nur in solcher Gewerbearchitektur, wie sie hier angesiedelt ist, stadtgestalterisch vertretbar sind. Mit einem für die Stadtautobahn zumindest in Berlin ungewöhnlichen Design präsentiert sich die Hochlage über dem **Teltowkanal**, bei der ein 62 m langes Stahlfachwerk mit einer Betonfahrbahn verbunden wurde.

Die ganze Anlage musste in ihrem nördlichen Bereich in den 90er Jahren umgebaut werden, weil der Stadtring die **Gottlieb-Dunkel-Straße** nach gerichtlich erzwungener Planänderung nicht wie gedacht – und auch schon gebaut – überspannen, sondern unterqueren sollte. Die abgebrochene Brücke über der Gottlieb-Dunkel-Straße ist die einzige verschwundene Berliner Brücke, die niemals benutzt wurde. Hier befindet sich jetzt der Anfang eines bis zur Buschkrugallee reichenden Tunnels, dessen Überschüttung den Platz für eine Parkanlage hergab. Zur gefahrlosen Benutzung dieses Grünzugs führt eine von der Autobahn finanzierte Brücke für Fußgänger und Radfahrer mit langen Rampen und einer schönen Bogenstruktur über den **Britzer Damm**. Die **Buschkrugallee** wird dann nach dem 1,7 km langen Tunnel – schon wieder in Hochlage – mit einer lärmschutzverkleideten Stahlverbundkonstruktion überquert.

Die August-Druckenmüller-Brücke von 1986

Hochlage des Abzweigs Neukölln von 2000 über dem Teltowkanal

Die Heinersdorfer Brücke von 1982 über nicht mehr betriebenen Gleisanlagen

Das Autobahndreieck Neukölln von 2003

Abzweig Pankow A 114 und Berliner Ring A 10

Der Berliner Außenring A 10 schneidet das Berliner Stadtgebiet nur einmal, und zwar im Norden zwischen den Pankower Ortsteilen Karow und Buch. Diese Schnittstelle war ab 1970 der Anlass zum Bau von sechs Brücken für die niveaufreie Kreuzung der Autobahn mit Stadtstraßen und Panke. Bis 1975 wurde mit dem Bau von 13 weiteren kleineren Brücken auch der Stadtstraßenanschluss Richtung Süden, heute die A 114, bis zur Pankower Schlossallee hergestellt, bevor dann 1982 mit der Fertigstellung der 372 m langen und 32 m breiten **Heinersdorfer Brücke** auch der Anschluss an die Prenzlauer Promenade freigegeben werden konnte. Mit dieser größten Berliner Stahlbrücke war in Ost-Berlin gewissermaßen der nördliche Ast der ehemaligen Osttangente aus dem Gesamtberliner Generalstraßenplan von 1956 angeschlossen, während der oben geschilderte südliche Rest dieser Planung, die A 102, unvermittelt an der Gradestraße endet.

Autobahndreieck Neukölln mit Abzweig Dresden A 113 (im Bau) und Stadtring A 100 Ost (in Planung)

Über der östlich der Buschkrugallee liegenden **Ballinstraße** ist der Stadtring wegen Aufweitungen und Zufahrten so breit geworden, dass die Unterführung der Straße fast wie ein Tunnel anmutet. Die Spurerweiterung ergibt sich aus der Aufteilung der Fahrbahnen im **Dreieck Neukölln** in Richtung Stadtring Ost A 100, Fortsetzung des Stadtrings, und zum Abzweig Schönefeld–Dresden A 113. Dieser Knoten befindet sich genau über dem Neuköllner Schifffahrtskanal und besteht aus sechs schlanken, bis 186 m langen Stahlverbundbrücken auf zwei Ebenen. Die künftige Verkehrsbedeutung dieser Anschlussstelle wird aus der Dimensionierung der Brücken ersichtlich, die erstmals in einem Dreieck des Rings die Haupttrasse in Richtung des Abzweigs führen. Die sechs Brücken liegen auf einem gemeinsamen Westwiderlager auf, das den mit 100 m sehr breiten und unterschiedlich, jedoch bis über 6 m hohen Dammbereich gegen den »Talbereich« des Kanals abgrenzt. Die komplizierte Geometrie der verschieden hohen Brückenpaare musste mit den möglichen Orten für die Stützung und der Forderung nach wirtschaftlichen Spannweiten und

Brücke des Abzweiges Dresden über dem Mündungsbereich des Britzer Verbindungskanals in den Teltowkanal von 2003

möglichst schlanken Überbauten in Einklang gebracht werden. Leider wird die Ansicht dieser Brückenfamilie durch die unvermeidlichen Lärmschutzwände auf den Gesimsen gestört, die zwar meist transparent gehalten sind, aber dennoch viel von der eigentlich vorhandenen Schlankheit der Überbauten verdecken.

Unmittelbar südlich dieses in seiner Kompaktheit größten Berliner Autobahnknotens führt die A 113 mit einer großen Stabbogenbrücke, die für Berliner Verhältnisse eine Rekordspannweite von 112 m besitzt, über den **Britzer Verbindungskanal.** Der große Dreifachbogen markiert den Übergang von der Stadt in die offene Landschaft längs des Teltowkanals. Die große Spannweite über dem zurzeit gar nicht so breiten Kanal erklärt sich aus einer geplanten Vergrößerung des Uferradius im Übergang zum Teltowkanal.

Anschließend verläuft die Trasse der A 113 nach dem Prinzip der Vermeidung unnötiger neuer Einschnitte in die Stadtstruktur parallel zur alten Verkehrsachse des Teltowkanals – und damit zum ehemaligen Mauerstreifen. Die kreuzenden Straßen sind wegen der Kanalüberquerung hoch gelegt und im Bereich der Autobahn mit schlichten Stahlverbund-Einfeldbrücken überführt. Es folgen einige Brücken über den Teltowkanal (→ Kanalbrücken). Interessant ist dann bei **Rudow** die Verschwenkung der A 113 nach Süden. Hier werden der Kanal und eine Begleitstraße der Bundesautobahn mit einer sehr schiefen und dazu noch gekrümmten Stahlverbundkonstruktion überspannt, die als Trogbrücke ausgeführt ist. Die 4,5 m hohen Seitenträger liegen unter den ohnehin notwendigen Lärmschutzwänden, die damit niedriger sein können. Bis zur Landesgrenze folgen dann noch zwei Tunnelbauwerke, über der dazwischen liegenden Trogstrecke sorgt eine Fußgängerbrücke dafür, dass die Anlieger rechts und links der Trasse zueinander finden. Nach der für das Jahr 2006 geplanten Fertigstellung dieses Abschnittes der Bundesautobahn werden die 1963 gebauten Stahlbrücken der alten A 113 über der **Bünzelstraße** und über **Am Seegraben** ihren Autobahnstatus verlieren.

Der noch in Planung befindliche Ostteil des Stadtrings nördlich des Autobahndreiecks Neukölln – Baubeginn ist nicht vor dem Jahr 2008 – wird vermutlich der bautechnisch aufwändigste Teil der Berliner Stadtautobahn werden. Die beengten Verhältnisse erfordern einige komplizierte Überschneidungen speziell mit der Bahn und mehrere zum Teil sehr lange Tunnel, sogar doppelstöckig. Im Bereich des Ostkreuzes müssen beim Umbau des Bahnhofs für eine spätere Untertunnelung durch den Ring unterirdische Vorsorgebauten eingeplant werden. Für die Familie der Berliner Straßenbrücken wird es wohl weniger spektakuläre Zuwächse geben, allerdings soll bei einer perspektivischen Verlängerung über Treptow hinaus neben der Elsenbrücke eine neue Spreebrücke für die Autobahn gebaut werden, und südlich der Frankfurter Allee ist dann eine ungewöhnliche Strecke mit hochstraßenartig über den Zu- und Abfahrten geführter Stadtautobahn angedacht.

Verschwundene Brücken

Die nachfolgend beschriebenen Brücken sind heute nicht mehr im Berliner Stadtbild vorhanden, waren einst jedoch stadthistorisch oder technisch bedeutsame Bauwerke. Anderweitig bebaut sind inzwischen z. B. alle Brückenstandorte der ersten und zweiten Stadtbefestigung – mit Ausnahme jener von Rossstraßen- und Gertraudenbrücke.

Die ersten Torbrücken

Die erste mittelalterliche Befestigung der Doppelstadt Berlin/Cölln aus der zweiten Hälfte des 13. Jahrhunderts bestand aus Mauern mit Türmen, die ab dem 15. Jahrhundert zusätzlich durch einen Wall sowie einen inneren und einen äußeren Graben geschützt waren. An den Stadttoren dienten Brücken dem Verkehr. Auf Cöllner Seite waren das die **Köpenicker Brücke**, heute Rossstraßenbrücke, und die **Gertraudenbrücke**, auf Berliner Seite im Zuge der entsprechenden Wege die **Spandauer Torbrücke**, die **Oderberger Torbrücke** und die **Stralauer Torbrücke.** Neben den durchweg einfachen Holzkonstruktionen war die Spandauer Torbrücke damals die einzige steinerne Brücke. Mit dem Bau der zweiten Stadtbefestigung in den Jahren 1658 bis 1683 kamen zu den drei Berliner Torbrücken auf Cöllner Seite die **Köpenicker Torbrücke**, die **Leipziger Torbrücke** und die **Neustädtische Torbrücke** hinzu.

Am wichtigsten für den Transitverkehr waren die Oderberger und die Leipziger Torbrücke. Letztere wurde zusammen mit dem entsprechenden und schönsten Stadttor Berlins, errichtet von Nering, 1683 vollendet. Das Tor überragte mit seinen zwei Baugeschossen den 8 m hohen Hauptwall um 12 m. Die Torbrücke lag zwischen der Gertraudenbastion, dem heutigen Spittelmarkt, und der Sparrschen Bastion, dem heutigen Hausvogteiplatz, an der Einmündung der alten Leipziger Straße in die Niederwallstraße. Im Zuge der Entfestigung 1734 bis 1737 entfielen auch das Leipziger Tor und seine Brücke. Als Ersatz entstand 1738, von Favre errichtet, die Spittal- oder Spittelbrücke.

Die Oderberger Torbrücke, später **Georgentorbrücke**, war das nordöstliche Gegenstück zur Leipziger Torbrücke und bildete nach der Umbenennung in Königsbrücke im Jahre 1701 und ihrem massiven Neubau als Kolonnadenbrücke 1777 bis 1780 eine Anlage, die als Spitzenleistung der Berliner Architektur galt.

Spittelbrücke

Aus stadtgestalterischen Erwägungen veranlasste Friedrich II. am Ende des 18. Jahrhunderts neben dem Bau einiger Schmuckbrücken wie z. B. der Opernbrücke die Errichtung der so genannten Kolonnadenbrücken. Dabei handelte es

Das Leipziger Tor im Jahre 1690, J. Stridbeck d. J.

Die Spittelkolonnaden um 1890

sich um gestaltete massive Brücken mit hallenartigen Aufbauten, bestehend aus Säulen und darauf ruhenden Bogenreihungen. Sie ersetzten an ehemaligen Stadttoren die hier aufgestellten hölzernen Verkaufsbuden, die ersten Geschäfte der Stadt. Streng genommen hätte man die Brückenanbauten mit bogenförmigem Abschluss Arkaden nennen müssen, doch es setzte sich unabhängig von der Art des oberen Abschlusses der Begriff Kolonnadenbrücke durch. Namhafte Künstler wie Langhans, Gontard und Unger erhielten Aufträge zum Entwurf und Bau dieser Anlagen. R. Borrman beschreibt in »Berlin und seine Bauten« von 1896 die Kolonnadenbrücken wie folgt: »Zu den dem alten Berlin eigentümlichen Anlagen gehören die Brückenhallen, gedeckte Hallenanlagen mit anschließenden Verkaufsräumen, welche die in der Flucht der Häuserreihen liegende Einfassung der Brücken bilden.«

Abgesehen von den am Ende des 17. Jahrhunderts errichteten Laubengängen auf dem Mühlendamm, entstand die erste frei stehende Kolonnadenbrücke 1776/77 im Zuge der Leipziger Straße über dem Grünen Graben. Hier ließ der König von Gontard die Spittelbrücke mit Rothenburger Sandstein erneuern und beiderseits nach dem Muster der Communs in Potsdam die Spittelkolonnaden errichten. Die in zwei Halbkreisen angelegten Säulengänge bildeten Hallen, die an den über den Fußweg hinausragenden Ecken und in der Mitte durch Pavillons mit bildhauerischen Aufbauten gegliedert waren. Nach dem Abriss der einen Halle im Jahre 1929 wurde die andere dann im Zweiten Weltkrieg fast völlig zerstört. Aufbewahrte Bruchstücke halfen beim Nachbau der Spittelkolonnaden 1979 in der Leipziger Straße. Vor dem Halbrund platzierte man die Nachbildung einer Postmeilensäule, deren Original nach 1730 auf dem Dönhoffplatz stand.

Königsbrücke

Den Spittelkolonnaden folgten die von Gontard entworfenen und bis 1780 von Boumann d. J. ausgeführten Königskolonnaden im Zuge der Königs- und heutigen Rathausstraße. Die Königsbrücke wurde 1777 als massive Gewölbebrücke über vier Felder aus Rothenburger bzw. Seehauser Sandstein erneuert. An die viertelkreisförmigen Plätze an den Brückenenden schlossen sich nördlich der Brücke, beiderseits der Königsstraße, die eingeschossigen Kolonnaden an. Ihre Frontwände setzten die Häuserflucht der Königsstraße fort. Im Unterschied zu den Spittelkolonnaden, die direkt mit dem Lauf der Brücke verbunden waren, wurde die etwa 52 m lange Anlage vor der nur 34 m langen Brücke angeordnet. Die Königskolonnaden bestanden aus 148 Säulenlauben. Den vielgestaltigen bildnerischen Schmuck schuf der Bildhauer Meyer d. J. In der Rückwand führten Türen in 26 Antiquar-, Lotterie-, Schneider-, Kleider- und Küchenläden. Diese Kramläden überließ Friedrich II. den Kaufleuten, die an der alten Brücke hölzerne Buden besessen hatten. Die Atmosphäre an den Königskolonnaden beschreibt P. Rowald 1876 in der Zeitschrift für Bauwesen folgendermaßen: »Die altersgrauen Säulen mit dem tiefen Schatten der Hallen, das Grün der hinter den Läden liegenden Gärten, deren Bäume die hochgetürmten Trophäen der Attika überragen, der Einblick in die äußerst lebhafte Straße, in deren Verkehr besonders der ärmere jüdische Teil der Bevölkerung eine Rolle spielt, über allem links der neue Rathausturm, rechts die zopfige Gotik des Marienkirchturms; zu beiden Seiten an den eckig geführten Festungsgräben Gärten, Holzhöfe,

Die Königsbrücke vor dem Abbruch 1878

Fabriken, Hinterhäuser und alte fiskalische Gebäude lassen diesen Punkt noch heute als einen malerisch bedeutendsten Berlins erscheinen …«

Die Königsbrücke gab mit einer Breite von nur 11,4 m bereits ab 1825 häufig Anlass zur Klage wegen Behinderung des Verkehrs. Dennoch erfolgte im Jahre 1831 nochmals eine Instandsetzung. Erst 1871 bis 1873 kam es unter dem Baurat Schrobitz zur Erneuerung der Brücke, die nun eine Breite von 31 m erhielt. Ihr Bestand war jedoch nicht von Dauer. Der Bau der Stadtbahn und die damit verbundene Zuschüttung des Königsgrabens führten 1878 zur Beseitigung der Brückenanlage. Die Zukunft der Kolonnaden blieb lange Zeit ungewiss. Der Staat nutzte dann 1909 das Angebot eines Bauunternehmers, das Bauwerk auf seine Kosten in den ehemaligen Botanischen Garten, inzwischen Kleistpark, umzusetzen. Der heutige Bahnhof Alexanderplatz erinnert kaum noch an die frühere städtebauliche Situation.

Jägerbrücke

Eine weitere Kolonnadenanlage entstand 1782 nach Plänen von Unger im Verlauf der Jägerstraße. Die hölzerne Jägerbrücke über dem Grünen Graben von 1736 ließ der König abreißen und durch eine Gewölbebrücke aus Rothenburger Sandstein ersetzen. Auf beiden Seiten errichtete man steinerne Kolonnaden; die Jägerkolonnaden blieben jedoch nur bis zum Ende des 18. Jahrhunderts erhalten.

Mohrenbrücke

Die letzte typische Berliner Kolonnadenbrücke war die 1787 von Langhans entworfene und 1789 errichtete Mohrenbrücke. Auch hier ersetzte eine neue massive Gewölbebrücke eine – 1742 errichtete – Holzkonstruktion. Die Kolonnaden, bestehend aus je fünf Bogenöffnungen zwischen toskanischen Säulen mit einfachem Kämpfergesims, überdeckten die Gehbahnen in voller Breite. Der plastische Schmuck kam aus der Werkstatt von Gottfried Schadow. Die Restaurierung der Kolonnaden im Jahre 1830 trug wesentlich zum guten Erhalt des Bauwerks bei. Die nach der Einebnung des Festungsgrabens in die städtische Bebauung einbezogenen Kolonnaden erhielten nach dem Abriss der niedrigen Anbauten Rückfronten mit hohen Geschäftshäusern. Als einzige an ihrem Standort verbliebene Kolonnadenanlage ist sie heute in der Mohrenstraße zu besichtigen.

Opernbrücke, Spandauer Torbrücke und Herkulesbrücke

Alle drei Bauwerke sind Beispiele für Brücken, die mit aufwändigem gestalterischem Schmuck versehen wurden. Über

Die Opernbrücke von 1774

Die Simson-, spätere Herkulesbrücke von 1788

dem Grünen Graben erbaute Boumann d. Ä. 1774 anstelle der Holzbrücke, die im Zuge der Straße Unter den Linden 1710 errichtet worden war, eine reich ausgestaltete Gewölbebrücke aus rotem und weißem Sandstein, die Opernbrücke. Das vorher Neustädtische Torbrücke genannte Bauwerk erhielt acht in der Flucht der Balustraden verlaufende Figurenpaare von F. E. Meyer als Laternenträger. Sie stellten den Bezug zur nahe gelegenen Oper her. Als die Brücke 1816 entfiel, kamen die Figurengruppen auf dem Leipziger Platz zur Aufstellung, wo sie bis zu ihrer Zerstörung im Jahre 1945 verblieben.

Die Spandauer Torbrücke über dem Königsgraben baute man nach der Stadtentfestigung im Jahre 1785 um. Von Unger entworfen und gebaut, war die neue Gewölbebrücke 7,5 m breit und bestand aus Rothenburger Sandstein. Auf den ebenfalls steinernen Brückengeländern fanden nach Entwürfen von Rode sechs größere und vier kleinere Kindergruppen von Meyer d. J. und Schulze ihren Platz.

Kurz vor der Einmündung des Königsgrabens in die Spree wurde 1787/88 die im Jahre 1749 entstandene hölzerne Neue Friedrichsbrücke nach Entwürfen von Langhans als Sandsteingewölbe mit 11,5 m Breite und 26,0 m Länge erneuert. Man nannte sie dann Friedrichs- oder Monbijoubrücke und später Simson- und Herkulesbrücke. Auf den Reliefs der Brückenansichten waren das Fell des Ceberus und eine Löwenhaut dargestellt.

Die Brücke zierten zwei kolossale steinerne Gruppen, von denen die westliche darstellte, wie Herkules den nemeischen Löwen zerreißt, und die östliche, wie er mit dem Centaur Nestus ringt. Die Modelle für die bildnerische Ausgestaltung, die dann zum Namen Herkulesbrücke führte, stammten von Schadow, der die östliche Gruppe nach einem Stich des Giovanni de Bologna auch selbst fertigte. Die westliche Gruppe war erst 1791, drei Jahre nach Verkehrsfreigabe der Brücke, vollendet und wurde nach Schadows Skizze von dem Bildhauer Boy ausgeführt. Die Postamente über den Widerlagern trugen vier Sphinxe, auf deren Rücken Laternen tragende Kinder mit Füllhörnern saßen. Die Brücke musste 1890 im Rahmen der Zuschüttung des Königsgrabens abgebrochen werden. Danach kamen die Gruppen beim Neubau der Albrechtshofer und späteren Herkulesbrücke über dem Landwehrkanal wieder zur Aufstellung. Wegen starker Korrosionsschäden nahm man die Figurengruppen 1935 ins Deutsche Museum und stellte auf der Brücke Kopien auf, die mit ihr zusammen 1945 zerstört wurden. Ein Modell der Gruppe »Herkules kämpft mit dem nemeischen Löwen« steht heute hinter dem Märkischen Museum.

Waisenbrücke

Wie die Friedrichsbrücke – am ehemaligen Unterbaum, nahe der heutigen Nationalgalerie – entstand auch die Waisenbrücke in Nachfolge der Schwimmbäume, mittels derer die durch die Spree bedingten Durchbrechungen der früheren Festungsanlagen nachts gesperrt worden waren. Am Ort des ehemaligen Oberbaums, in der Nähe des heutigen Märkischen Museums, wurde eine hölzerne Jochbrücke mit fünf Klappenpaaren im mittleren der mehr als 20 Brückenfelder errichtet. Der Name der Waisenbrücke leitete sich von dem 1697 bis 1701 am rechten Spreeufer erbauten »Großen Fried-

Die Waisenbrücke im Jahre 1888

Die Waisenbrücke von 1894

rich-Hospital« ab. Die nur 6,9 m breite Brücke wurde 1892 bis 1894 durch eine massive Gewölbebrücke über drei Felder ersetzt. Diese war 20,4 m breit und 77,0 m lang und in den Ansichtsflächen mit rotem Mainsandstein verblendet. Besondere Aufmerksamkeit schenkte man der künstlerischen Gestaltung der Pfeilerköpfe, über denen sich gedrungene Halbsäulen erhoben, die kanzelartig auskragten. Der Beleuchtung dienten acht schmiedeeiserne Gaskandelaber mit je drei Leuchten. Nach der Sprengung des südlichen Brückenfeldes am Ende des Zweiten Weltkrieges, errichtete man eine 5,5 m breite Notbrücke. Die wegen der zerstörten Jannowitzbrücke einzige Spreeüberquerung in diesem Bereich verbreiterte man 1949 auf 9 m. Sie überführte bis 1954 auch die Trümmerbahn aus dem Stadtinneren zum Friedrichshain. Der von der Schifffahrt lange geforderte Abbruch der Waisenbrücke erfolgte 1960. Nur die Widerlager sind heute noch erkennbar.

Kunowskibrücke

Ebenfalls über den damaligen Königsgraben führte die Kunowski- oder Rochbrücke. Sie entstand als gusseiserne Bogenbrücke 1824/25 auf Initiative des Justizrats Kunowski und des Kondukteurs Roch im Zuge der Rochstraße. Das Passieren der 18,0 m langen und 11,5 m breiten Brücke kostete einen Sechser Brückenzoll – bis sie 1879 in Folge der Verfüllung des Grabens entfiel.

Oranienbrücke und Adalbertbrücke

Zu den elf Brücken über dem 1848 bis 1852 angelegten ehemaligen Luisenstädtischen Kanal zählen neben den bereits erwähnten Zwillingsbrücken an der Schillingbrücke auch die Oranien- und die Adalbertbrücke. Bei der architektonischen Ausgestaltung der Brücken orientierte man sich am Amsterdamer Vorbild und baute sie aus Stein. In diesem Sinne ersetzte Ludwig Hoffmann in den Jahren 1903/04 die hölzerne Klappbrücke im Zuge der Adalbertstraße von 1852 durch eine 20 m lange massive Gewölbebrücke. Außer dem reich gestalteten Geländer dienten Reliefs dem Brückenschmuck. Sie zeigten Seenixen, Flusstiere und einen »saufenden« Schiffer. Die Oranienbrücke wurde nach einem Entwurf von B. Schmitz 1903 bis 1908 als muschelkalkverkleidete Bogenbrücke mit 20 m lichter Weite erneuert. Die architektonische Gestaltung erfolgte im Zusammenhang mit der des Oranienplatzes. Die Beziehung zwischen Platz und Brücke vermittelten vier Sphinxe an den Widerlagern und die durchbrochenen Brüstungen aus Muschelkalk. Mit der Kanalverfüllung 1926/27 wurde die Brücke entfernt. Nur die Waldemarbrücke, 1889/90 als schmiedeeiserne Bogenbrücke erbaut, ist noch heute sichtbar.

Die Neue Adalbertbrücke über dem ehemaligen Luisenstädtischen Kanal, 1905

Alsenbrücke

Neben der Waisenbrücke fehlen auch andere Spreebrücken auf Grund von Kriegszerstörungen heute im Stadtbild, so die Alsenbrücke. Die zuerst 1858 bis 1865 gebaute Brücke im Zuge der Alsenstraße über der Spree und im Zuge des Friedrich-Karl-Ufers über den Zufahrten des neu angelegten Humboldthafens wies eine außergewöhnliche T-förmige Grundrissgestaltung auf. Über die Spree führte eine dreifeldrige gusseiserne Bogenbrücke nach einem Entwurf von A. Stüler. Bemerkenswert war das gusseiserne Geländer, das ähnlich dem der Schlossbrücke reiche Verzierungen aufwies. Die drei Überbrückungen der Hafenzufahrten bzw. der Ladestraße bestanden ebenfalls aus gusseisernen Konstruktionen mit natursteinverblendeten Unterbauten. Schäden an den gusseisernen Bauteilen hatten 1890 die Sperrung und 1898/99 den Neubau der Brücke zur Folge. Neu entstand ein stählerner Fachwerkbogen mit 50 m Stützweite. Florale Motive im schmiedeeisernen Geländer und die bildnerische Gestaltung der Widerlager in romanischem Stil nach Entwürfen von A. Vogel schmückten die Alsenbrücke.

Bei der Betrachtung verschwundener Brücken verdienen die Geländer und Leuchten, die neben dem bildnerischen Schmuck die auffälligsten Gestaltungselemente speziell der Bauwerke des ausgehenden 19. Jahrhunderts darstellten, besondere Beachtung. Geländer, die stets Schmuck- und funktionales Element sind, sollten einerseits durch Höhe und Stärke der Abmessungen den Eindruck der Sicherheit ver-

Die Alsenbrücke von 1899

Die Alsenbrücke im Jahre 1945

mitteln und andererseits schmückend wirken. Dies erreichte man bei massiven Brüstungen durch aufwändige Steinmetzarbeiten und bei eisernen Geländern durch Guss- und Schmiedekunst. Auch die Beleuchtungsanlagen wurden kunstvoll gestaltet und erhielten als Bestandteil der Brückenarchitektur die unterschiedlichsten Ausprägungen. Leider gingen viele kunsthandwerklich bemerkenswerte Bauteile verloren. Dazu gehören bei den Geländern neben jenen der Alsenbrücke z.B. die der Michael- und der Schönfließer Brücke und bei den Beleuchtungsanlagen u.a. die der Swinemünder, der Kaiser-Wilhelm- und der Friedrichsbrücke.

Die Alsenbrücke musste im Rahmen des Ausbaus der

Leuchtenträger der ehemaligen Kaiser-Wilhelm-Brücke von 1891

Der Schlütersteg von 1890

Die Brommybrücke von 1909

Die Stralauer Brücke von 1953

Hauptwasserstraße bereits nach nur 25-jähriger Nutzung abgebrochen werden. Beim Neubau in den Jahren 1925 bis 1928 entfiel dann der die Spree überbrückende Teil, während im Zuge des Friedrich-Karl-Ufers eine dreifeldrige, 170 m lange Hängebrücke entstand, die mit der Verkehrsfreigabe den Namen Hugo-Preuss-Brücke erhielt und nach 1933 Admiral-Scheer-Brücke hieß, bevor sie 1945 nach der Sprengung abgebrochen wurde.

Schlütersteg, Borsigsteg und Kleine Jungfernbrücke

Stromabwärts neben der Eisenbahnbrücke am Bahnhof Friedrichstraße führte der ehemalige Schlütersteg über die Spree. Eine fischbauchförmige, schmiedeeiserne Fachwerkkonstruktion trug die 50 m lange und 4 m breite Gehbahn. Der Entwurf von O. Stahn beinhaltete filigrane Kunstschmiedegeländer und gestaltete Pylone über den Widerlagern. 1890 fertig gestellt, wurde die Brücke 1945 zerstört und anschließend demontiert. Als Ersatz baute man bei der benachbarten Eisenbahnbrücke eine Fußgängerüberbrückung an.

Zur besseren Anbindung des Borsig-Geländes an den S-Bahnhof Bellevue auf der anderen Spreeseite kam es 1904/05 zum Bau einer Hängebrücke. Das von F. Krause entworfene Bauwerk hatte 40 m Stützweite. Der Überbau blieb, von den Geländern abgesehen, schmucklos, während B. Möhring die Widerlager stadttorähnlich monumental gestaltete.

Wie Schlüter- und Borsigsteg entfiel auch die Kleine Jungfernbrücke im 20. Jahrhundert. Ab dem Ende des 17. Jahrhunderts hatte sie im Zuge der Friedrichsgracht über den ehemaligen Mühlgraben geführt. Mit dessen Verfüllung wurde sie überflüssig.

Brommybrücke

Von der ehemaligen Brommybrücke, die ab 1909 im Zuge der Eisenbahnstraße die Spree überbrückte, sind heute nur noch die Widerlager und ein Pfeilerrest sichtbar. An dieser Stelle befand sich bereits ab 1851 eine Eisenbahndrehbrücke der auf Straßenniveau geführten und zwischen dem Frankfurter und Hamburger Bahnhof verlaufenden Verbindungseisenbahn. Diese Brücke diente zuletzt als Fußgängerbrücke und wurde in den Jahren 1907 bis 1909 durch eine dreifeldrige massive Gewölbebrücke ersetzt. Messel gestaltete die 18 m breite und 95 m lange neue Brücke. Für den Brückenschmuck, die Figurengruppen, und die Bogenverblendung wählte man fränkischen Muschelkalk. Im Jahre 1945 gesprengt, blieben von dem Bauwerk nur Trümmerreste übrig. Seit 1990 gibt es Pläne zur Brückenerneuerung.

Stralauer Brücke

Stromaufwärts der Bahnbrücke am S-Bahnhof Treptow sind inzwischen alle Spuren einer ehemaligen Brücke, der Stralauer Brücke, verschwunden. Der Name, den einst eine Brücke über dem Festungsgraben trug, erinnerte an das alte Fischerdorf vor den Toren Berlins. Die 220 m lange und 12 m breite Stralauer Brücke, als Behelfsbrücke 1951 errichtet, bestand aus einer direkt befahrenen Stahlbetonplatte auf Holzpfahljochen. Beim Bau hatte man etwa 500 Holzpfähle in den Spreegrund gerammt, was der Brücke den Namen »Tausendfüßler« einbrachte. Sie bildete bis zur Fertigstellung der Elsenbrücke im Jahre 1968 die wichtigste Zufahrt nach Ost-Berlin aus südlicher Richtung.

Kaisersteg

In den Jahren 1897/98 entstand bei Oberschöneweide der Kaisersteg über die hier 175 m breite Spree, nachdem das Kabelwerk in der Wilhelminenhofstraße in Betrieb gesetzt worden war. Nach einem Entwurf von Müller-Breslau besaß die kühne und überaus schlanke, bogenförmig verstärkte stählerne Hängebrücke über drei Felder eine Mittelspannweite von 86 m. Die lichte Höhe für die Schifffahrt betrug 9,7 m, »um dem lebhaften, hier die Spree kreuzenden Dampferverkehr die Unbequemlichkeit des Schornsteinumlegens zu ersparen«. Der 3,5 m breite Fußgängersteg hieß im Volksmund Schwindsuchtsbrücke, weil er bei stärkerem Wind und Verkehr merklich schwankte. 1945 gesprengt, wurde die Brücke bisher nicht wieder aufgebaut.

Jungfernsteg

Bei den verschwundenen Brücken finden sich auch Bauwerke, die zwar keine besonderen Schmuckelemente, dafür jedoch brückentechnische Besonderheiten aufwiesen. So war der in Plötzensee über dem erweiterten Hohenzollernkanal errichtete Jungfernsteg eine 56 m weit spannende Zweigelenkbogenkonstruktion mit ungewöhnlicherweise rechteckig aufgelöstem Bogentragwerk. Für die Baustatik damals Neuland, wurde die Konstruktionsform bei dem heute noch erhaltenen Gerickesteg über der Spree gleich wiederholt. Von dem 1945 zerstörten Jungfernsteg sind nur noch die Widerlager sichtbar.

Tauenziensteg

Kuriose Fälle von ehemaliger Brücke sind die 1965 neben dem neu gebauten Europacenter über die Budapester und Tauenzienstraße geschlagenen Fußgängerstege. Besonders der Tauenziensteg war stark schwingungsanfällig bei Fußgängerbelastung und reihte sich mit der alten Weidendammer Brücke und dem Kaisersteg in die Gruppe der in Berlin bekannten Schlingerbrücken ein. Da die einst gewollte kastenartige Brückenarchitektur die städtebauliche Situation später doch zu sehr störte, kam es Anfang der

Der Kaisersteg von 1898

Der Jungfernsteg von 1895

Die Fußgängerbrücke Storkower Straße von 1881

80er Jahre zur Demontage der Stege. Der Tauenziensteg liegt heute noch etwas verloren über der Heerstraße am ehemaligen Kontrollpunkt Staaken, der andere Steg wurde verschrottet.

Fußgängerbrücke Storkower Straße

Inzwischen gehört auch die einst mit 522 m längste Fußgängerbrücke Berlins von 1940 zu den verschwundenen Brücken. Das sich von der Eldenaer Straße bis zur S-Bahn Storkower Straße über das Gelände des damaligen Zentralviehhofs schwingende Bauwerk wurde im Jahre 2001 abgebrochen. Geblieben ist der erst 1977 ergänzte nördliche Brückenteil, der über die S-Bahn und die Storkower Straße führt.

Tiergartenbrücke

Zum Schluss soll an einen auch bei Fachleuten in Vergessenheit geratenen Fußgängersteg erinnert werden, der ab Anfang des 20. Jahrhunderts mit einem grazilen Stahlfachwerkbogen von 18,4 m den Neuen See im Tiergarten überbrückte. Diese Spannweite war fast doppelt so groß wie die der ähnlichen, jedoch 100 Jahre älteren Brücke im Charlottenburger Schlosspark und gab der größten Tiergartenbrücke ein elegantes Aussehen. Leider hat der letzte Krieg nicht nur die Brücke, sondern auch viele Unterlagen vernichtet. Die Erinnerung an die brückenbauliche Geschichte Berlins wach zu halten, ist nicht zuletzt ein Anliegen dieses Buches.

Die verschwundene Tiergartenbrücke, Federzeichnung von D. Desczyk

Anhang

»Die Brücke ist eins der vornehmsten Werke oder Stücke der Baukunst, wodurch der menschliche Witz ein Land an das andere, welches durch tiefe Gräben, Bäche, Flüsse, Klüfte und große Ströme geschieden ist, gleichsam verbindet, um sowohl die menschliche Gesellschaft als auch das Commercium zu befördern.«

Johann Leopold, Theatrum pontificale, Leipzig 1726

Glossar

Wird ein Verkehrsweg durch ein Hindernis, welches beispielsweise ein Wasserlauf, ein kreuzender anderer Verkehrsweg usw. sein kann, in zwei gesonderte Teile getrennt, so nennt man jene Bauwerke, die solche zwei Verkehrswegteile wieder zur Einheit derart verbinden, dass unter der hergestellten Verbindungsfahrbahn ein freier Raum verbleibt, im allgemeinen Brücken.
Prof. Dr. Ing. L. Hauska, Wien 1927

Abfangträger: Trägt eine große, ruhende Last und leitet die Lastabtragung auf seine Auflager ab.
Arche: Im Wasserbau: ein Gerinne.
Archivolte: Erhaben gestaltete Vorderseite einer Wölbung – eine Bogenleiste.
Auflager: Feste oder bewegliche (Lager)verbindung zwischen Über- und Unterbau.
Balken: Meist waagerecht eingebauter Träger, durch senkrechte Lasten auf Biegung beansprucht, eine der Brückenurformen (Baum über Bach).
Bogen: In der Ansicht gekrümmter Träger, in dem durch senkrechte Lasten vorwiegend Druck erzeugt wird. Eine der Grundformen der Brücke, heute meist bei großen Spannweiten zur Unterstützung oder Aufhängung eines die Straße direkt tragenden Balkens gebraucht.
Brettschichtträger: Aus verleimten Brettern zusammengesetzter Holzbalken.
Brückenfeld: Teil des Überbaus zwischen zwei Unterbauten.
Dreigelenkbogen: Am Scheitel und an den Kämpfern mit Gelenken versehenes Bogentragwerk.
Durchlaufträger: Balkentragwerk über mehr als zwei Auflagern.
Eigenfrequenz: Sich aus den Parametern des Tragwerks ergebende konstruktionseigene Schwingungsfrequenz, die durch entsprechende Verkehrslasten oder Wind angeregt werden kann und dann zu gefährlichen Resonanzerscheinungen führt.
Erregerfrequenz: Von den Belastungen der Brücke ausgehende Schwingung.
Fachwerk: Tragwerk, das als Stabsystem aus Dreiecken konstruiert ist und dessen Tragglieder hauptsächlich durch Zug oder Druck belastet werden.
Fahrbahnplatte: Die Fahrbahn tragender, oberer Teil des Überbaus.
Faschine: Reisigbündel zur Uferbefestigung.
Fertigteilbau: Vorfertigung großer Tragglieder in einer Fabrik und Zusammenbau zu einem Tragwerk auf der Baustelle.
Flansch: Gurt eines Stahlträgers.
Flügelwand: Seitliche Begrenzung des Widerlagers.
Freiarche: Eine verschließbare Öffnung zum Ablassen von Wasser in einer Arche.
Freivorbau: Von jeweils einem Pfeiler aus nach beiden Seiten ohne Gerüst als Waagebalken erfolgende Herstellung des Überbaus.
Fundament: Unterster Teil der Unterbauten.
Gewölbe: Flächenhaftes Bogentragwerk aus Naturstein, Ziegel oder Beton, auf das die Verkehrslasten meist durch Verfüllmaterial, z. B. Sand oder Magerbeton, übertragen werden.
Gradiente: Geometrische Festlegung einer Straßenlage der Höhe nach.
Gründung: Art, in der die Gründungslasten aus dem Fundament in den Untergrund übertragen werden: bei **Flachgründung** über Flächenpressung, bei **Pfahlgründung** über Druck und Reibung (Pfahlrost), bei **Spundwandgründung** meist über Reibung. → Senkkasten
Gurt: Außen liegendes Tragglied eines Trägers oder balkenartigen Fachwerks.
Gurtbogen: Durch eine Vorlage markierter tragender Bogen eines Gewölbes.
Gusseisen: Spröde Eisenlegierung mit hohem Kohlenstoffanteil und damit großer Druck-, aber nur geringer Zugfestigkeit. → Stahlguss
Hängebrücke: Als Seil zwischen zwei festen Punkten eine der Grundformen der Brücke (Urwald). Heute meist eine Brücke, deren Fahrbahntragwerk (Balken) mit Hängegliedern (Stangen, Seilen) an von Türmen oder Pylonen hängende lange Kabel oder Ketten angebunden ist.
Hebebaum: Bei Klappbrücken auf dem Standbaum gelagertes, bewegliches Balkentragglied, das mit Hilfe des daran befestigten Gegengewichts zum Bewegen der Brückenklappe dient.
Hohlkasten: Balken ohne den statisch weniger wirksamen inneren Bereich. Wegen des somit reduzierten Materialverbrauchs, des geringen Eigengewichts und der leichten Zugänglichkeit für die Wartung heute sehr oft im Brückenbau eingesetzt.
Horizontalschub: Am Kämpfer eines Bogens oder Gewölbes auftretende horizontale Auflagerlast.
Hubbrücke: Typ der beweglichen Brücke, bei dem zur Freigabe des Schifffahrtsprofils das Tragwerk eines Brückenfelds angehoben wird.
Joch: Reihe eingerammter, oben durch einen horizontal liegenden Balken (Jochträger) verbundener Pfähle als Brückenstützung.
Kämpfer: Auflagerbereich des Bogens.
Klappbrücke : Typ der beweglichen Brücke, bei dem zur Freigabe des Schifffahrtsprofils das Tragwerk eines Brückenfelds nach oben geklappt wird – Brücke mit **Klappendurchlass.**
Korbbogen: Aus Kreisbögen mit zu den Kämpfern hin sich verkleinernden Radien zusammengesetzte Bogenform.
Lager: Verbindung der Überbautragwerke mit den Unterbauten. Sie übertragen die Auflagerlasten, lassen jedoch je nach Bauart Überbaubewegungen (Verschiebungen, Verdrehungen) zu.
Lehrgerüst: Hilfsgerüst, auf dem die Tragwerke zusammengefügt werden, bis sie selbsttragend sind.
Lichtraum : Für den Verkehr auf und unter der Brücke freizuhaltender Bereich. **Lichte Höhe** und **lichte Breite** bezeichnen die Abmessugen des Lichtraums.
Magerbeton: Beton mit nur kleinem Zementanteil und damit geringerer Festigkeit.
Orthotrope Platte: Ein durch orthogonal angeordnete Versteifungsrippen tragfähiger gemachtes Stahlblech.
Pfahlrost: Für die gemeinsame Gründung in der Fläche angeordnete Pfahlgruppe.
Pfeiler: Massive, vertikale Abstützung eines mehrfeldrigen Tragwerks zwischen den Widerlagern. Ein dünnerer Pfeiler heißt auch **Stütze.**
Platte: Flächenförmiges Tragglied mit Belastungen vorwiegend senkrecht zur Plattenebene.
Plattenbalken: Aus nebeneinander verbundenen T-Trägern gebildetes Tragwerk.
Pontonbrücke: Balkenbrücke über schwimmenden Abstützungen, z. B. verankerten Booten.
Pylon: Tragpfeiler zur Verankerung der Seilverspannungen von Schrägseil- oder Hängebrücken.
Rahmen: Meist zu einem Rechteck umgeformter Bogen, mit deshalb im Gegensatz zum Bogen großen Biegebeanspruchungen.
Rahmenriegel: Meist waagerechter, oberer Teil des Rahmens zwischen den Rahmenstielen.
Rahmenstiele: Meist senkrechte Teile des Rahmens zwischen Auflager und Rahmenriegel.
Scharrieren : Aufrauhen der glatten Oberfläche von Naturstein und Beton – **Spitzen** der Oberfläche.
Scheitel: Höchster Punkt eines Bogens.
Schifffahrtsöffnung: Brückenfeld, das den Lichtraum für die Schifffahrt überspannt.
Schrägseilbrücke: Brücke, deren Balkenüberbau zwischen den Auflagern von schrägen Seilen getragen wird, die ihre Last direkt in einen Pylon abgeben. Durch die Schräge der Abhängung werden im Überbau Druckspannungen erzeugt.
Schwingungstilger: Konstruktion zur Dämpfung von Brückenschwingungen.
Senkkasten: Gründungsmethode, bei der eine nach unten offene Kastenkonstruktion (Taucherglocke aus Stahlbeton) durch Ausheben des Bodens unter Druckluft bis zum tragfähigen Baugrund versenkt wird – **Druckluftgründung.**
Spannanker: Vorgespannte, in die Erde eingebohrte und dort verbundene Zugstäbe für die Abstützung von Grundbauten wie z. B. Spundwänden.

Spannbeton: Ein Stahlbetontragwerk wird durch vorgespannte Drähte aus Spannstahl, Spannglieder, innerlich so belastet, dass die Spannungen aus äußeren Einwirkungen gemindert werden und so die Tragfähigkeit erhöht wird.
Spannweite: Länge eines Brückenfeldes.
Sprengwerk: Rahmenform mit schräg nach außen gestellten Stützen bzw. Rahmenstielen.
Spundwand: Stählerne Walzträger werden miteinander verbunden in den Boden eingebracht. Sie bilden eine wasserdichte Fläche und sind zu Gründungszwecken vielseitig einsetzbar.
Stabbogen: Bogentragwerk, dessen Horizontalschub durch ein Zugband, einen Stab, aufgenommen wird und deshalb wie ein Balken aufgelagert ist.
Stahlbeton: Mit Bewehrung versehener und damit zugfest gemachter Beton, aus dem wegen seiner Wirtschaftlichkeit heute fast alle Unterbauten und die Überbauten der meisten kleineren Straßenbrücken bestehen.
Stahlguss: Für die Herstellung kompliziert geformter und hochbelasteter Bauteile hervorragend geeignetes Material, das im Gegensatz zum alten Gusseisen nicht mehr spröde und auch schweißbar ist.
Stahlverbund: Verbindung einer Fahrbahnplatte meist aus Stahlbeton mit Hohlkästen oder Trägern aus Stahl zu einem Plattenbalken.
Stampfbeton: Schichtenweise eingebauter, ohne technische Hilfsmittel durch »Stampfen« verdichteter Beton.
Standbaum: Bei Klappbrücken die den Hebebaum tragende Stütze.
Stich: Höhenunterschied zwischen Kämpfer und Scheitel beim Bogen.
Träger: Stabförmiges Tragglied, meist aus Stahl oder Beton.
Tragglied: Statisch wirksamer Teil des Tragwerkes.
Tragwerk: Aus Traggliedern gebildeter, die wesentlichen Lasten tragender Teil der Brücke, in der Regel ein Balken, auch in Kombination mit Bogen oder einem Seilsystem.
Trogbrücke: Überbau, bei dem das balkenartige Tragwerk neben und teilweise oder ganz über der Fahrbahn liegt.
Überbau: Auf den Unterbauten aufgelagerter, die Straße tragender Teil der Brücke.
Übergangskonstruktion: Überbrückung des bei längeren Brücken durch Temperaturveränderungen auftretenden Spalts zwischen Überbau und Widerlager.
Unterbau: Pfeiler, Stützen und Widerlager mit ihrer Gründung.
Verankerung: Befestigung eines Seiles oder Spanngliedendes verbunden mit der Aufnahme der Spannkraft zu deren Um- oder Weiterleitung.
Vierendeeltragwerk: Fachwerkähnlich aufgelöstes Tragwerk, das durch Wegfall der Diagonalstäbe rahmenartig auf Biegung trägt und deshalb steife Knoten erfordert.
Voute: Kontinuierlich zunehmende vertikale Verdickung der Tragwerke zu den Pfeilern hin mit statischen, wirtschaftlichen und ästhetischen Vorteilen.
Widerlager: In der Regel massive Brückenbegrenzung, auf der das Überbauende aufliegt. Es sichert den Übergang von der Brücke zur weiterführenden Straßenkonstruktion und zum Gelände.
Zange: Mehrere meist aus Holz bestehende Tragglieder zusammenfassender Bauteil.
Zweigelenkbogen: Bogentragwerk mit gelenkiger Auflagerung der Kämpfer.
Zykopenmauer: Aus großen, unbehauenen Steinen zusammengefügte Mauer.

Literatur

Autobahnen in Berlin. Hrsg. vom Senator für Bau- und Wohnungswesen Berlin, Berlin 1968
Bau der Spreebrücke in Siemensstadt. In: Siemens-Mitteilungen, Heft 57/1924
Berichte aus der Abteilung Brücken- und Tunnelbau der Senatsverwaltung für Bauen, Wohnen und Verkehr Berlin. In: Stahlbau 12/1969
Berlin baut 1. Straßen- und Bahnbrücken. Hrsg. vom Senator für Bau- und Wohnungswesen Berlin, Berlin 1987
Berlin baut 9. Die Lichtensteinbrücke. Hrsg. vom Senator für Bau- und Wohnungswesen Berlin, Berlin 1990
Bernhard, K.: Stößensee- und Havelbrücke im Zuge der Döberitzer Heerstraße. In: Zeitschrift für Bauwesen 1911
Desczyk, D. : Die Bauwerke für den Straßenanschluss des Flughafens Berlin-Tegel. In: Baumaschine und Bautechnik, Heft 1/1975
Frey, A.: Die Döberitzer Heerstraße. In: Zeitschrift für Bauwesen 1911
Frey, A.: Verkehrs- und Übungsstraße für Kraftwagen von Berlin nach Potsdam. In: Zentralblatt der Bauverwaltung, Heft 92/1915
Die Gärten des Charlottenburger Schlosses. Hrsg. vom Senator für Stadtentwicklung und Umweltschutz Berlin, Berlin 1987
Hamann, A., Lekutat, H.: Der Avus-Verteiler und seine Bauwerke. In: Straßenbautechnik, Heft 4/1964
Havestadt, Contag: Der Bau des Teltowkanals. In: Zeitschrift für Bauwesen, Berlin 1906
Hedde: Berliner Brücken. In: Ingenieurbauten in und bei Berlin, Berlin 1906
Heinze, E.; Thiemann, E.; Demps, L.: Berlin und seine Brücken, Berlin 1987
Heusel, H.: Die Spannbetonbrücken Berlins. In: Beton- und Stahlbetonbau, Heft 5/1958
Heusel, H.: Das Brückenbauwerk Nordwestbogen in Berlin. In: Der Bauingenieur, Heft 5/1959
Kaak, H.: Die Glienicker Brücke. In: Geschichtslandschaft Berlin. Orte und Ereignisse. Zehlendorf, Berlin 1992
Krebs, Dr. S.: Das Berliner Stadtautobahnnetz. In: Straßenbautechnik, Heft 2/1966
Metzing, H.: Fußgängerstege auf dem Gelände der Bundesgartenschau Berlin 1985. In: Tiefbau-BG 8 (1985)
Nakonz, W.: Schiefe Dreigelenkbogenbrücken aus Eisenbeton. In: Zeitschrift für Bauwesen 1912
Natschka, W.: Berlin und seine Wasserstraßen, Berlin 1971
Pohl, J., Hinz, G., Limberg, W.: 75 Jahre Rathaus Spandau. Hrsg. vom Bezirksamt Spandau, Berlin 1988
Rave, P., Wirth, J.: Die Bauwerke und Kunstdenkmäler von Berlin. Stadt und Bezirk Charlottenburg, Stadt und Bezirk Spandau, Bezirk Tiergarten, Berlin 1961
Schwiering, G.: Abbruch und Neubau einer Spannbetonbrücke. In: beton, Heft 7/87
Sieben Brücken der Berliner Innenstadt. Hrsg. von der Senatsverwaltung für Bau- und Wohnungswesen Berlin, Berlin 1994
Straßenbau. Sonderdruck der Zeitschrift Bitumen, Heft 7/1970
Svensson, H., Foth, E.: Neubau der BAB 113 (neu). In: Stahlbau, Heft 11/2000
Thiemann, E.; Desczyk, D.; Metzing, H.: Zur Geschichte der Berliner Brückenbauverwaltung. In: Mitteilungsblatt Baukammer Berlin, Heft 2/2001
Thiemann, E.: Die Skulpturen der Schlossbrücke. In: Mitteilungsblatt Baukammer Berlin 2/2000
Thiemann, E.: Zur gusseisernen »Kaiserkrone« auf dem Geländer der Weidendammer Brücke. In: Mitteilungsblatt Baukammer Berlin, Heft 4/2001
Tockuss, H., Schwittay, K.: Berliner Brückenbau in der Nachkriegszeit. In: Beton- und Stahlbetonbau, Heft 9/1957
Uhlemann, H.-J.: Berlin und die märkischen Wasserstraßen, Berlin 1987
Weinland, M.: Wasserbrücken in Berlin, Berlin 1994
Zimmermann, H.: Neubau Bundeskanzleramt Berlin. In: Mitteilungsblatt Baukammer Berlin 4 (2002)
Zwei Brücken über die Spree. Hrsg. von der Senatsverwaltung für Bau- und Wohnungswesen Berlin, Berlin 1992

Register der Brücken

Für die freundliche Unterstützung danken wir: